# 格差社会の福祉と意識

武川正吾／白波瀬佐和子──［編］

東京大学出版会

ATTITUDES TOWARD WELFARE IN THE
STRATIFIED SOCIETY OF JAPAN
Shogo TAKEGAWA and Sawako SHIRAHASE, Editors
University of Tokyo Press, 2012
ISBN 978-4-13-051136-0

# まえがき

　かつて日本社会について「一億総中流」と形容されたことがあった．階層帰属意識をたずねた調査の多くが，日本人の間では「中」意識をもった人々が多数派であることを示していたからである（例えば，富永健一編『日本の階層構造』東京大学出版会，1979 年）．ところが，1998 年に経済学者の橘木俊詔氏が『日本の経済格差』（岩波新書）を出し，2000 年に社会学者の佐藤俊樹氏が『不平等社会日本』（中公新書）を出したころから，日本がじつは「格差社会」であるとの認識が急速に広まった．その正否をめぐっては研究者の間で論争があったのだが（文春新書編集部編『論争 格差社会』文春新書，2006 年），それとは別に，2000 年の時点ですでに日本人の約 7 割が「現在の日本における所得の不平等は小さい」とは考えておらず，同じく約 7 割の人々が「わが国の所得格差は拡大する方向に向かう」と考えていた（拙編著『福祉社会の価値意識』東京大学出版会，2006 年，313 ページ）．それまで，日本の戦後社会は戦前と異なり平等な社会になったと考えられることが多かったから，これは大きな変化である．さらに 2008 年には，OECD が日本の相対的貧困率の高さを指摘したことから（小島克久・金子能宏訳『格差は拡大しているか』明石書店，2010 年），日本社会に存在する格差への関心はさらに強まった．近年では，多くの研究者が，日本の「格差社会」の実態に関する社会意識のみならず多角的な観点からの解明を精力的に展開している．「格差社会」に関するイメージと現実は人々の意識に大きな影響を及ぼさずにはおかないだろう．

　本書は，このような「格差社会」のなかで，人々の福祉や公正に関する意識がどのような状況にあるか分析することを目的としている．

　ところで，日本では，福祉や社会保障に関する意識調査がそれほど頻繁に行われてきたわけではなかった．個別の福祉施策に関する意見調査や，行政需要を掘り起こすための調査は，古くから国や自治体などによって実施されてきた．しかし，それらの意見や行政需要の背後にある福祉や公正に関する

人々の態度や信念が，どのようなものであるかを突き止めるための学術的調査が実施されることは，まれだった．

本書の編者の1人である武川は，社会政策との関連で，福祉や公正に関する質問項目を含む社会的態度の調査が海外では行われていることを1980年代に知り（例えば，*British Social Attitudes Survey*），日本でもこの種の調査ができないかと漠然と考えていた．そこで日本国内で各種の調査に参加する機会があったときに，そうした質問項目を部分的にでも入れてもらうように努めてきた．また勤務先で調査実習の授業を担当したときにも，佐藤博樹氏の協力を得て，1997年と1998年に，公正や福祉をテーマにした社会調査を実施した．ただし，それらはいずれも特定の市区町村の住民を対象としたものであって，全国調査ではなかった．このため他国との国際比較が可能な形での全国調査ができないだろうかと考えるようになっていたところ，さいわい科学研究費の申請が認められ，2000年に，福祉や公正に関する質問項目を含む「福祉と生活に関する意識調査」を，ある程度まとまった形で実施することができた（その詳細については前掲拙編著を参照）．

その後，2005年に，科研費プロジェクト「ジェンダー，福祉，環境，および多元主義に関する公共性の社会学的総合研究」（研究代表者・上野千鶴子）の一環として，東京大学社会学研究室が「福祉と公平感に関するアンケート調査」を実施した（母集団は全国の市町村に居住する20歳以上80歳未満の男女で，層化二段無作為抽出法によって3000サンプルを抽出した．回収率は44.0%であった）．2000年の調査と2005年の調査の質問項目はまったく同じというわけではなくて，新たな質問項目を多数取り入れたが，2時点間の比較を可能とするため，共通の質問項目も取り入れた．

さらに，2010年には，科研費の基盤研究（S）のプロジェクト「少子高齢社会の階層格差の解明と公共性の構築に関する総合的実証研究」（研究代表者・白波瀬佐和子，課題番号20223004）がその研究の一環として，2010年に「社会保障意識調査」を実施した（母集団は全国の市町村に在住する20歳以上の男女であり，層化三段無作為抽出法を用いて6月と7月に各2000サンプルを抽出して調査を実施した．回収率はそれぞれ31.5%と31.9%であり，本書では両データをプールしたものを用いて分析している）．この調

査の質問票では，上記の 2000 年調査と 2005 年調査のフォローアップの意味を込めて，両調査の一部の質問項目を採用した．

　本書の寄稿者は，以上 3 つの全国調査のうち，2005 年の調査を主として用いながら，適宜，2000 年と 2010 年の調査も利用しつつ，人々の福祉や公正に関する社会意識の分析を行っている．

　2000 年代の 10 年間の日本社会の変化は非常に目まぐるしかった．2000 年と 2010 年では日本の政治状況がまったく異なっているし，経済状況も大きく異なる．人々の考え方も変化している部分が少なくない（社会意識のなかでも深層の部分である信念はそう簡単には変わらないだろうが，態度や意見は 10 年の間に大きく変わる可能性がある）．そうした社会意識の変化を明らかにする，というのは本書の目的の 1 つである．また，これまであまり取り上げられてこなかった側面（例えば，自由感，健康，コーポレート・ガバナンスなど）から福祉や公正感の分析を試みるのも，本書のもう 1 つの目的である．そして何よりも，それらを通じて，21 世紀の最初の 10 年間の社会意識の記録を残しておきたいと，本書の編者の 1 人として願っている．

　　2012 年 1 月 22 日

武 川 正 吾

# 目　　次

はじめに　i

## 序章　福祉を意識からとらえる ─────── 白波瀬佐和子　1

　1　意識からみる政策評価　1
　2　社会意識のとらえ方　3
　3　本書の構成　7

## 1章　2000年代の社会意識の変化 ─────── 武川　正吾　11
　ネオリベラリズムか福祉国家か

　1　ネオリベラリズムの盛衰　11
　2　小さな政府と民営化──ネオリベラリズムの価値　15
　3　福祉国家への支持──10年間の変化　18
　4　政府の責任　23
　5　変わったものと変わらなかったもの　26

## 2章　人びとの暮らしとその将来見通し ─────── 三重野　卓　33
　生活意識の視点から

　1　現代社会と生活・格差意識　33
　2　生活意識の項目と実際　36
　3　生活をめぐる意識連関　43

4　意識項目の説明要因　46
　　5　結　論　50

**3章　誰がどんな少子化対策を支持するのか**　———赤川　学　57

　　1　人口減少と少子化をいかに論じるか　57
　　2　少子化のメリット・デメリットに関する意識の世代差と性差　62
　　3　少子化対策をめぐる世代間・性別間・「子の有無」間の
　　　　対立？　65
　　4　全国調査からみる少子化対策への性差・世代差・未婚／既婚・
　　　　都市規模の差　69
　　5　結婚支援を求める未婚男性とモテ格差社会　72

**4章　高齢者介護に関する意識**　———高野　和良　77

　　1　高齢者介護の拡大　77
　　2　高齢者介護意識の現状　78
　　3　高齢者介護に対する意識　87
　　4　要約と結論　92

**5章　健康と社会保障政策についての態度**　———佐藤　雅浩　97

　　1　はじめに　97
　　2　先行研究の概観と本章の問題設定　98
　　3　仮説および変数　99
　　4　健康状態と社会保障に関する意識の関係性　103
　　5　結論と考察　116

## 6章　福祉社会における企業のあり方 ──── 高橋　康二　123

1　はじめに　123
2　先行研究と課題・仮説　127
3　分析対象・変数・方法　128
4　分析結果　129
5　企業観という視点──分析の修正　133
6　結論──コーポレートガバナンス改革・賃金制度改革のゆくえ　136


## 7章　自由の規定要因とジェンダー不平等 ──── 内藤　準　143
階層測定の単位に関する論争から

1　はじめに　143
2　背景と問題　144
3　「主観的自由」の指標と関連する先行研究　150
4　分　析　154
5　結論──まとめと考察　160


## 8章　若者の社会保障への期待 ──── 白波瀬佐和子　169
国民年金制度に対する意識からみた世代間関係

1　世代間関係のアンバランス　169
2　不公平感の世代間ギャップ　172
3　考　察　185

終章　格差社会の意識構造────────白波瀬佐和子　189
　　1　人びとの意識からみえてきたこと　189
　　2　意識と実態のギャップ　195


あとがき　205

索　引　209

# 序章 福祉を意識からとらえる

白波瀬佐和子

## 1 意識からみる政策評価

　格差社会論が活発になったのは1990年代後半．1990年代は,「1.57ショック」で代表される「少子化」への注目が急激に高まった時代でもある．恒常的な出生率の低下と長寿化が人口の高齢化を促し,さらには人口規模も縮小していく．2005年,「国勢調査」結果速報を受けて,戦後はじめて日本の人口が減少に転じたとマスコミに大きく取り上げられた．少子高齢化ならぬ,人口減少社会という言葉が目立つようになった[1]．

　1980年代後半のバブル経済崩壊後,日本は平成不況の時代へと突入する．2000年に入って景気が回復するがGDP成長率[2],賃金上昇率ともに低く,2002年からの5年は景気が回復した時期といえども高度経済成長期とは比べものにならないほどの低水準であった．いざなみ景気は豊かさを感じえない好況期とされ,働けど働けど楽にならないワーキングプア[3]の存在が指摘されたのもこの頃である．労働市場においては正規雇用割合が低下して非正規雇用割合が上昇し,菊池英博は,景気回復の恩恵が家計に回ることなく,実感なき景気回復とも揶揄した（菊池, 2007）．それにしても,豊かさを実感するとは一体いかなる状況をさすのか．

　人びとの意識は,国の政策への評価や期待をはかるうえに利用されることが多い．事実,豊かさの実感,安心社会,最小不幸社会,といった言葉が政

治の舞台を駆け巡り，人びとが幸せと感じ，安心することを，諸政策の最終目標であると位置づける．そこで，人びとの気持ちをあぶりだす1つの手立てとして，諸政策に関する世論調査が頻繁に実施される．個人を対象として個々人の意識の総和を多数派の意見として，調査結果が解釈される．例えば，2010年に実施された「社会保障に関する意識調査」[4]では，社会保障と税の一体改革においても中心的な課題になっている社会保障の充実と保険料と税の引き上げについて，次のような質問が用意されている．「A，B 2つの対立する意見のうち，しいて言うと，あなたはAとBどちらの考えに近いですか．A：税金や社会保険料などを引き上げても，国や自治体は社会保障を充実すべきだ，B：社会保障の水準がよくならなくとも，国や自治体は，税金や社会保険料を引き下げるべきだ．」その結果,「Aに近い」と回答したのは28.9%,「どちらかといえばAに近い」としたのが39.2%,「どちらかといえばBに近い」としたのが17.8%,「Bに近い」が13.2%,不明0.8%であった．ここでの結果を見る限り，全体の7割近くが税や社会保険料が上昇しようとも社会保障を充実させるべきと回答している．

しかし，大雑把に全体の傾向をみているだけでは，その中身がわかりにくい．男女別に回答結果をみてみると，Aに近いと回答したのは男性65.8%，女性71.0%とその差は統計的に有意である．また，年齢を若年層（20-39歳），中年層（40-64歳），高齢層（65歳以上）に分けて結果をみてみると，Aに近いと回答したのは中年層の70.4%が最も高く，次いで若年層の68.9%，高齢層64.0%と続く．近年，雇用問題をはじめとして子育て期にある若年層がこれまで社会保障制度のなかで十分注目されてこなかったことが指摘されるが，この結果を見る限り，中年層に比べて若年層は社会保障の充実をそれほど望んでいないようだ．しかし，ここでの回答は社会保障の充実のみならず，税と社会保険料値上げといった支払い能力との兼ね合いも考慮しなければならない．言い換えれば，若年層の負担能力がすでに限界に来ており，これ以上の負担を前提とした社会保障充実には踏み込めない，といった状況が考えられる．また，社会保障サービスを受給する側にある高齢層については，税，保険料を引き下げるべきと回答した者が若年層よりも多い．社会保障給付を受ける側に立つ高齢者にとっても負担の問題は社会保障を考

える際に無縁とはいえない．

　意識調査の結果を検討するにあたって，そこでの回答を国民のニーズ，評価としていかに位置づけることができるか，ということがポイントとなる．さらにいうならば，個人が豊かだ，幸せだと感じることを，政策の最終的な目標としてよいものかは検討の余地がある．なぜなら，幸せ，豊かさを個々人が感じるときのものさしが必ずしも一様ではなく，その一様でないものさしをもって回答した結果を拠り所に政策決定とするには注意が必要だからだ．個々人にとっての生活圏は一様ではなく，その生活圏のなかでいわゆるマクロな世の中を実感する．個人がマクロな状況をどう認識し，それに対していかなる見解をもっているかを検討するにあたり，ミクロレベルの個人とマクロレベルの社会が一直線上の単純な関係でないことは容易に想像できる．そこで本書では，個人の意識と制度との関係について，福祉に着目して検討を試みる．

## 2　社会意識のとらえ方

　「民の声は神の声なり」とはホメロスの『オデュッセイア』（1994）にある言葉であるが，民の声には国政の番人としての機能が期待されてきた．ブライス（1944）はアメリカ政治の「世論による統治」を強調し多数派の同意として，政策や主義主張の国民的支持の根拠と位置づけた（中谷，2009）．民の声は，国民の評価としての意見でもあり，多くの民が支持する見解をもって，特定政策や主義主張の支持程度を測ることができる．ここでは，ベンサム（1967）がいうところの「最大多数の最大幸福」という考え方がその背景にある．政治学の分野では，諸政策の国民への審判としての「声」を世論という形で位置づけてきた．

　一方，社会意識という枠組みでは，国民からの審判という視点はそれほど強調されてこなかった．個人を超えた社会レベルでの意識が個人にとっての抑圧ともなって人々の行動，意思決定に影響を及ぼすといった考え方（高田，1950）や，デュルケームによっても社会意識の外在性と内在性について早い時期から指摘されてきた（デュルケーム，[1895] 1978）．フロムは『自由か

らの逃走』(1965)において，ナチズム研究を通して権威主義的性格について明らかにし，社会的性格という概念を提示した．そこでいう社会的性格とは，同じ文化の大部分の成員が共有している性格構造の核心であり，社会的構造に対して諸個人が適応する結果として生成するものとする．ここでのポイントは，社会的構造の変化と諸個人の変化への適応をめざした社会的性格の変化は同時的に起こらないという点である．このように，社会学では個人と集団という異なったレベルの表層に着目して，意識の問題が語られてきた．

　社会意識は，大きくイデオロギーと社会心理というカテゴリーに区別され，社会的性格をも網羅する概念として捉えられる．社会意識を，見田宗介は，「〈ある社会集団の成員に共有されている意識〉として規定される」(見田，1979, p. 101)と述べる．社会意識は社会の成員が共有する思考・感情・意思の総体と捉えることができ，具体的には慣習，道徳，イデオロギー，階級意識などが含まれる．意識の主体は個人であるが，現象というレベルで個人の意識と社会意識とは区別される (宮島，1983)．個人の意識に着目することは，社会という枠組みとその社会を構成する個人との間の諸関係を明確にすることにも通じる．例えば，マルクスの階級論においても，個人の存在を階級意識という1つの社会意識に着目することで，社会構造と個人との接合を試みている (ルカーチ，1991)．いうなれば，階級が実際の生活レベルで階級たらんためには，生活の具現者としての個人が特定の階級意識を共有し，その結果として階級行動が顕在化することが予測されていた．つまり，階級たることの完成度を，階級を構成する諸個人の階級意識の形成にみたのである．

　社会意識を実証研究の枠組みでいまいちど考えてみると，「多数派の意見」が強調され，多数派が表明した見解を社会意識とみなしていると捉えることができる．例えば，『世論』を著したリップマン (1987)は，人びとが自らの行動や外界との係わりを通して公的空間を形成し，その空間における自己イメージや自分の欲求をイメージすることで，公的な問題 (外界)への意見を表出する．それが世論であり，個人の見解を表出する基になるイメージの形成を，世論の過程ととらえる．そこではステレオタイプ，新聞，情報の組織化について語られ，個人の理性にも言及される．世論が政治の番人と

しての民の声としての意味をどの程度もちうるのかは早くから疑問視され，事実，デューイは，マスメディアに世論自体が操作され世の中は少数派の利益のための寡頭制になりさがったと述べる（デューイ，1969）．いずれにせよ，世論にせよ，社会意識にせよ，多数派の声，意見という点で類似している．

　では，多数派の意見としての社会意識とは，何を意味するのか．多数が表明した意見を社会意識として提示することと，特定の見解を多数派が共有しているということとは同一のことなのであろうか．多数派が表明した意見に対して個人が一様に賛同し，個人の意見の総和が社会意識となるという図式はあまりに単純である．言い換えれば，そこには個人主義と全体主義との安易な還元主義的捉え方が見受けられる．多数派が表明した意識（回答）をもって，多数派がその意識を同程度に共有しているのかは，いまいちど検討する必要がある．つまり，特定の意見を多数派が表明しているといえども，その意見にいたる過程やその意見への思い入れは，実のところ異なっている．事実，諸個人の社会的な立ち位置によって，同じ意見の表明の中身が異なると考えることができるからである．

　例えば，わが国の少子化の原因として高い子育てコストが言及され，その具体的な例として教育費の負担が指摘されることが多い．日本に在住する成年男女を対象にした「少子化に関する国際比較調査」（内閣府政策統括官，2006）によると，その多くが子育て対策を展開するにあたって政府の役割が重要であるとし，所得階層にかかわらず同意見が多数派を占める（白波瀬，2009）．子どもへの教育費負担についても，世帯の経済状況にかかわらず多数派が感じるとする．しかしながら，教育費負担の中身は世帯の所得階層によって少なからず異なり，高学歴の親は低学歴の親よりも子どもに対して高い教育費を支出し，高い教育投資を提供する傾向にある．所得が高いほど高い教育費を支出する傾向は，所得にかかわらず教育費負担を訴える背景となる．高額の費用を支払うために，負担感が生まれるメカニズムがそこにある．教育費といわれる中身が所得階層によって異なるので，教育費をはじめとする子育て負担への不満はその中身が階層によって異なる点を見逃すべきではない．

子育ての経済負担が少子化の背景にあり，政府の少子化対策において教育費の負担軽減が緊急の政策課題である．負担の額や中身には明確な階層差がある一方で（Shirahase, 2010），「負担が大きい」という意識の「共有」の背景にある「階層差」にどう対応するかが，重要な論点となる．しかしながら意識調査の結果をそのまま受け止めた政府は，親の所得にかかわらず，子育て世帯に一律の子ども手当を提供するという政策を打ち出した．経済負担を訴える中身に大きな経済格差が存在しているにもかかわらず，民の声への対応として一律の子ども手当を提供した政策については少々的外れと言わざるをえない．いくら多数派といえども，「民の声」の背景にある意識構造（意識形成）の違いに着目することなしに，意識調査や世論調査の単純集計結果をそのまま鵜呑みにすることには危険が潜むという実例である．もっとも，わが国は子どもの福祉に対して政府が真っ向から取り組んでこなかったという経緯がある．その意味で，労働者である親への支援という形で子どもへの経済支援（扶養手当や児童手当）が提供されてきたことから，子どものいる家庭の経済状況にかかわらず政府が一律に経済支援を支給するという政策は，普遍的な児童福祉という立場からみると大きな前進である．しかしながら繰り返しになるが，その成立過程において，意識調査の結果と政策展開の間の齟齬があることは否めない．何をめざした，何のための政策であるかを明確にすることなく政策を講じることの問題を見落としてはならない．

　ここでの例は，多数派の意見であってもその多数派を形成する個人は異質であるという視点がいかに欠落していたかを示唆している．個人レベルの異質性を社会意識レベルの共通性とどうリンクさせていくかが，極めて重要になっていく．社会意識は個人の意識を単純に足し合わせたものではなく，また社会意識から個人の意識を推測するといった単純な還元主義に基づくものでもない（金子，2003）．日本は格差社会である．その格差社会のなかで，福祉を普遍主義的に位置づけるか，選別主義の立場をとるかでその位置づけは大きく異なる．その方向性の違いに対して，何を根拠に舵取りをしていくか．それは，現代政治における重要な課題である．

## 3　本書の構成

　本書では，社会調査データをもって，福祉に関する人びとの意識から，政策について議論することをめざす．第1章では，まず，社会意識という枠組みから，2000年代の政治の動きと人びとの意識を検討する．そこでは両者に少なからぬ齟齬があり，その齟齬の意味を議論する．第2章は，生活という具体的な事象に着目して，意識の中身を検討していく．現時点での格差の評価と将来の見通しについて，意識のなかの時間軸を区別し議論が展開される．第3章からは，具体的な福祉テーマに着目して意識の問題を議論する．第3章では，少子化対策に関する意識を検討する．少子化対策への問題提起とその中身について，子育て支援と結婚支援に分けて議論する．

　第4章では，介護に関連する人びとの意識を検討する．ここでは特に，家族介護に着目して今後の介護のあり方を探る．第5章は健康と社会保障制度に関する意識の関係を探る．ここでは主観的健康意識が健康指標として扱われ，健康状態が社会保障制度への見解を規定する重要な要因として議論が進められる．第6章は企業観についてである．日本の福祉政策は企業福利に大きく依拠して進められてきた（橘木，2005）．そこでは，学業修了後，正規の労働者として仕事に就くことができる雇用保障が前提となっていた．第6章ではあえて就労者に着目して，これからの企業のあり方について年功賃金制度やコーポレートガバナンスといった観点から検討する．第7章は，自由について議論する．自由とは福祉を考える際の極めて重要な概念の1つであるが，抽象レベルでの議論が中心である．そこで第7章では自由について，社会調査データをもって実証的な検討が試みられる．第8章は，世代間のアンバランスが最も顕著にみられる国民年金制度に着目し，若年層の社会保障への期待について検討する．年金制度という世代間での助け合いの制度を，個人の意識からみた場合，何が見えてくるのかを探る．

　以上，本書で主に分析される社会調査は，2005年に実施した「福祉と公平感に関するアンケート調査」[5]である．同調査は，2005年，日本全国の満20歳以上79歳未満の男女3000人を層化二段無作為法によって抽出し，訪

問面接法で実施された．有効回収数は1320ケース（回収率44.0%）であった．詳しい調査の内容は，東京大学大学院人文社会系研究科・文学部社会学研究室（2006）を参照のこと．

1) マスコミ等を中心に，2005年をもって日本が人口減少社会に転じたとすることが少なくないが，実際に日本の人口規模が継続して減少したのは，2008年ごろである（千野，2009）．
2) 例えば，内閣府の国民経済計算（SNA）によると国内総生産実質成長率は2002年0.3%から2004年2.7%へと上昇し，2007年には2.4%であった（総務省統計研修所，2011）．
3) NHKドキュメンタリー「ワーキングプア 働いても，働いても豊かになれない」が放映されたのは2006年7月23日であった．
4) 同調査は，基盤研究(S)(課題番号20223004)の助成を得て，中央調査社によるオムニバス調査の一環として実施された．日本全国に居住する20歳以上の男女を対象に層化三段無作為法によって抽出された4000人に対して，2010年6月と7月に調査員が訪問面接を行った．その結果，回答者は6月調査1260ケース（31.5%），7月調査1276ケース（31.9%）であった．本書では，6月と7月調査をプールしたデータセットを用いる．
5) 基盤研究(A)(課題番号16203030)の助成を得て実施された．

## 文献

ベンサム，ジェレミ，1967，「道徳および立法の諸原理序説」（山下重一訳）関嘉彦責任編集『世界の名著38　ベンサム　J. S. ミル』中央公論社：69-210.

ブライス，ジェームス，1944，『アメリカ国家論』（名原廣三郎訳）橘書店.

千野雅人，2009，「人口減少社会『元年』は，いつか？」『統計Today』No. 9 (http://www.stat.go.jp/info/today/009.htm).

デューイ，ジョン，1969，『現代政治の基礎——公衆とその諸問題』（阿部斉訳）みすず書房.

デュルケーム，エミール，[1895] 1978，『社会学的方法の規準』（宮島喬訳）岩波書店.

フロム，エーリッヒ，1965，『自由からの逃走』（日高六郎訳）東京創元社.

ホメロス，1994，『オデュッセイア』（松平千秋訳）岩波書店.

金子守，2003，『ゲーム理論と蒟蒻問答』日本評論社.

菊池英博，2007，『実感なき景気回復に潜む金融恐慌の罠——このままでは日本の経済システムが崩壊する』ダイヤモンド社.

リップマン，ウォルター，1987，『世論』（掛川トミ子訳）岩波書店．
ルカーチ，ジェルジュ，1991，『歴史と階級意識』（城塚登・古田光訳）白水社．
見田宗介，1979，『現代社会の社会意識』弘文堂．
宮島喬，1983，『現代社会意識論』日本評論社．
中谷義和（訳），2009，「ジョン・G. ガネル 民主政と世論の概念」『立命館法学』324号：696-716.
内閣府政策統括官（共生社会政策担当），2006，『少子化社会に関する国際意識調査 報告書』．
白波瀬佐和子，2009，『日本の不平等を考える――少子高齢社会の国際比較』東京大学出版会．
Shirahase, Sawako, 2010, "Marriage as an Association of Social Classes in a Low Fertility Rate Society," in H. Ishida and D. Slater, eds., *Social Class in Contemporary Japan*, London：Routledge：57-83.
総務省統計研修所，2011，『世界の統計』総務省統計局．
高田保馬，1950，『社会学概論』岩波書店．
橘木俊詔，2005，『企業福祉の終焉――格差の時代にどう対応すべきか』中央公論新社．
東京大学大学院人文社会系研究科・文学部社会学研究室，2006，『社会的公正に関する意識調査』．

# 1章 2000年代の社会意識の変化
ネオリベラリズムか福祉国家か

武川 正吾

## 1 ネオリベラリズムの盛衰

### 2000年代の前半

日本の場合,21世紀の最初の10年間は前半と後半に分けて考えることができる.

前半は,経済政策や社会政策の決定に対してネオリベラリズムの影響力がこれまでになく強まった時期であった.小渕内閣が設置した経済戦略会議は,1999年に,厚生年金の「完全民営化」を提案した.公的年金の民営化論は実現可能性が乏しいということで,その議論は急速に萎んでしまったが,政府機関による提案という点では歴史的な意味があった.その後の小泉内閣の下では,政府の経済政策や社会政策の基本方針を定めた「骨太の方針」が数次にわたって閣議決定され,そのなかにはネオリベラリズムの提案が多数鏤められていた.とくに2003年の「骨太の方針」の内容は出色で,「規制改革・構造改革特区」を設けてそのなかでは株式会社に病院や特別養護老人ホームの経営を認めるなど,社会政策の領域にも市場メカニズムを活用する考えが示された.

また,前半の時期には,ネオリベラリズムの精髄である「小さな政府」を実現するため,1980年代以来続いていた社会保障に対する抑制政策がさらに強化された.2002年度には高齢者医療の自己負担が引き上げられ,診

療報酬がマイナス改訂された．2003年度には介護報酬や失業給付の水準が引き下げられた．2004年度には，再び診療報酬が引き下げられ，生活保護の老齢加算が廃止された．年金改革によって，保険料引き上げの凍結が解除され，保険料率の上限が設定された．マクロ経済スライド方式が導入され，高齢化に伴う自然増が抑制された．2005年度には介護保険施設の食住費が自己負担となった．等々．

　そして2000年代の前半の5年間（正確にいうと2001年4月26日〜2006年9月26日）に政権を担当した小泉内閣は，歴代内閣のなかでは高い内閣支持率を誇ったことで知られる．朝日新聞の全国世論調査では，小泉政権の発足直後（2001年4月）の内閣支持率が78%となっており，調査が始まって以来，歴代内閣のなかでは最高だった（『朝日新聞』2001.4.30.朝刊）．しかも翌5月には84%を記録している．その後，揺らぎはあるが，5年5カ月の在任期間中に実施された76回の世論調査での平均支持率は50%を超えており，自民党内閣としては過去最高であった（『朝日新聞』2005.9.20.朝刊）．また2005年9月に実施された郵政民営化を問う総選挙で，小泉首相は，改選議席480のうち与党が327議席を獲得するという大勝利を収めている．

### 2000年代の後半

　これに対して2000年代の後半は，前半とはずいぶん異なる状況を示している．違いの1つは，小泉内閣のように高い支持率を得ながら長期に政権を担当した内閣がなくなったことである．これは自公政権下でも民主党政権下でも同じである．いずれの内閣も発足直後は高い内閣支持率を獲得するが，その後，急速に支持率が低下し，1年前後で首相が交代するというパターンができあがった．小泉首相の退陣後に成立した安倍内閣の存続期間は，2006年9月から2007年9月までの1年，その次の福田内閣も2007年9月から2008年9月2日までの1年，麻生内閣は2008年9月から2009年9月までの1年間だった（それぞれ辞意は辞職前に表明している）．2009年に日本では自公政権から民主党への政権交代があったが，このときの鳩山内閣も2009年9月16日から2010年6月8日までとさらに短命だった．2010年6月8日には，菅内閣が成立したが，2011年9月には，野田内閣に交代した．

同内閣が安倍内閣以来のパターンを踏襲するのか否かは，いまのところ何とも言えない（2012年1月現在）．

もう1つの重要な違いは，前半とは異なり，2000年代の後半には，社会政策の領域でのネオリベラリズムが，後退し始めたということである．

最も劇的な変化は，2008年9月15日のリーマン・ショックによる世界大不況の始まりだった．ポール・クルーグマンは，これによって世界的なネオリベラリズムの時代は終わったと主張する．

> 「オバマは就任演説において『政府が大きいか小さいかが問題なのではない』と述べ，『小さな政府』路線であるレーガノミックスと決別しました．……ビル・クリントンが大統領に選ばれたとき，『大きな政府』の時代は終わったと言いましたが，彼はまだレーガンのほうを見て頷く必要があると感じていました．……レーガンの時代は，2008年11月の大統領選挙で終わったのです」（クルーグマン，2009, pp. 99-100）．

これは世界的なできごとである．日本国内の動きもある程度これに対応している．しかし，やや補足が必要である．安倍内閣が小泉内閣の後継者として成立し，またそれまでの政策の継続を掲げ，小泉内閣時代に決まった政策が実施に移され続けたことは間違いない．しかし安倍内閣が小泉内閣ほどにはネオリベラリズムの政策に対して熱心だったわけではないことも事実である．例えば，労働市場の規制緩和よりワーク・ライフ・バランスの方が前面に出てきた．福田政権のときには，社会保障国民会議が設置され，麻生内閣のときにはその報告書がまとめられたが，そこでは「社会保障の機能強化」が謳われた．麻生内閣の下では「社会保障費の年間2200億円抑制」の方針が撤回された．このため2000年代の後半には，自公政権の下でも，社会政策の微調整が始まっていたと見ることができる．

さらに決定的だったのは，2009年8月の総選挙で民主党が勝利を収めたことである．これによって自民党がつねに政権の中枢にあるという意味での「55年体制」は，最終的に終わりを告げた．しかも2009年の総選挙で，民主党は，小泉内閣時代の「構造改革」との対立軸を鮮明にする意味で「国民

生活第一」というスローガンを掲げ，前半の5年間とは異なる社会政策の方向性を際立たせるマニフェストを作成して選挙を戦い，そして勝利したのである．その結果，安倍・福田・麻生の自公政権時代に着手されていた社会政策におけるネオリベラリズムの後退は，さらに決定的となった．

もっとも2010年7月に参議院選挙が行われ，民主党は負けた．このため，いわゆる「ねじれ国会」が生じ，政局は膠着状態が続いている．民主党内閣による新しい政策も後退を余儀なくされていることは間違いない．しかも2011年3月の東日本大震災の結果，それまでの社会政策をめぐる議論は政治の舞台では背景に退いてしまった．とはいえ，2012年1月現在，少なくとも2000年代前半の5年間と同じ状況に逆戻りしたわけではない．その意味では，前半と後半の対比は際立っている．

本章では，このような2000年代の前半と後半の間に生じた政策変化の背景には，どのような社会意識の変化があったのかについて検討する．そのために主として使用するデータは以下の3つである．

- 福祉社会のあり方に関する研究会が2000年4月に実施した「福祉と生活に関する意識調査」（通称SPSC調査）．全国の満20歳以上の男女5000人が対象[1]．
- 東京大学社会学研究室が2005年11月に実施した「福祉と公平感に関するアンケート調査」．全国の満20歳以上79歳未満の男女3000人が対象[2]．
- 東京大学社会学研究室が2010年6・7月に，中央調査社に委託して実施した「社会保障に関する意識調査」．全国の満20歳以上の男女4000人が対象[3]．

この3つの調査は，2000年，2005年，2010年に実施されており，ワーディングが同じ質問項目も含まれているところから，2000年代の10年間の変化を見るにはうってつけである．ただし，それぞれが別々の調査目的で実施されていることもあって，比較可能な質問項目の数は限られている．そのため，ややパッチワーク的となるところがあることはあらかじめお断りしてお

きたい.

## 2 小さな政府と民営化——ネオリベラリズムの価値

ネオリベラリズムの公共政策が何を意味しているかという点についての理解は様々でありうる.開発途上国の累積債務問題に対処するうえで,先進諸国の金融機関やIMF,世界銀行などの間で合意された「ワシントン・コンセンサス」について,ウィリアムソンは,次の10項目に整理している(Williamson, 1990).①財政赤字,②公共支出の優先順位,③税制改革,④金利,⑤為替,⑥貿易,⑦海外直接投資,⑧民営化,⑨規制撤廃,⑩所有権.これらの公共政策に関する合意は,もともとは開発途上国の問題を念頭に置かれているが,1980年代以降の先進諸国の公共政策を律する原則でもあった.したがってネオリベラリズムの公共政策が含む内容がこれら10項目にあるという点については,おおかたの同意が得られるものと思われる.

これら10項目のうち,社会政策に関するものは,(a)「小さな政府」(①②③),(b) 民営化(⑧),(c) 規制緩和(⑨)の3つに要約することができると思われる.上に掲げた3つの調査のなかには,残念ながら,(c) 規制緩和に関する賛否を問う質問項目は含まれていないが,(a)「小さな政府」と(b) 民営化に関連する項目は含まれている.そこで最初に,この2つについて,人びとがどのように考えてきたかという点を検討しておこう.

### 「小さな政府」

まず「小さな政府」について.これらの調査のなかでは,次のような質問をしている.

問 A, B 2つの対立する意見のうち,しいて言うと,あなたはどちらの意見に近いでしょうか?
　A の考え:税金や社会保険料などを引き上げても,国や自治体は社会保障を充実すべきだ.
　B の考え:社会保障の水準がよくならなくとも,国や自治体は,税金や

社会保険料を引き下げるべきだ．

このうちAは一般に"高福祉高負担"と呼ばれる考え方を，Bは"低負担低福祉"と呼ばれる考え方を示している．前者を"ハイコスト・ハイベネフィット・アプローチ"，後者を"ローコスト・ローベネフィット・アプローチ"と言い換えてもよいだろう．これらのうち"高福祉高負担"は，負担が増えることがあったとしても公共的な支出を増加すべきであると考えていることから「大きな政府」に対する支持と読み替えることができる．反対に"低負担低福祉"は，租税や社会保険料の負担の削減を最優先で考えているところから「小さな政府」に対する支持と読み替えることができる．

この質問項目に対する回答の分布をみたのが表1である．「Aに近い」「どちらかというとAに近い」と答えたひとの合計を「高福祉高負担」とし，「Bに近い」「どちらかというとBに近い」と答えたひとの合計を「低負担低福祉」として計上してある．

表1からわかることは，いずれの時点でも「大きな政府」派が「小さな政府」派を上回っており，過半数となっているということである．しかも10年間の動きを見てみると，「小さな政府」派は，前半の5年間で44.3%から31.2%へと10ポイント以上減少し，後半の5年間は31.0%で止まったままである．表1の結果から見る限り，ネオリベラリズムの精髄(エッセンス)である「小さな政府」は支持されていなかっただけでなく，ネオリベラリズムの社会政策が最も熱心に追求された時代に，むしろその支持者を減らしていたのである．

### 民営化

それでは民営化についてはどうか．民営化に関する質問項目は以下のとおりである．

問　A, B 2つの対立する意見のうち，しいて言うと，あなたはどちらの意見に近いでしょうか？
　　Aの考え：年金や医療や社会福祉サービスなどは，なるべく公共部門

表1 「小さな政府」と民営化に対する態度 (%)

| | 高福祉高負担 | 低負担低福祉 | 公共部門中心 | 民間部門中心 |
|---|---|---|---|---|
| 2000 年 | 54.7 | 44.3 | 71.8 | 27.4 |
| 2005 年 | 59.2 | 31.2 | 71.9 | 21.0 |
| 2010 年 | 68.2 | 31.0 | 68.4 | 31.3 |

（国や自治体）が責任をもって供給したり運営すべきだ．

Bの考え：年金や医療や社会福祉サービスなども，なるべく民間部門（企業やNPO）が供給したり運営すべきだ．

このうちAは，社会サービスは公共部門中心でいくべきだとの考えを示しており，Bは社会サービスも民営化すべきだとの考えを示している．表1のなかでは，"高福祉高負担"の場合と同様に「Aに近い」「どちらかというとAに近い」と答えたひとの合計を「公共部門中心」とし，「Bに近い」「どちらかというとBに近い」と答えたひとの合計を「民間部門中心」として計上してある．

ここからわかることは，10年間をつうじて回答者の7割前後が「公共部門中心」の考えを抱いており，"民営化"の支持者は少数派だということである．しかし，前半の5年間で"民営化"支持者の割合は27.4%から21.0%へと6ポイント減っているが，後半の5年間では逆に10ポイント増えている．

以上の結果から，2000年代の前半は，ネオリベラリズムの公共政策を積極的に推進していた内閣に対する支持率は非常に高かったが，"低負担低福祉"や"民間部門中心"に対する支持率は必ずしも高くなく，しかも，前半の5年間に，これらに対する支持率は低下していたことがわかる．このような前半の5年間における社会意識の変化が，後半の5年間における社会政策の変化の背景には存在したと考えることはできるだろう．

また後半の5年間は"低負担"のアプローチは下げ止まったままであるが，"民間部門"中心の考え方は逆に高くなっていることにも注意しておいてよい（これは矛盾しているようにも見えるが，介護保険や医療保険のように財

源は公共部門で，供給は民間部門でということであれば，別に矛盾していることにはならない）．これは，後半の 5 年間に「新たな公」や「新しい公共」という考え方が台頭してきたことと符合する．「新しい公共」は鳩山内閣のときに政府の方針として打ち出されたが，「新たな公」は自公政権の時代から用いられていた．2008 年 7 月に福田内閣の下で閣議決定された「国土形成計画」では「『新たな公』を基軸とする地域づくり」が謳われていた．

## 3　福祉国家への支持──10 年間の変化

以上から 2000 年代の前半に「低負担」（low cost low benefit）への支持が低下して，それが下げ止まっていること，そして「民間部門中心」の考え方が過半数には達していないものの後半に増えたことがわかった．それでは，福祉国家に関連する人びとの態度はどのように変化したのだろうか．この節では，この点について検討していく．

前節の「小さな政府」と裏腹な関係にあるのが「高福祉」（high cost high benefit）に対する支持である．この支持率を再確認しておくと[4]，2000 年の時点でも「高福祉」の支持は 54.7% であり，2005 年にはそれが 59.2% となり，さらに 2010 年には 68.2% となっている．「低負担」への支持は後半の 5 年間で下げ止まっているが，「高福祉」への支持はその後も順調に増え続けている．これも第 1 節で述べた 2000 年代後半における社会政策の変化と符合する．

なお，2000 年のデータ（武川，2008）および 2005 年のデータ（Takegawa, 2010）に対しては，どのような要因が「高福祉」支持に寄与しているかを分析したことがある．その結果，デモグラフィックな変数では，男性であること，30 歳から 69 歳であることが，社会経済的地位では，高学歴であること，高収入であること，ホワイトカラー層であること，などの要因が「高福祉高負担」支持への態度を決めるうえで統計的に優位に高いことが明らかとなっている．つまり日本の場合もミドルクラスの福祉国家への潜在的支持が強いのであり，少なくとも社会意識のうえでは，エスピン－アンデルセン（Esping-Andersen, 1990）のいうアメリカ型の「自由主義レジーム」よりは，

ヨーロッパ型の「保守主義レジーム」や「社会民主主義レジーム」への可能性が開かれているということである．

### 再分配の原理と方法

ところで福祉国家は所得再分配を行う国家であるが，どのような考え方やどのような方法にもとづいて再分配を行うべきか，という点については，異なった考え方が存在する．この点についても，この10年間の経年的変化を見ておこう．

まず再分配のさいの原則についてである．1つの考え方は，現金給付や社会サービスの提供は，それを必要とするひとに対して，その必要の大きさに応じて提供されるべきというものである．この考え方は必要原則と呼ぶことができ，公的扶助，医療，福祉サービスなどで重視されている．これとは別に，社会保障の給付はそのひとの貢献の大きさ（社会保障の場合は支払った保険料の累計額になる）に応じて提供されるべきだとの考え方も根強い．これは貢献原則と呼ぶことができ，年金や雇用保険などの社会保険ではこの考え方が強い．この両者について，上述の調査では，次のような質問項目を採用している．

問　A，B 2つの対立する意見のうち，しいて言うと，あなたはどちらの意見に近いでしょうか？
　Aの考え：社会保障の給付は，保険料などの納付とは無関係に，それが必要となる度合いに応じて受け取れるようにすべきだ．
　Bの考え：社会保障の給付は，保険料などの納付の実績に応じて，受け取れるようにすべきだ．

この質問に対しては，一貫して，必要原則よりも貢献原則に対する支持が強い．この問題に関する10年間の変化はわずかであり，「高福祉」への支持が順調に増え，「低負担」への支持が前半に減少して後半に下げ止まったのとは対照的である．これは日本人の社会保障に対する社会意識の型，つまり社会保険中心主義といったものを表しているのかもしれない．ただし「公共

表2 再分配の原理と方法
(%)

|  | 再分配の原理 | | 再分配の方法 | |
| --- | --- | --- | --- | --- |
|  | 必要原則 | 貢献原則 | 普遍主義 | 選別主義 |
| 全国 2000 | 44.8 | 54.3 | — | — |
| 全国 2005 | 38.6 | 53.4 | 45.2 | 48.0 |
| 全国 2010 | 41.8 | 57.7 | 48.0 | 51.5 |

部門中心」か「民間部門中心」か,という質問ほどには両者の間に極端な差があるわけではないことにも注意しておいてよい.

　もう1つの重要な点は,再分配の方法についてである.一般に,給付にミーンズテスト(資力調査)がある場合,それは選別主義的であると言われ,ミーンズテストなしに給付がなされる場合,それは普遍主義であると言われる.一見すると,選別主義の方が必要原則に合致していると考えられがちだが,実際には様々な理由から,そうなるとは限らない[5].普遍主義の方法による再分配の方が必要原則の実現に効果がある場合もある.上述の3つの調査のうち,2000年のものについてはワーディングが異なっていて比較可能ではないので除外し[6],ここでは2005年と2010年の変化についてのみ見る.これら2つの調査では,次のような質問をしている.

問　A, B 2つの対立する意見のうち,しいて言うと,あなたはどちらの意見に近いでしょうか？
　Aの考え：社会保障の給付は,所得や財産などの少ない人に限定すべきだ.
　Bの考え：社会保障の給付は,所得や財産に関係なく同じ条件ですべての人が受け取れるようにすべきだ.

　Aが選別主義を,Bが普遍主義を示している.2005年,2010年とも選別主義に対する支持が多いが,僅差である.後半の5年間に無回答が減って,それぞれが3ポイントずつ増えているが,普遍主義か選別主義かという点については世論が二分されて固定化している,とみることができる.

**表3　年金と生活保護**
(%)

|  | 年金 | | 生活保護 | | 格差がなくなったら働かなくなる | |
|---|---|---|---|---|---|---|
|  | 世代間の助け合い | 世代間の公平 | 労働能力ない人に限るべき | 労働能力の有無に無関係 | 賛成 | 反対 |
| 全国 2000 | 19.1 | 80.1 | — | — | — | — |
| 全国 2005 | 20.9 | 72.3 | 64.4 | 29.0 | 65.6 | 28.7 |
| 全国 2010 | 21.9 | 78.2 | 67.4 | 32.0 | 63.7 | 32.2 |

### 年金と生活保護

以上のような原理的な次元とは別に，次に，もう少し具体的な政策に近いところで，人びとの考え方がどう変わったかを，みておこう．ここで取り上げるのは，年金と生活保護である．

年金については，次のような問い方をしている．

問　A，B 2つの対立する意見のうち，しいて言うと，あなたはどちらの意見に近いでしょうか？
　Aの考え：公的年金は世代間の助け合いなのだから，世代間に不公平が生じるのはやむをえない．
　Bの考え：公的年金においても，世代間の不公平が生じないよう，納付した保険料に見合った年金を受け取れるようにすべきだ．

Aが「世代間の連帯」や「世代間の助け合い」を重視する考え方で，賦課方式の年金が採用されているときは，この種の主張が前面に出てくる．これに対して，Bは「世代間の公平」を重視する考え方で，公的年金もなるべく積立方式に近づけたいとの主張につながる．この質問に対しても，日本の場合，一貫して「世代間の公平」重視の考え方が強いことがわかる．これに対して「世代間の連帯」を重視する人びとは10年間を通して2割前後にすぎない．公的年金制度に対して，国は，現役世代が高齢者世代を支える「世代間扶養」であることを強調している[7]．これは現役世代と高齢者世代の人口比率が変わると，年金額が変わりうること（世代間で支払った保険料と受け取る年金額の不公平が生じること）を含意している．これに対して，現行

の年金制度に対する「世代間の不公平」を批判する議論も多い．意識調査の結果では，世代間の公平を重視する人びとが多数派であり，これも10年間にあまり変化していない．

次に，生活保護については，次のように聞いている．

問　A, B 2つの対立する意見のうち，しいて言うと，あなたはどちらの意見に近いでしょうか？
　　Aの考え：たとえ貧しくとも，労働能力がある人は生活保護を受けるべきではない．
　　Bの考え：貧しい人は，労働能力のあるなしにかかわらず，生活保護が受けられるようにすべきだ．

この質問も2000年のときは別のワーディングを採用していたので，ここでは2005年と2010年のデータだけを検討する[8]．日本の生活保護法は，生活困窮者が「その利用し得る資産，能力その他あらゆるものを，その最低限度の生活の維持のために活用することを要件として行われる」（4条）とはなっているが，労働能力それ自体があるか否かということは問題とはなっていない．ワーキングプアとなった場合も生活保護の利用はできることになっている．ところが2005年の調査，2010年の調査とも，保護は労働能力のない人に限るべきが6割台，労働能力に無関係が3割前後となっている．生活保護が権利であるということは一般に受け入れられているが——2000年の調査でもこのことが確認できる——，しかし，実際に誰が保護の対象となるかという段になると，事実上の「欠格要件」が頭をもたげてしまうということであろう．

以上の結果を中間的にまとめておくと，「高福祉高負担」（high cost high benefit）への支持は，2000年代の前半と後半をつうじて上昇した．「低負担低福祉」（low cost low benefit）への支持は前半に減り，後半は下げ止まった．これらは21世紀の最初の10年間に生じた顕著な変化である．

また社会保障や社会サービスは「公共部門中心」で行うべきとの考え方も，10年間で微減しているものの，7割前後の依然として高い支持率である．

これらの事実を重ね合わせると，日本の社会意識は，2000年から2010年の間にネオリベラリズムから福祉国家へとシフトしたと考えることができるだろう．

　それでは，どのような福祉国家が望まれているかということになると，10年の間にそれほど極端な違いが生じているわけではない．必要原則か貢献原則か，また普遍主義か選別主義かという点では，それぞれ後者が前者より多いという状態が続いている．しかしその差は極端なものではないので，これらの争点については世論が二分されていると判断するのが妥当であろう．公的年金における「世代間の連帯」の重視や，生活保護は労働力の有無にかかわらず受け取ることができるという考え方は少数派のままである．ここに日本の福祉国家の型を垣間見ることができるかもしれない．

## 4　政府の責任

　2000年の調査（通称SPSC調査）では，それまで欧米諸国で実施されてきた同種の調査との国際比較を可能とするために，ISSP調査（International Social Survey Programme）と一部共通の質問項目を採用した[9]．そのなかに「政府の責任」に対する質問項目が含まれており，これらは部分的に修正しながら，2005年，2010年にも踏襲された．

　2010年版の調査のワーディングは次のとおりである．

・働く意思のある人すべてが仕事につけるようにすること
・病人に医療を提供すること
・高齢者が世間並みの生活を送れるようにすること
・産業が成長するのに必要な援助をおこなうこと
・失業者でも世間並みの生活が送れるようにすること
・お金持ちの人と貧しい人とのあいだの所得の差を縮めること
・収入の少ない家庭出身の大学生に経済的な援助をおこなうこと
・家の持てない人びとに世間並みの住居を提供すること
・企業が環境破壊をしないように法律で規制すること

表4　政府の責任
(%)

|  | 2000年 | 2005年 | 2010年 |
|---|---|---|---|
| 雇　用 | 55.2 | 63.5 | 67.1 |
| 物価の安定 | 89.8 | ― | ― |
| 医　療 | 75.2 | 82.9 | 86.4 |
| 高齢者の生活保障 | 76.0 | 81.6 | 82.6 |
| 産業の成長 | 61.0 | 56.9 | 76.0 |
| 失業者の生活保障 | 45.3 | 67.4 | 80.7 |
| 所得再分配 | 43.4 | 49.1 | 52.9 |
| 奨学金 | 53.8 | 69.3 | 60.8 |
| 住宅の提供 | 34.0 | 43.0 | 39.7 |
| 環境保護 | 82.5 | 90.0 | 86.0 |
| 育児・子育て | 61.2 | 84.7 | 81.3 |
| 高齢者介護 | ― | 91.7 | 92.3 |
| 障害者介助 | ― | 93.8 | 93.6 |

・育児・子育てを支援すること
・介護が必要な高齢者を支援すること
・介助・介護が必要な障害者を支援すること

　各項目に対して「明らかに政府の責任である」「政府の責任である」「どちらかといえば政府の責任でない」「政府の責任でない」という4つの選択肢を用意した．これらのうち前二者の合計値を，表4に掲げてある．なお2000年の調査では「物価を安定させること」という項目が入っていたが，時代状況に合わなくなったため2005年の調査からは削除した．
　表4を見ると，人びとの政府の責任に対する考え方の変化にいくつかのパターンがあることがわかる．
　1つは，2000年代の前半に，政府の責任であるという意見が少なくなり，それが後半に多くなっている分野である．産業の成長に対する政府の責任がこれにあたる．金融緩和と円安によって，2000年代の半ばには日本の景気が回復したことはよく知られているが，これを反映してか，産業の成長は政府の責任だという考え方は4ポイント減っている．しかし，その後にリーマン・ショック（2008年）があって，景気の後退も顕著となり，成長が政府の責任だとの意見は20ポイント近く上昇して2010年現在は76％である．

これに対して，2000年代の前半・後半をつうじて，上昇のみられる分野がある．

　その第1は雇用で，前半に8ポイント，後半に4ポイント増加している．ちなみにNHKが1996年に行った同じワーディングの調査で雇用は48.8%に過ぎなかった．20世紀の第Ⅳ四半期の日本の福祉国家レジームは，完全雇用が達成されているとの前提のうえで社会支出の水準を相対的に低く保ったものだった（武川，2010）．ところが，その前提となる雇用に対する不安が，好況期であるか不況期であるかということを超えて，一貫して上昇しているのである．日本の場合，雇用の保障は，その他の社会政策の分野に比べると政府責任とする考え方は少ないが，それでも一貫した増加の傾向にあることから今後は医療や年金に並ぶ可能性もある．

　第2は，医療である．医療も前半に8ポイント，後半に3ポイント増加している．とくに前半の社会保障費抑制政策の結果として，「医療崩壊」が叫ばれた時期（2000年代半ば）における増加が顕著である．

　第3は，失業者の生活保障である．前半には22ポイント，後半には13ポイント増加して，2000年の45.3%から2010年の80.7%にまで増加している．これも大きな変化である．かつては3%を切っていた日本の失業率も1990年代末から4%を超え，とくに2002年，2003年は5%を超えた（労働力調査による）．また後半にも，2008年のリーマン・ショック以降，非正規雇用労働者の雇い止めが顕著に増え，「派遣村」の存在がメディアで大きく取り上げられるようになった．

　第4は，所得格差の是正である．すでに述べたように，高福祉高負担を支持する人びとが，貧富の格差を是正することを望むとは限らない．そして高福祉高負担の支持者にくらべると，高所得者から低所得者への所得再分配を支持するひとの割合は少ない．しかし所得格差の是正についても，前半で6ポイント増え，後半でも4ポイント増え，2010年には過半数に届いた．

　10年間をつうじて一貫して減少している項目，過去3回の調査では見られなかったが，2000年代の前半に上昇して，上げ止まっている，あるいは後半には下がっている項目もある．

　例えば，高齢者の生活保障がこれに当たる．前半に5ポイントあがって，

8割台のままである．ある意味で「飽和状態」だといえる．高齢者や障害者のケアについては，2000年の調査には含まれていなかったが，2005年と2010年に9割以上でほぼ一定となっている．

子どものケアと環境保護は前半に大きく増え（それぞれ23ポイントと18ポイント），後半にやや減らしているが，それでも依然として80%以上の値を示している．上記の3つに準じるものと考えて差し支えないだろう．

これに対して，以上と異なる動きを示しているのが，奨学金と住宅の提供である．前半の時期これらを政府の責任と考える人びとが増えているが，後半には減っている．しかも社会政策の他の分野にくらべると，支持の割合が小さい．

表4からわかることは，2000年代の10年間で，概して，社会政策に対する政府の責任を広くとる考え方が増えてきたことは間違いない．現在では，医療，高齢者が世間並みの生活を送れるようにすること，失業者の生活保障，環境保護，子ども・高齢者・障害をもった人に対するケアは80%以上の人びとが政府の責任だと考えている．また，雇用，奨学金などについても60%以上の人びとが政府の責任と考えている．高所得者から低所得者への所得移転についても，2000年の時点では40数%に過ぎなかったが，現在では過半数に達している．これに対して，住宅が政府の責任であると考える人びとの数は40%前後で相対的に少ない．とはいえ，全体としてみれば，ネオリベラリズムの影響が強かった時代とは大きな違いである．

## 5　変わったものと変わらなかったもの

### 前半の変化

2010年の調査と，2000年および2005年の調査との比較は限られている．しかし，さいわいなことに2000年と2005年の調査には，福祉国家や社会政策に関して，もう少し多くの共通項目が含まれている．そこで，それらの一部を適宜利用しながら，まず，ネオリベラリズムを標榜する内閣への支持率が高かった前半の5年間に，どのような変化が生じたのか．また，生じなかったのかということについて，みていこう（すでに3時点で比較したものに

表5 小泉政権時代（2000年代前半）の社会意識の変化 (%)

|  |  | 2000年 | 2005年 |
|---|---|---|---|
| 今の世の中は公平か | 公　平 | 34.5 | 26.6 |
|  | 不公平 | 65.2 | 70.4 |
| 貧　困 | ほとんどいない | 3.4 | 3.6 |
|  | 2%未満 | 9.2 | 7.9 |
|  | 2-5% | 14.9 | 15.8 |
|  | 5-10% | 14.5 | 17.3 |
|  | 10-15% | 11.9 | 17.3 |
|  | 15%以上 | 16.3 | 22.0 |
| 貧困の理由 | 運が悪かった | 7.5 | 5.5 |
|  | 努力が足りない | 27.4 | 27.6 |
|  | 不公正な社会 | 27.2 | 25.1 |
|  | 変化についていけない | 18.6 | 28.4 |
| 福祉サービスは心強い支えになっている | そう思う | 53.0 | 46.8 |
|  | そう思わない | 46.9 | 50.1 |
| 家族は介護をしなくなった | そう思う | 65.9 | 64.2 |
|  | そう思わない | 33.9 | 32.5 |
| 福祉サービスの利用は世間体が悪い | そう思う | 4.8 | 5.5 |
|  | そう思わない | 95.1 | 92.4 |
| 施設入所は世間体が悪い | そう思う | 6.8 | — |
|  | そう思わない | 93.1 | — |
| サービス利用の最終決定者 | 高齢者自身 | 42.0 | 41.6 |
|  | 家族・親せきや親しい友人 | 40.1 | 44.5 |
|  | 介護サービスを提供する人や機関 | 3.6 | 3.8 |
|  | 医師などの専門家 | 6.8 | 4.9 |
|  | ケアマネージャー | — | 1.5 |

ついては省略する）．表5に主要な項目について2時点の変化が示されている．

2000年代の前半における顕著な変化の1つは，貧困や不平等に関するものである．「今の世の中は一般的にいって公平である」という考えに賛成のひとが34.5%であったのに対し，2005年にはそれが26.6%に減っている．2000年代半ばまでには，世の中が不公平だと考えるひとが7割以上にまで増えていたことになる．

また，どれくらいの人が貧困の状態にあるかという質問に対しても顕著な

変化があった．2つの調査では「食費や光熱費まで切り詰めなければならないほど，生活に困っている人は日本の人口のうち何％くらい，いると思いますか？」と聞いている．2000年のときには10％以上と考えていた人びとが28.2％であったのに対し，2005年には39.3％に増えている．ちなみに厚生労働省が2009年に発表した相対的貧困率は，2000年が15.3％，2006年が15.7％（それぞれ調査対象年）であった[10]．OECDの指標は，実感とかけ離れているのではないかと考えられる向きもあるが，2000年代の半ばにおいて2割の人びとはOECD以上に貧困が存在すると考えていたことになる．

貧困の理由については，運の悪さや努力の足りなさや社会の不公正を理由と考える人びとの割合はあまり変化していないが，「現代社会の変化についていけない人が出るのは避けられないため」と答える人びとの割合が前半の5年間で増えている．

さらに，前節までの検討から容易に想像がつくところだが，「福祉サービスは心強い支えになっている」と考える人びとが，2000年代前半に6ポイント減っている．

これに対して，福祉サービスに対する必要性の認識があまり変化していないことに注意する必要があるだろう．つまり，2000年代の前半をつうじて3分の2の人びとは「家族は介護をしなくなった」と考えているし，9割以上の人びとが「福祉サービスの利用は世間体が悪い」とは考えていない．サービス利用の最終決定者についても，回答の分布も2000年と2005年とであまり変化していない．要するに，社会サービスに対する必要や需要の構造は変化しなかったにもかかわらず，供給の方が（社会保障費の抑制政策などで）大きく変わり，その結果として，福祉サービスへの未充足感が強まったというのが2000年代前半の社会意識の動きではないだろうか．その結果が，2000年代後半の動きにつながった可能性はある．

評　価

冒頭に述べたように，21世紀の日本の最初の10年間は，前半の5年間と後半の5年間で公共政策の基調が大きく異なる．前半は，ネオリベラリズムに対する全般的な支持が強く，かつ，社会政策を含む公共政策全体がネオリ

ベラリズムを志向していた．これに対して，後半の5年間は，ネオリベラリズムに対する志向が徐々に弱まり，ついには政権交代によって社会政策の基調も大きく変化した．これはメディアなどをつうじて観察される一般的な変化（「総論的な変化」？）である．

　しかし，社会政策の抽象的な方針か具体的な方針か，また，いかなる分野でのできごとかという点について検討していくと，話はやや複雑である．

　やや抽象的なレベルでみてみると，「小さな政府」への志向（「低負担」）は前半に弱まり，後半は下げ止まったままである．これに対して「福祉国家」への志向（「高福祉」）は前半後半ともに増加した．2010年には7割近くの人びとが「高福祉高負担」を支持している．一般に考えられているのと異なり，日本では，2000年代前半においても「公共部門」中心の考え方の人びとが多数派であった．後半に「民間部門」中心の考え方の人びとが増えるが，これは「民営化」というよりは「新しい公」などの現れとみた方がよい．

　このように，一般論としては，10年間に「福祉国家」への志向が強まり，「小さな政府」への志向が弱まったと言える．しかし，人びとが求めている「福祉国家」の内容がどのように変化したかというと，10年間に「高福祉」や「低負担」ほど顕著な変化は見られなかったのも事実である．再分配のさいに「必要原則」を優先すべきか「貢献原則」を優先すべきか，また「普遍主義」を採用すべきか「選別主義」を採用すべきかという点については，前者については「貢献原則」が，後者については「選別主義」への支持が多い．しかしそれは，最初の対立軸（高福祉 vs. 低負担）ほどに顕著なものではなくて，世論が二分されているといった方が正確だろう（この点に関して，福祉に対する自由主義的な考え方は少ないが，社会民主主義的な考え方と保守主義的な考え方が拮抗している，ということができるかもしれない）．また年金についても「世代間の連帯」より「世代間の公平」を重視するひとが多く，生活保護についても「労働能力のないひとに限るべき」との考えが強い．

　政府の社会政策への責任についてのこの10年間の変化は，分野によって異なった動きを示している．雇用，医療，失業者の生活保障については，政府の責任であると考える人々の割合が一貫して増えており，しかも，そのパ

ーセントも大きい．また，高齢者の生活保障，高齢者や障害者のケアについても変化が現れる以前から，政府責任の支持率が高かった．高所得者と低所得者の格差是正は，2000年当初は4割程度だったが，2010年には過半数となっている．住宅の提供と奨学金もそれほど高いわけではなく，日本では社会政策の重要課題となりにくい事情を反映している．

さらに，前半の5年間に限ってみると，福祉サービスの利用に関連する意識はそれほど顕著な変化はないが，多くの人びとが社会は不公平になり，貧困が増えたと感じるようになった．

おそらく産業化や都市化や家族の個人化によって社会政策の必要性が高まり，そのことが21世紀の初頭においてすでに人びとの意識にも反映していたと考えることができるだろう．しかし他方で，社会政策を支持するのとは別の理由からネオリベラリズムに対する支持が強くなり，その結果，必要とされる社会政策と実際に行われる社会政策との乖離が拡大してきたというのが，前半の5年間だったのではないだろうか．後半の5年間は，そうした乖離に対する人々の意識も高まり，その結果として，実際に行われる社会政策も少しずつ調整されてきたと見ることができるかもしれない．

しかし疑問はまだ残されている．人びとはなぜ，一般的な意味でのネオリベラリズムに対して，かくも高い支持を与えたのであろうか．またこの10年に福祉国家への一般的な支持が強まってきていることは間違いないとして，その福祉国家の中身（必要原則 vs. 貢献原則，普遍主義 vs. 選別主義）については，意見は二分されたままである．この分裂は，将来，解消されるものなのだろうか．それともこのまま維持され続けるのだろうか．これらの問いは本章の課題を超えているので，別の機会，または他の研究者の取り組みに期待したい．

1) この調査は，1999-2001年度科学研究費補助金（基盤研究A）「福祉社会の価値観に関する実証的研究」（研究代表者・武川正吾）を用いて実施された．サンプリングは層化二段無作為抽出法を採用し，訪問配布と訪問回収による留め置き法によってデータが集められた．有効回収数は3991で回収率は79.8%だった．この調査の詳細については，武川編（2006）を参照．な

お，この調査のデータについては東京大学社会科学研究所のデータアーカイブで一般公開されている．
2) この調査は，2004-07年度科学研究費補助金（基盤研究A）「ジェンダー，福祉，環境，および多元主義に関する公共性の社会学的総合研究」（研究代表者・上野千鶴子）を用いて実施された．サンプリングは層化二段無作為抽出法を採用し，面接聴取法による訪問調査を実施した．有効回収数は1320で，回収率は44.0%だった．
3) この調査は，2008年度科学研究費補助金（基盤研究S）「少子高齢社会の階層格差の解明と公共性の構築に関する総合的実証研究」（研究代表者・白波瀬佐和子（課題番号20223004））による研究の一部として2010年6月と7月に実施された．サンプリングは層化三段無作為抽出法．有効回収数は6月分が1260（回収率31.5%）で，7月分が1276（回収率31.9%）であった．本書序章8頁を参照．
4) これは「所得再分配」への支持の指標と見なすことができるが，この質問に対する回答と，高所得層から低所得層への所得移転についての質問の回答では，大竹（2005, p.116n）によると，答え方が異なっている．今回の調査でも所得再分配を直接聞く質問（「お金持ちの人と貧しい人とのあいだの所得の格差を是正すること」への賛否）を採用しているが，所得格差の是正に対する賛成は，高福祉に対する賛成より低く出ている．
5) この論点については，武川（2011, pp.114-119）を参照されたい．
6) 2000年の調査では，選別主義のワーディングは「社会保障の給付は，所得や財産などの多い人には制限すべきだ」というものだったが，これだと選別主義の志向が過大に出るのではないかとの鎮目真人氏の助言により，2005年以降は「社会保障の給付は，所得や財産などの少ない人に限定すべきだ」と改めた．実際，2000年のワーディングでは60.8%の人々が選別主義志向だったが，それが2005年のワーディングでは48.0%に減った．もちろん5年間で人びとの考え方が変わったという側面もあるだろうが，ワーディングの効果も少なくないと推測される．
7) 例えば，http://www.mhlw.go.jp/topics/nenkin/zaisei/01/01-02.html（2011/05/25）．
8) 2000年の調査では，Aが「生活保護は国民の権利だから，受ける資格のある人全員が権利としてもらうべきである」，Bが「生活保護は，受ける資格のある人でも，なるべくもらわない方がよい」となっていた．前者は法のタテマエを，後者は人々のホンネを意味していた．Aは65.7%，Bは33.4%であった．権利としての生活保護を否定する人は少ないだろうとの仮説から，2005年の調査では本文中のようなワーディングに変えた．結果は，有資格

者であっても，労働能力保持者はもらうべきではないとの意見が圧倒した．
9) なお，1996 年に，NHK の放送文化研究所が ISSP の「政府の役割」に関する日本語版の調査を実施している（小野寺，1996）．
10) http://www.mhlw.go.jp/houdou/2009/10/dl/h1020-3a-01.pdf（2011/05/29）．

## 文献

Esping-Andersen, Gøsta., 1990, *The Three Worlds of Welfare Capitalism*, Cambridge：Polity Press（岡沢憲芙・宮本太郎監訳，2001，『福祉資本主義の三つの世界――比較福祉国家の理論と動態』ミネルヴァ書房）．
クルーグマン，ポール，2009，『危機突破の経済学』（大野和基訳）PHP 研究所．
小野寺典子，1996，「政府への期待とかかわり――ISSP 国際共同調査『政府の役割』日本調査から」『放送研究と調査』46 巻 11 号．
大竹文雄，2005，『日本の不平等――格差社会の幻想と未来』日本経済新聞社．
武川正吾編，2006，『福祉社会の価値意識――社会政策と社会意識の計量分析』東京大学出版会．
武川正吾，2008，「ケアを支える国民負担意識」上野千鶴子ほか編『ケア その思想と実践 5 ケアを支えるしくみ』岩波書店．
武川正吾，2009，『社会政策の社会学――ネオリベラリズムの彼方へ』ミネルヴァ書房．
武川正吾，2010，「福祉国家の日本レジーム――20 世紀後半における」直井道子・平岡公一編『講座社会学 11 福祉』東京大学出版会．
武川正吾，2011，『福祉社会 新版――包摂の社会政策』有斐閣．
Takegawa, Shogo, 2010, "Liberal Preferences and Conservative Policies：The Puzzling Size of Japan's Welfare State," *Social Science Japan Journal*, Vol. 13, Issue 1.
Williamson, John, 1990, "What Washington Means by Policy Reform," in John Williamson, ed., *Latin American Adjustment：How Much Has Happened?* Washington：Institute for International Economics, Chap. 2.

（謝辞）本研究は科研費（11301006, 16203030, 20223004）の助成を受けたものである．

# 2章 人びとの暮らしとその将来見通し
## 生活意識の視点から

三 重 野  　卓

## 1　現代社会と生活・格差意識

　現在，わが国は転換期にある．バブル経済の崩壊以降，経済のパフォーマンスは悪化し，「豊かな社会」における停滞が続いていた．グローバル化がますます進み，ゼロ年代前半，新自由主義の流れのなかで，規制緩和が行われ，国際的な競争力を確保するために，企業ではリストラが行われた．そして，2008年にリーマン・ショックが起き，また，2011年，大震災が襲った．われわれの社会の構造は流動化し，生活，暮らしは不安定化し，不透明感，閉塞感が増している．そこにおいて，人々の意識はいかなるものか，ということは，大きな論点となる．実際，生活自体が危機に瀕している[1]．

　生活とは，英語ではlifeを表すが，それは，その他に，生命，生存，さらに暮らし向き，そして，人生，生き方などの意味を担っている．考えれば，人間は人類史上，生活を営んでいたが，現在，一応，「生活重視」が望ましいという価値前提が必要になっている．社会変動は，生活意識や社会意識の変化を伴っている．こうした意識では，当然，①一般的な意識と個別的な意識という区別，②過去，現在に関する意識と将来に関する意識という区別をあげることができる．ここで，一般的な意識に関する主観指標については，生活満足感，生活不安感が最も有名である．

　「国民生活に関する世論調査」（内閣府）[2] によると，近年，満足感は時系

列的にはおおむね下がり気味である．生活満足感は，論理的には，欲求水準と現状の乖離により顕在化するといわれている．もちろん，生活水準が上がると欲求水準もさらに上がり，不満が顕在化することもあるし，欲求水準が下がると現状が同じでも満足することもある．それに対して，不安感は，より漠然としたものであり，長期的には，おおむね上昇し続けている．満足感は，現在についての生活意識であるが，不安感は，基本的には心理的ストレス，抑圧に基づき，また，将来に発生すると予測されるリスクと関連している．現在は不安の時代かもしれない．

　その一方で，一億総中流化が標榜されたが，近年は，格差が一般に注目を集めている．格差論は，階層論と密接な関係にある．格差論のブームは，1998年頃から始まり，その後，ずっと続いている[3]．とりわけ，かつての新自由主義の流れのなかで，注目が集まったといえる．

　格差の拡大は，産業の変動，グローバル化の動向のなかで，非正規職員・従業員化が進むという点とも関係している．実際に，非正規化は著しく，女性は約半数が非正規職員・従業員となっている（「平成19年 就業構造基本調査」（総務省）を参照）．こうした傾向には，企業の収益重視や効率性志向によるという側面もあり，その意味から，産業社会そのもののあり方，資本の論理との関係が問われている．もちろん，現在，同一労働・同一賃金の原則の確立が課題になっている（「パートタイム労働法」の改訂）．しかし，そこでは，能力をどう評価するか，という問いがある．

　また，近年，サービスや製品の質を確保するために，正規職員・従業員化に転換する必要性も主張されているが，より下層の非正規職員までその影響が及ぶかは不明である．しかも，今後ますます進むグローバル化により，さらなる国際競争力の強化が不可避になり，その文脈で，非正規化が問題になろう．

　格差が拡大し，固定化すると，国民の間の関係性，連帯，統合が破壊されるということを指摘することができる．こうした点は福祉国家，福祉社会，そして，福祉政策と格差の関係性についての議論では，基礎的な論点になる．格差による社会的排除が広がると，福祉国家や福祉社会の基盤が脆弱になる．

　実際，経済的，社会的な変数による生活格差の実態の把握が重要であるが，

それとともに意識の側面も重要になる．筆者の分析によると，2000年の時点で，既に半数以上の人が「現在は不平等」で，「将来は格差拡大」と回答している（三重野，2006）．意識は実態に先行しているともいえる．それは，何らかの兆しに反応していたためであろう．

さらに，こうした格差意識のみならず，なぜ格差が問題なのか，その意味は何か，という規範的な意識についての議論も不可欠になる．そこでは，そもそも，人々が格差についてどう考えているか，という「格差観」と，さらに，「能力主義」について人々がどう考えているか，という点に注目し，その意識を把握する必要がある．

格差がなくなり，均質な社会を迎えたら，人々は労働意欲を失うかもしれない．格差の廃絶より，格差や違いを前提として，いかに人々が努力するのか，という点が今後の社会で重要になり，そこに能力をどう位置づけるかということが課題になる．

いずれにせよ，産業主導に対比される生活主導が主張されているが，実際には，そもそも人々の「生活の質」とは何か，そして，「豊かさ」とは何か，といった議論のなかで，生活格差に注目する必要があろう．

そして，現在が不安の時代であるとしたら，将来の生活について，人々がどう考えているか，という生活見通しの視点も不可欠になる．実際，マクロには，将来の日本社会に対する見通し，ミクロには，個人の生活に対する見通しは，重要な検討課題になる．現在における閉塞感，将来に対する閉塞感がまさに蔓延しており，生活の破綻ということも現実化している．それだからこそ，「希望」が言及されるのかもしれない（東大社研ほか編，2009）．

以上，生活意識をめぐる諸問題について明らかにしてきた．本章ではふたつの調査結果を使用する．

ひとつの調査として，2011年1月下旬に実施された東京都民を対象にしたインターネット調査の結果を使用する（NTTレゾナントが実施)[4]．同調査は東日本大震災の直前であり，その後の人々の意識を反映していない．インターネット調査は，現在，経営学，マーケティングの分野で一般化しているが，社会学の分野では，それほど普及していない．インターネット調査では，母集団が不明であるという問題が常につきまとい，そのため，統計的検

定を行うことに対しては，疑問があるからである．本章では，統計的検定は行わず，所与のサンプルについての記述を重視したい．しかし，調査結果としては，世間的にみて常識的な結果が出ているように思われる（第1調査）．

もうひとつは，2005年11月に実施された社会調査（サンプル調査）の結果を使用する（東京大学社会学研究室が実施)[5]．同調査は，全国調査，面接調査による．当時，政府は，景気が上向いていると主張していたが，われわれは，実感できないという状況にあった．その後，リーマン・ショックが起き，わが国は経済的なダメージを受け，そして，停滞が続いた．本章では，現在に焦点を合わせるため，同調査については，補足的に扱うことにしたい（第2調査）．

ふたつの調査は，これまで述べた通り，対象も異なるし，方法も異なる．一部，質問項目も微妙に異なっている．そのため，そのまま比較することはできない．しかし，両調査結果を使用して，包括的に，生活をめぐる意識を把握することにしたい．

本章では，まず，第1に，生活をめぐる様々な意識（階層観や能力についての意識も含む）について，現状を把握することにしたい．第2に，主成分分析，および，多次元尺度構成法を駆使して，意識の構造を探ることにしたい．第3に，不安感，幸福感，現在の暮らし向きに焦点を合わせ，林知己夫の数量化I類を使用して，その説明要因を探索することにしたい．将来のリスク，生活見通しは，より漠然としたものである．そもそも，意識とはあいまいなものであるが，さらに将来については，そのメカニズムの解明において，不確実性が入り込むことは容易に想像がつく．

## 2　生活意識の項目と実際

以上の問題設定をもとに，生活意識がどう絡み合っているかを明らかにするために，具体的には，次の項目を設定することにしたい（質問文は**表1**，**表2**を参照）．

まず，代表的な生活意識，そして「生活の質」の変数として，ここでは，満足感を取り上げることにしたい（第1調査，第2調査）．〈満足感〉につい

ては，経済，家族，社会保障など，分野別に細分化することも可能である[6]．実際に，人々は具体的な領域について満足－不満を感じ，「生活の質」が確保されるが，時代を特色づける大きな要素として，ここでは，最も一般的な生活満足感を設定しよう．さらに，最近，とりわけ経済学の分野を中心に[7]，〈幸福感〉に注目が集まっている（第1調査）．平成22年4月公表の内閣府の「国民生活選好度調査」でも重視されている．

　人々の行動を規定し，こうした満足感を規定する要因として，健康状態が重要になる（三重野，2010，第5章）．健康とは，人々の「生活の質」や「生命の質」と密接に関係するもので，とりわけ，医療とか健康科学の分野で，その分析が進んでいる．ここでは，客観的な健康状態ではなく，自己の〈健康〉について，人々がどう意識しているか，検討することにしたい（第1調査，第2調査）．

　その一方で，「評価者が正しいと考える配分原理をもとに生じるであろう仮想的配分を基準にして，現在の配分状況がどれだけ逸脱しているか，という評価」に基づく公平感（海野・斎藤，1990）についても，現在，注目が集まり，分析が進んでいる（第1調査，第2調査）．もちろん，こうした〈公平感〉において，実際に，公平感，不公平感がどのように生じるか，という点を明らかにするため，満足感と同様に，その領域（性別，親の社会的地位など）にブレークダウンするという方法もある．

　ここで，参考までに，不公平が生じている原因について，個別的に，単純集計の結果をみると（第1調査），所得・資産（80.9%），職業（45.4%），学歴（36.0%），親の社会的地位（32.5%）による不公平の比率が高くなっている．こうした結果は，学歴による実社会でのスタート時点での格差，そして，格差問題の顕在化の要因としての職業階層，そこから派生する経済的格差を反映している．それに対して，居住地域による不公平は低く（18.1%）なっている．居住地域については，近年，地方と都会の格差が問題になっているため，この結果には疑問もあるが，このケースは，より身近な地域を想定しているからと思われる．ここでは，満足感と同様のレベルを想定し，一般的な公平感について，検討することにしたい．

　実際の格差観については，人々がそもそも格差を容認しているか，という

表1 意識項目一覧(2011年調査)

| 満 足 感 | 「あなたは，現在のご自身の生活全体について，満足していますか」
満足している (8.3%)，まあ満足している (46.1%)，どちらともいえない (24.6%)，やや不満である (13.7%)，不満である (6.6%)，わからない (0.7%)
平均値 (3.360)，標準偏差 (1.036) |

| 公 平 感 | 「一般的に言って，今の世の中は公平だと思いますか」
公平だ (1.6%)，だいたい公平だ (14.2%)，どちらともいえない (22.5%)，あまり公平でない (33.3%)，公平でない (27.5%)，わからない (0.9%)
平均値 (2.286)，標準偏差 (1.070) |

| 幸 福 感 | 「現在，あなたは，どの程度幸せですか」
とても幸せ (12.4%)，どちらかといえば幸せ (51.9%)，どちらともいえない (22.5%)，どちらかといえば不幸 (9.6%)，とても不幸 (2.7%)，わからない (0.9%)
平均値 (3.622)，標準偏差 (0.918) |

| 不 安 感 | 「あなたは，ご自身の将来の生活に不安を感じていますか」
不安である (27.9%)，どちらかといえば不安である (40.2%)，どちらともいえない (18.1%)，どちらかといえば不安はない (9.9%)，不安はない (3.2%)，わからない (0.9%)
平均値 (3.803)，標準偏差 (1.054) |

| 健 康 | 「あなたは，ご自身の健康についてどのようにお感じですか」
とてもよい (9.4%)，まあよい (34.7%)，ふつう (35.4%)，あまりよくない (17.9%)，とても悪い (2.2%)，わからない (0.4%)
平均値 (3.313)，標準偏差 (0.947) |

| 格 差 容 認 | 「所得や社会的地位の格差がなくなってしまったら，人々は一生懸命はたらかなくなると思いますか」
そう思う (17.3%)，どちらかといえばそう思う (27.6%)，どちらともいえない (21.1%)，どちらかといえばそう思わない (15.6%)，そう思わない (15.3%)，わからない (3.1%)
平均値 (3.164)，標準偏差 (1.328) |

| 能 力 主 義 | 「今の世の中では，能力があり努力さえすれば，誰でも成功できますか」
そう思う (4.4%)，どちらかといえばそう思う (16.9%)，どちらともいえない (23.1%)，どちらかといえばそう思わない (26.6%)，そう思わない (27.6%)，わからない (1.4%)
平均値 (2.432)，標準偏差 (1.190) |

| 日 本 社 会 | 「10年後の日本社会は，今と比べて良くなっていると思いますか」
良くなっている (2.3%)，どちらかといえば良くなっている (11.0%)，現状と同じ (25.0%)，どちらかといえば悪くなっている (35.4%), |

| | |
|---|---|
| | 悪くなっている（21.3％），わからない（5.1％）<br>平均値（2.343），標準偏差（1.024） |
| 現在の所得格差 | 「現在の日本における所得格差は，大きいとお感じですか」<br>そう感じる（29.8％），どちらかといえばそう感じる（45.2％），どちらともいえない（14.5％），どちらかといえばそう感じない（7.2％），そう感じない（2.2％），わからない（1.1％）<br>平均値（3.942），標準偏差（0.967） |
| 今後の所得格差 | 「今後，日本における所得格差は，拡大する方向に向かいますか」<br>そう思う（36.4％），どちらかといえばそう思う（43.7％），どちらともいえない（13.0％），どちらかといえばそう思わない（3.6％），そう思わない（1.4％），わからない（1.9％）<br>平均値（4.122），標準偏差（0.874） |
| 現在の暮らし向き | 「あなたは，現在の暮らし向きについて，どのようにお感じですか」<br>家計にゆとりがある（3.6％），どちらかといえば家計にゆとりがある（22.3％），どちらともいえない（25.4％），どちらかといえば家計にゆとりがない（25.5％），家計にゆとりがない（22.7％），わからない（0.5％）<br>平均値（2.585），標準偏差（1.169） |
| 今後の暮らし向き | 「10年後，あなたの暮らし向きは，今と比較してどのようになっていると思いますか」<br>良い方向に向かっている（7.6％），どちらかといえば良い方向に向かっている（21.0％），現状と同じ（32.3％），どちらかといえば悪い方向に向かっている（23.2％），悪い方向に向かっている（10.4％），わからない（5.4％）<br>平均値（2.917），標準偏差（1.107） |
| 租税制度 | 「日本の租税制度は，お金持ちの人と貧乏な人の格差を減らすようになっていると思いますか」<br>そう思う（2.6％），どちらかといえばそう思う（10.1％），どちらともいえない（19.6％），どちらかといえばそう思わない（27.9％），そう思わない（36.3％），わからない（3.2％）<br>平均値（2.126），標準偏差（1.116） |
| 財政破綻 | 「現在の財政状況から見て，将来，日本の財政は破綻すると思いますか」<br>そう思う（27.3％），どちらかといえばそう思う（37.1％），どちらともいえない（21.0％），どちらかといえばそう思わない（7.4％），そう思わない（3.6％），わからない（3.7％）<br>平均値（3.799），標準偏差（1.052） |

表2 意識項目一覧（2005年調査）

満 足 感 「あなたは，今のご自分の生活に満足していますか，それとも不満ですか」
満足している（26.1%），どちらかといえば満足している（54.3%），どちらかといえば不満である（15.1%），不満である（4.0%），わからない（0.5%）
平均値（3.030），標準偏差（0.758）

公 平 感 「一般的に言って，今の世の中は公平だと思いますか」
公平だ（2.7%），だいたい公平だ（23.9%），あまり公平でない（49.3%），公平でない（21.1%），わからない（3.1%）
平均値（2.084），標準偏差（0.753）

健　　康 「あなたは，ご自分の健康状態についてどのようにお感じですか」
とてもよい（16.1%），まあよい（31.4%），ふつう（37.7%），あまりよくない（12.5%），悪い（2.1%），わからない（0.2%）
平均値（3.470），標準偏差（0.975）

格差容認 「所得や社会的地位の格差がなくなってしまったら，人々は一生懸命はたらかなくなる」
そう思う（35.6%），どちらかといえばそう思う（29.8%），どちらかといえばそう思わない（16.4%），そう思わない（12.3%），わからない（5.7%）
平均値（2.946），標準偏差（1.035）

能力主義 「今の日本社会では，能力があり努力さえすれば，誰でも成功できる」
そう思う（14.9%），どちらかといえばそう思う（33.5%），どちらかといえばそう思わない（27.2%），そう思わない（22.2%），わからない（2.2%）
平均値（2.421），標準偏差（1.002）

日本社会 「10年後の日本の社会は，今と比べて良くなっていると思いますか，現状と同じだと思いますか，それとも悪くなっていると思いますか」
良くなっている（2.0%），どちらかといえば良くなっている（12.5%），現状と同じ（28.6%），どちらかといえば悪くなっている（40.2%），悪くなっている（10.7%），わからない（6.0%）
平均値（2.521），標準偏差（0.935）

個人収入 「10年後にあなた個人の収入は，今と比べて上がっていると思いますか，現状と同じだと思いますか，それとも下がっていると思いますか」
上がっている（4.6%），どちらかといえば上がっている（13.0%），現状と同じ（26.7%），どちらかといえば下がっている（32.0%），下がっている（17.9%），わからない（5.8%）
平均値（2.516），標準偏差（1.095）

租税制度 「日本の租税制度は，お金持ちの人と貧乏な人の格差を減らすように運営されている」
そう思う（10.3%），どちらかといえばそう思う（18.4%），どちらかといえばそう思わない（31.1%），そう思わない（31.2%），わからない（8.9%）
平均値（2.086），標準偏差（0.995）

ことが重要な論点になる（格差容認，第1調査，第2調査）．具体的には，格差がなくなったら，人々は一生懸命働かなくなる，という労働観との関係で格差観を把握することにしたい．それと同時に，能力主義的な側面として，能力があり，努力すれば成功できる，という考えについての分析も必要になる（能力主義，第1調査，第2調査）．これは，属性主義と対比され，業績主義に繋がる産業社会の構成原理であるといえる．

　以上は，現在についての意識である．それに対して，将来についての意識として，不安感[8]が重要なのはいうまでもない（第1調査）．〈不安感〉は，人々のストレス，将来のリスクの見通しと関連する．こうした意識は，実際には，かなり漠然としたものであるかもしれないが，人々の情動を表していることには疑いがない．

　さらに，10年後の日本社会は，今と比べて良くなっているかについて[9]，質問する項目を設定する（日本社会，第1調査，第2調査）．実際，様々なリスクの顕在化，成熟化の時代状況のなかで，停滞感，閉塞感が蔓延している．また，個人の収入が10年後どうなっているか，質問する項目を設定することにしたい（個人収入，第2調査）．経済の停滞化，そして，成果主義のなかで，人々は，個人の収入が伸びないのではないか，という危惧を抱いている．ただ，例えば50歳代だと，10年後，通常収入が減るので，第1調査では，〈現在の暮らし向き〉，〈今後の暮らし向き〉[10]という調査項目に変更した．

　また，第1調査では，格差社会を踏まえて，〈現在の所得格差〉，〈今後の所得格差〉についても質問した．さらに，現在の〈租税制度〉についての評価（第1調査，第2調査），そして，現在，国債の累積額の増大を踏まえて，将来の〈財政破綻〉についても質問した（第1調査）．現在，一般会計において，実際には，社会保障費とともに，国債費の額が大きくなっている．例えば，長期金利が上がると，償還，利払いが困難になり，財政が破綻するかもしれない．

　ここでは，2つの調査の度数分布が示されている．第1調査の尺度はすべて5段階尺度になっている．それに対して第2調査では，日本社会，個人収入，健康は5段階だが，その他は，4段階尺度になっている点に注意する必

要がある．その意味で，比較には但し書きがつく．

　第1調査の度数分布の状態について，詳細は表をみていただくこととし，ここでは，おおまかな傾向を，平均値と標準偏差を中心にみてみよう．平均値が高いのは，今後の所得格差の拡大で，4を超えている（そう思う，どちらかといえばそう思う，で80.1%）．それに続いて，現在の所得格差（同じく，75.0%），将来へ対する不安感（不安感は，相対的に標準偏差が大きく，ちらばっている）が位置している．財政破綻への危機感も大きい（ネガティブな回答は，64.4%）．一般に高くでやすい幸福感がそれに続くという点に特色がある（平均値，3.622，標準偏差は小さい）．満足感は，予想するほど高くはない（3.360）．

　逆の意味で，現在の暮らし向き，日本の社会は将来良い方向にいくというのは，2点台で低くなっている．財政制度の所得分配機能についても低く評価している．一般的に，社会保障の所得再分配機能は高いが，税は低いという結果が出ており（厚生労働省「所得再分配調査」），人々の意識もそうした状況を反映している．さらに，公平感も低い値になっている．

　第2調査の結果は，第1調査と単純には比較できないが，日本の将来は良くなると思う人が少ないのは同様の結果である（ポジティブな回答，14.5%）．個人収入についての見通しも暗い（ポジティブな回答は，17.6%）．これらは，他の類似の調査結果と同様の方向を示している．極めて深刻な事態であり，人々は将来に，希望を持てなくなっていることが分かる．

　なお，日本の社会をよくするために，何がどのくらい有効か，ということについては（第2調査），「政治家の意識を変えること」（非常に有効である＋有効である＝87.6%），「官僚組織を改革すること」（同，83.9%）で圧倒的に回答が高い．これは，情報化のなかで，政治家，官僚に対するバッシングが起きている点と関係する．しかし，逆にいうと，政治家，官僚が良くならないから，日本の将来は暗いということもいえる．だいぶ離れて，「マスコミの質を向上させる」（66.2%）の比率が高くなっている．この調査で，生活についての自己制御性（「自分の生き方や暮らし方は，おもに自分の考えで決めることができる」などの質問項目を設定）が高いにもかかわらず，希望が持てなくなっている状況には，より大きな社会的な要因が関係している

のかもしれない．

　第2調査では，満足感が高い方にシフトしている．実は，このサンプル調査には，高齢者の回答率が高いという問題がある．サンプルの歪みが関係しているのかもしれない．それに対して，公平感が，やはり低い方にシフトしているのは，第1調査と同様の結果である（健康，日本社会，個人収入は，5段階尺度で，他は4段階尺度なので，平均値は比較できない）．

## 3　生活をめぐる意識連関

　今まで，本研究で対象とする意識項目を設定し，その意識の現状について明らかにしてきた．それでは，こうした意識の関連性を明らかにするために，本章で中心的に扱っている第1調査について，主成分分析（バリマックス回転，欠損値は，ペア単位で削除）の結果をみてみよう（**表3**）．5軸までで，累積寄与率が61.892%となっている．

　第Ⅰ主成分では，満足感，幸福感の因子負荷量が高く，それに現在の暮らし向き，健康が続いている．それに対して，マイナスの値が大きいのは，不安感になっている．それゆえ，満足感，不安感を弁別する軸となっており，満足・不安因子ということができる．第Ⅱ主成分では，現在の所得格差，今後の所得格差の値が高く，マイナスは，租税制度で大きくなっている．それゆえ，所得格差因子と命名することができ，それは，租税制度がうまくいっていない，ということによる．

　第Ⅲ軸では，今後の日本社会，および今後の暮らし向きへの肯定的な評価と財政破綻が対立をなしている．それゆえ，この軸は，暮らし向き・破綻因子といえる．第Ⅳ軸では，能力主義，公平感，租税制度の因子負荷量が大きい．能力主義がうまく機能し，公平で，財政制度は再配分機能を果たしているという軸である．大きくは，公平を表す軸といえる．

　第Ⅴ軸では，格差容認の因子負荷量が大きいという特色がある．

　しかし，こうした5軸では，複雑で構造がみえにくい．実際，ふたつの軸で因子負荷量が大きい項目がある．それゆえ，多次元尺度構成法を使用して（項目間の距離は，ユークリッド距離），二次元に集約してみよう[11]（適合度，

表3 主成分分析（2011年調査）

|  | I | II | III | IV | V |
|---|---|---|---|---|---|
| 満足感 | 0.825 | −0.730 | 0.048 | 0.126 | −0.110 |
| 公平感 | 0.297 | −0.324 | 0.035 | 0.648 | −0.090 |
| 幸福感 | 0.804 | 0.063 | 0.124 | 0.129 | 0.013 |
| 不安感 | −0.576 | 0.298 | −0.336 | −0.014 | −0.007 |
| 健 康 | 0.542 | 0.207 | 0.082 | 0.306 | −0.530 |
| 格差容認 | 0.001 | −0.127 | 0.105 | 0.192 | 0.809 |
| 能力主義 | 0.094 | 0.005 | 0.176 | 0.755 | 0.162 |
| 日本社会 | 0.129 | −0.157 | 0.745 | 0.263 | −0.023 |
| 現在の所得格差 | −0.141 | 0.782 | −0.110 | −0.147 | −0.154 |
| 今後の所得格差 | 0.031 | 0.753 | −0.184 | −0.070 | 0.110 |
| 現在の暮らし向き | 0.640 | −0.321 | 0.044 | 0.038 | 0.165 |
| 今後の暮らし向き | 0.347 | 0.028 | 0.790 | −0.002 | 0.294 |
| 租税制度 | 0.119 | −0.426 | 0.145 | 0.490 | 0.217 |
| 財政破綻 | 0.067 | 0.265 | −0.527 | −0.135 | 0.417 |

Stress＝0.119, RSQ＝0.950)（図1）．

　第I軸の右の方に，現在の所得格差，今後の所得格差，財政破綻，そして，不安感といったネガティブな項目が位置づけられている．I軸のマイナスの方に，租税制度の評価，能力主義，公平感が位置づけられており，興味深い（主成分分析での第IV軸）．公平感が保たれていることや租税制度がうまくいっているということは，ネガティブな状況と対照をなしている．

　健康，幸福感が近く，さらに満足感が位置し，「生活の質」を表している．そして，今後の暮らし向き，現在の暮らし向き，日本社会についてのポジティブな意識が近くなっているが，それが一方では公平感，他方では満足感と近くなっているのは，注目に値する．そして，因子分析の結果の第V軸からも想像がつくように，格差容認が孤立している．

　なお，調査2は[12]，方法も異なるが，ここでも変数間の距離としてユークリッド距離を用いて，多次元尺度構成法を適用してみよう（適合度を表すStress＝0.131, RSQ＝0.900で良好）（図2）．図2をみると，将来の日本社会，個人収入が相対的に近い関係にあり，社会に対する見通しと個人の収入見通しに関係があることを示している．また，租税制度の評価と能力主義の評価も近い関係にあり，さらに，公平感も近いのは，第1調査の分析と同様

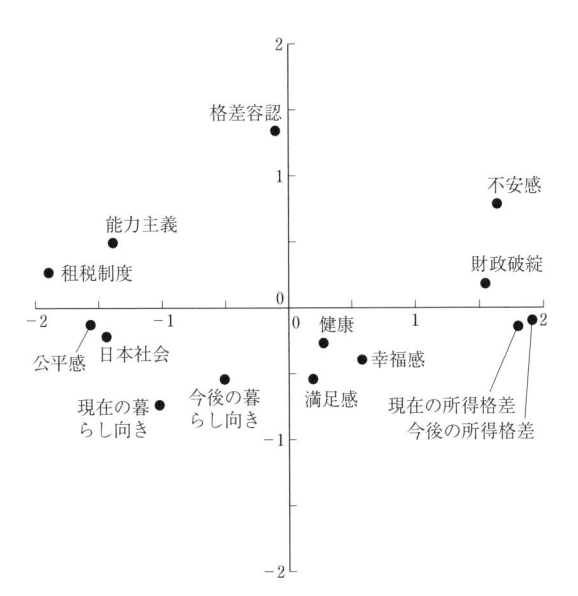

図1 多次元尺度構成法（2011年調査）

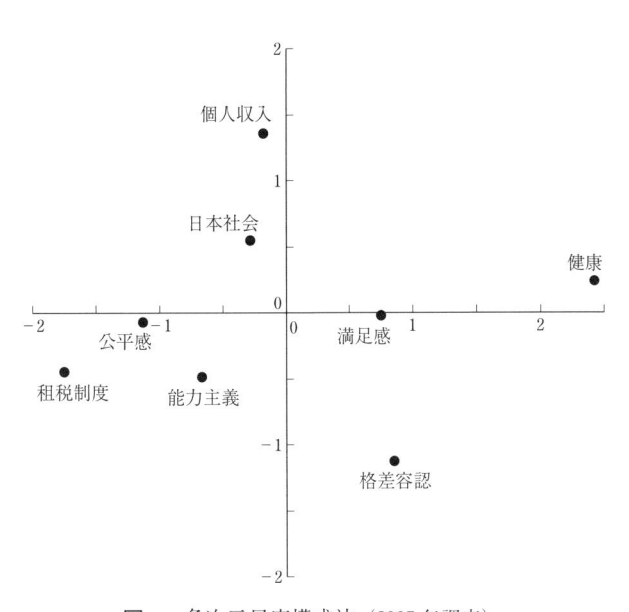

図2 多次元尺度構成法（2005年調査）

2章 人びとの暮らしとその将来見通し——45

である．生活満足感と健康といった「生活の質」を表す項目が相当離れているとはいえ相対的に近く，それと，公平感が対照をなしている．そして，格差容認が独立しているのは，第1調査と同様である．

設定している変数の個数も異なるため，ふたつの調査結果を単純に比較できないが，論理は同様であるといえる．

## 4 意識項目の説明要因

それでは，これらの項目布置図の結果をもとに，不安感，幸福感，現在の暮らし向きを選択して，その説明要因を検討してみよう．不安感は，多次元尺度構成法において，所得格差，財政破綻などのグループを代表している．幸福感は，当然，満足感などの「生活の質」項目を代表している．現在の暮らし向きは，今後の暮らし向きとか，日本社会の今後といった項目から代表させた．

ここで，林の数量化I類を使用することにしたい[13]．被説明変数は，5段階尺度で間隔尺度とみなしうる．同手法の問題点は，統計的検定の方法を備えていないという点にあるが，ここでは，データから記述することを目的としているので，かえって望ましいかもしれない．

説明変数として，8つのものを想定する．そのカテゴリーは，**表4**を参照していただきたい．性別は，代表的な変数である．階層は，その要素として経済階層，職業階層，政治階層をあげることができ，多次元的な概念である．経済階層として，個人収入，世帯収入が考えられるが，収入関係は欠損値が多く，信頼性にも疑問があるので，ここでは，職業その他を採用した[14]．また，学歴は，インターネット調査のためか，中学校卒が少なかったので，高校卒と合併した．地域は，区部を東・北部，西部，中央・南部と大きく括り，そして，区部以外を区部に近い人口密度の高いところと，低いところに分けた[15]．八王子市は，面積が広く，人口密度は低い．世帯構成は，未婚の子どもがいるか否か，で括った．住居では，本人の持ち家とともに，親の持ち家かどうかも検討した．支持政党については，支持政党なしの比率が，極めて高くなっている（60.1％）．

数量化Ⅰ類における説明変数の影響力としては，カテゴリースコアのレンジでみる場合もあるし，偏相関係数も使用する場合がある．両者は，おおむねパラレルであるといわれている．ここでは，レンジを【　】に示しておいた．

　不安感[16]）を被説明変数とした分析では，レンジが大きいのは，年齢，支持政党，世帯構成，学歴，住居，地域，職業その他の順になっており，性別のレンジは小さくなっている．カテゴリースコアをみると，働き盛りの年代（35歳から49歳）でプラス（不安の方）に関与しており，高齢者は，不安にマイナスとなっている．支持政党では，共産党と支持政党なしで，プラスとなっている．共産党は，最も反体制的な色彩が強いので，この結果は納得がいくし，支持政党なしは，現状に対して不満だからであろう．世帯構成では，やはり1人暮らしがプラス（不安）に関与し，夫婦世帯は，マイナスに関連しているのは，想像通りの結果である．学歴は，やはり，低いと不安に関与している．

　それに対して，住居では，持ち家が，不安に対してマイナスとなっているのは予想通りである．職業その他では，会社・団体の役員がマイナスになっており，不安感には関連しないという方向を示している．マイナスの値は低いとはいえ，専業主婦もそうした傾向にある．それに対して，非正規職員・従業員は若干プラス，すなわち不安に関与している点は，現在の状況を示唆している．

　それでは，幸福感[17]）については，どうであろうか．世帯構成，職業その他，住居，性別のレンジが大きくなっており，その影響力が分かる．ここで，不安感の場合に比較して，レンジの値が大きい点は注意する必要がある．それは，モデルの適合度を表す重相関係数が，0.3台と相対的に大きいことによる．続いて，支持政党，年齢，学歴となり，地域は，低い値になっている．東京の場合，地域が幸福に影響しない点は，重要であろう．

　カテゴリースコアについてみると，配偶者ありの子どもと同居の世帯でプラスに関与し，1人暮らしでマイナスに関与しており，対照をなしている．職業その他では，会社・団体役員，自営業がプラスに作用し，無職（含む，年金生活者），非正規職員・従業員がマイナスに作用しており，想像できる

表 4　意識項目説明要因（2011 年調査）

| 項　目 | カテゴリー | 不安感 | 幸福感 | 現在の暮らし向き |
|---|---|---|---|---|
| 性　別 | 男　性 | 0.006 | −0.154 | −0.179 |
| | 女　性 | −0.006 | 0.163 | 0.192 |
| | | 【0.012】 | 【0.317】 | 【0.371】 |
| 年　齢 | 20-34 歳 | −0.037 | 0.107 | 0.048 |
| | 35-49 歳 | 0.112 | −0.099 | −0.097 |
| | 50-64 歳 | −0.022 | −0.056 | −0.034 |
| | 65 歳以上 | −0.187 | 0.142 | 0.297 |
| | | 【0.299】 | 【0.241】 | 【0.394】 |
| 職業その他 | 専業主婦 | −0.076 | 0.041 | −0.039 |
| | 学　生 | 0.059 | −0.071 | 0.066 |
| | 無職（含む，年金生活者） | 0.007 | −0.224 | −0.190 |
| | 会社・団体の役員 | −0.109 | 0.090 | 0.222 |
| | 正規職員・従業員 | 0.012 | 0.031 | 0.176 |
| | 自営業主（含む，家族従業者） | 0.003 | 0.132 | −0.084 |
| | 非正規職員・従業員 | 0.038 | −0.048 | −0.227 |
| | | 【0.168】 | 【0.357】 | 【0.449】 |
| 学　歴 | 中学校・高等学校 | 0.142 | −0.125 | −0.289 |
| | 短期大学・専門学校 | 0.076 | −0.075 | −0.137 |
| | 大学・大学院 | −0.071 | 0.065 | 0.138 |
| | | 【0.213】 | 【0.190】 | 【0.427】 |
| 地　域 | 区部（東・北部） | 0.028 | −0.041 | −0.073 |
| | 区部（西部） | 0.009 | −0.013 | 0.064 |
| | 区部（中央・南部） | −0.103 | 0.032 | 0.095 |
| | 区部外 1 | 0.041 | 0.017 | −0.036 |
| | 区部外 2 | 0.067 | 0.028 | −0.060 |
| | | 【0.170】 | 【0.073】 | 【0.168】 |
| 世帯構成 | 1 人暮らし | 0.109 | −0.291 | −0.087 |
| | 夫婦のみ | −0.135 | 0.168 | 0.215 |
| | 親と子（配偶者なし） | 0.000 | 0.057 | −0.031 |
| | 親と子（配偶者あり） | −0.078 | 0.229 | −0.107 |
| | その他 | 0.020 | 0.120 | 0.044 |
| | 三世代家族 | 0.058 | −0.024 | −0.207 |
| | | 【0.244】 | 【0.520】 | 【0.422】 |
| 住　居 | 持ち家 | −0.101 | 0.115 | 0.160 |
| | 親持ち家 | 0.063 | −0.212 | 0.073 |
| | 賃　貸 | 0.083 | −0.052 | −0.185 |
| | | 【0.184】 | 【0.327】 | 【0.345】 |

| 項　目 | カテゴリー | 不安感 | 幸福感 | 現在の暮らし向き |
|---|---|---|---|---|
| 支持政党 | 民主党 | −0.186 | 0.083 | 0.112 |
| | 自民党 | −0.053 | 0.053 | 0.135 |
| | 公明党 | −0.133 | 0.197 | 0.042 |
| | 共産党 | 0.081 | −0.046 | −0.047 |
| | 社会民主党 | −0.149 | −0.102 | −0.104 |
| | 国民新党 | −0.029 | 0.059 | 0.12 |
| | 支持政党なし | 0.043 | −0.029 | −0.049 |
| | | 【0.267】 | 【0.299】 | 【0.239】 |
| | 定数項 | 0.381 | 3.622 | 2.584 |

結果である．住居は，持ち家がプラスに作用している．性別は，男性の場合マイナスに関与している点は注目に値する．女性より，男性の方が不幸であるという日本の状況を示している．支持政党では，公明党がプラスに作用しているのは，宗教的なもののためであろうか．年齢では，若い層と高齢者がプラスに作用し，働き盛りの層で，マイナスに作用している点は，注目に値する．学歴は，高い方が，幸福に関与しているのは当然の結果かもしれない．

それでは，現在の暮らし向きの説明要因は，何であろうか．ここで，重相関係数は，0.3台で比較的高い値になっている．レンジをみると，職業その他，学歴，世帯構成の値が高く，それに続いて，年齢，性別，住居となり，支持政党，地域は低くなっている．ここでも，地域が効かないのは，東京都民という面から，意外に同質的な集団を示しているのかもしれない．

カテゴリースコアをみると，職業その他では，会社・団体役員，正規職員・従業員がプラスに働き，無職（含む，年金生活者），非正規職員・従業員がマイナスに関与しており，きれいな対照をなしている．学歴では，高学歴者のカテゴリースコアが大きくなっている．世帯構成では，夫婦世帯が圧倒的にプラスになっている．これからも，現在の暮らし向きにおいて，夫婦世帯の安定性がみてとれる．

それに対して，年齢では高い層がプラスに働いており，働き盛りの年代がマイナスに作用している．これをどう解釈したらいいか，意外と現在の高齢者は，年金などが充実しているためともいえるし，暮らし向きとして，実は，経済的以外のものもイメージしているからともいえる．また，35-49歳は，

子育ての費用がかかるからともいえる．性別では，女性がプラスに関与し，男性はマイナスに関与している．住宅では，当然，持ち家がプラスの方向に働き，賃貸がマイナスの方向に働いている．

以上，ここでは，3つの代表的な変数を被説明変数として，説明変数を探索してきた．職業その他は，幸福感や暮らし向きで影響したが，不安感ではそれほど影響しなかった．不安感は，よりあいまいな概念なのであろう．ここでは，地域があまり影響しなかった．年齢では，若い層と高齢者層の効き方が同様であるのに対して，働き盛りの層は，現実を認識してネガティブに意識しているのかもしれない．また，男性は女性に比較して，ネガティブに反応している点も注目に値する．学歴では高学歴，住居では持ち家がプラスに反応しているのは，想像しやすいことである．

## 5　結　論

本章では，現在の生活意識を多角的に分析するために，さまざまな視点から分析を加えてきた．そこで問題意識となるのは，例えば，格差であり，不安であり，幸福であるということになる．2種類の調査について，分析を行ったが，そこでは，その方法も異なり，また，質問項目も微妙に異なっている．ここでは，2011年のインターネット調査を基本に，2005年のサンプル調査で補完するという手続きを採った．

第1に，平均値，度数分布をみると，現在の所得格差は大きく，今後もそうであると人々は思っている．ここに，政策的な重要性があろう．そして，不安感は蔓延しているが，幸福感も高くなっている．現在，社会的，経済的な問題が顕在化しているなかで，幸福感に着目する動きがある．幸福はあいまいで，心地よい言葉であるが，その高さで現実の経済的問題，社会的問題を隠蔽することは，問題である．実際，今後の日本社会，暮らし向きについては，悲観的な結果になっている．

第2に，こうした意識の構造を明らかにするために，主成分分析（バリマックス回転），多次元尺度構成法を駆使して分析を行った．主成分分析では5つの主成分が抽出されたが，多次元尺度構成法により，二次元に集約する

とイメージがより分かり易くなる．所得格差，不安感などの悲観的な項目がグループをなし，また，日本社会，現在の暮らし向き，今後の暮らし向きがグループをなしている．尺度の方向はこの2つのグループで逆で，比較的一次元上に散布することから，わが国の意識を巡る状況は，単純で悲観的であるといえる．それに対して，幸福感や満足感，健康といった「生活の質」に関する項目がその間に位置づけられている．満足感は高いが，それほどではないことに着目する必要がある．本研究では，格差のあり方に対する意識（格差観，格差容認）を質問したが，主成分分析，多次元尺度構成法の結果も共に独立しているという結果になっており，他の意識項目との関連は低い．

第3に，現在，最も注目に値する不安感，幸福感および現在の暮らし向きに着目して，その説明要因を林の数量化Ⅰ類で分析した．モデルの説明力が不安感で低かったが，それは，意識に関するよりあいまいな概念であるからであろう．さまざまな要因について明らかにすることができたが，階層としての職業その他のうち，非正規職員・従業員のカテゴリースコアが効いた点は，注目に値する．これは，現在の階層をめぐる状況を反映しており，重要である．

意識とはあいまいで移ろい易いものである．しかし，意識，そして，情動が人々を一定の方向に導き，ときとして社会変動をもたらす．その意味からも，政策的に，こうした動向に注目する必要がある．本調査は，大震災の直前のものである．今後，どういう方向に人々の意識が向かうか，われわれは，注意し続けなくてはいけない．

1) 本研究は，三重野（2010）の第1章，第4章の問題意識を継承している．
2) 満足度では，平成22年の調査で，満足（「満足している」+「まあ満足している」）は，63.9%，不満（「やや不満だ」+「不満だ」）は，34.9%となっている．不安感については，平成22年で「悩みや不安を感じている」が68.4%，「悩みや不安を感じていない」が30.8%となっている．ただ，この質問項目の問題は，「悩みや不安」となっており，必ずしも将来への不安のみを意味していない点にある．
3) 格差が実際に拡大しているのか，という点については，経済学からジニ係数，貧困率などの指標による分析が進んでいる．もちろん，格差という場合，

世帯に焦点を合わせるか，個人に焦点を合わせるかにより異なってくる．現在の状況は，平均世帯規模の縮小のなかで，今まで潜在化していた貧困が顕在したともいえる．実際，高齢化，とりわけ，単身高齢化の状況のなかで，格差が「見せ掛け」か否か，ということが重要な論点になった（大竹，2005; 橘木，1998）．

4) 本実証研究は，「ソーシャル・クオリティ概念の定式化と関係形成能力の評価指標の開発」（研究代表者・三重野卓），科学研究費基盤(C)，平成22年度による．2005年の国勢調査の結果をもとに，区市町村の人口構成，年齢構成を反映するように，サンプルを選んでいる．サンプル数は4393．なお，質問紙の作成において，平野寛弥氏（埼玉県立大学）の協力を得た．

5) 方法は，層化二段無作為抽出法．サンプル数1320（有効回答率，44.0%）．この年の調査は，個人情報保護の流れのなかで，有効回答率が落ちている．調査において，武川正吾氏，白波瀬佐和子氏（いずれも東京大学）に感謝の意を表したい．

6) 第1調査では，以下の領域について質問している（5段階尺度）．「仕事や職場での生活」（満足している＋まあ満足している，38.9%），「地域社会での生活」（同，44.6%），「家族との生活」（同，65.1%）．

7) 幸福感は海外で研究が盛んであるが，質問文において，happinessが入っている場合（狭義の幸福感）とsubjective-wellbeing，例えば，life satisfactionなどの用語を扱っている場合がある（広義の幸福感）．このところ，経済学者が幸福感の実証分析に参画している（大竹ほか編，2010）．なお，同著の書評としては，三重野卓「書評 大竹文雄，白石小百合，筒井義郎編『日本の幸福度──格差・労働・家族』」『都市政策研究』第5巻，2011．また，「平成21年度 国民生活選好度調査」では，「現在，あなたはどの程度幸せですか．『とても幸せ』を10点，『とても不幸』を0点とすると，何点くらいになりますか」と尺度化している．そこで，幸福を判断する基準（自分の理想との比較，他人と比較など），幸福を判断する際に重視した事項（家計の状況，就業状況，健康状況など），本人，企業や事業者，政府の幸福のための手立てや目標などについても，質問している．

8) 『季刊社会保障研究──特集（老後の不安とは何か──実態の多元的把握と政策への期待）』（第31巻，1号，2005）では不安の研究の遅れが指摘されている．なお，三重野（1978）は，現役世代をサンプルとして，林の数量化II類を適用している．順位（偏相関係数）は，以下の通り．①階層帰属意識，②末子の年齢，③持ち家，④子供の総人数，⑤あととりとの同別居，⑥末子の性別，⑦現在の同居人数，⑧退職後の家族形態，⑨あととりの職業．

9) 将来については，山田が，25歳から34歳を対象に分析している．「将来

の日本社会は経済的にどうなるか」については、「今以上に豊かになる」4.0%、「現在と同じような豊かさが維持される」31.5%、「今より豊かでなくなる」64.5%（山田，2004，第1章）．
10) 「国民生活に関する世論調査」（2010年）では「生活は、これから先、どうなっていくと思うか」という今後の生活の見通しの項目を設定している．「よくなっていく」8.0%、「同じようなもの」62.4%、「悪くなっていく」26.7%．性別、年齢別、職業別の検討も行われている．
11) 実際には欠損値があるため、有効なサンプルは、3796（86.4%）である．なお、多次元尺度構成法は、SPSSのプログラムを適用．
12) 実際には欠損値があるため、有効なサンプルは、1052（79.7%）である．なお、5段階尺度は、間隔尺度と見なしうるが、4段階尺度を、間隔尺度と見なしうるかには異論もある．しかし、ここでは、間隔尺度とみなして分析した．
13) 林の数量化Ⅰ類は、（株）社会情報サービスの「エクセル統計」シリーズを使用した．
14) 職業の従業上の地位としての正規従業員には、中核的な従業員も周辺的な従業員もある．また、非正規従業員も実際には、派遣、契約、パートなど様々である．本来なら詳細な分析が必要であるが、ここでは、大きく括った．なお、変数は、職業その他とし、専業主婦（夫）や無職（含む、年金生活者）なども設定した．また、カテゴリーを増やさないために自営業主に家族従業者を含んだ．
15) 和田（2006）は、東京区部を都心ゾーン、副都心・インナー城西ゾーン、インナー城南ゾーン、インナー城東ゾーン、アウター西ゾーン、アウター北・東ゾーンに分けている．

　ここでは、それをさらに合併し、区部（東・北部）は、江東区、江戸川区、葛飾区、足立区、墨田区、台東区、荒川区、北区、板橋区．区部（西部）は、世田谷区、杉並区、練馬区．区部（中央・南部）は、中央区、港区、千代田区、文京区、豊島区、中野区、新宿区、渋谷区、目黒区、品川区、大田区、とした．また、区部外1は、武蔵野市、狛江市、西東京市、三鷹市、国分寺市、小金井市、調布市、小平市、東久留米市、国立市、東村山市、府中市、清瀬市、立川市、多摩市．区部外2は、日野市、昭島市、福生市、東大和市、羽村市、町田市、武蔵村山市、稲城市、八王子市、瑞穂町、青梅市、あきる野市、日の出町、奥多摩町、桧原村である．区部外は、人口密度により、分割した．区部外2は、西部、北部、南部の周辺地域となっている．
16) なお、三重野（2010，第4章）は、内閣府に設定された「高齢社会対策の総合的な推進のための政策研究会」（三重野は委員）により実施された「年

齢・加齢に対する考え方に関する意識調査」のデータ（60歳以上）を使用して，不安感について，多項ロジスティック回帰分析を行っている．その結果，年齢，日常生活への影響，職業，世帯構成を説明変数とした．なお，前述の2005年調査を使用して，「日本社会」の説明変数として，地域，年齢，支持政党，住居形態，「個人収入」の説明変数として，性別，年齢，学歴，政党支持を定式化している（三重野，2010，第4章）．
17) 幸福な人の特色については，土肥・諸井（2001）にまとめられている．例えば，①若い，②健康である，③学歴が高い，④高給取りである，⑤外交的である，⑥楽観的である，⑦くよくよしない，⑧信仰心がある，⑨自尊心を持つ既婚者，⑩職業意識が高い．また，幸福に影響を与える要因として，①家族関係，②家計の状況，③雇用状況，④コミュニティと友人，⑤健康，⑥個人の自由，⑦個人の価値観．実際，幸福感は，哲学的，宗教的な側面と関係する（Rojas, 2005）．また，パーソナリティ側面とも関係する（Watten *et al.*, 1995）．今後の検討課題としたい．

## 文献

土肥伊都子・諸井克英，2001，『福祉の社会心理学――みんなで幸せになる方法』ナカニシヤ出版．
三重野卓，1978，「老後不安構造の計量的研究――定年退職との関連で」『社会老年学』第8巻．
三重野卓，2006，「階層化社会における平等・格差意識」武川正吾編『福祉社会の価値意識――社会政策と社会意識の計量分析』東京大学出版会．
三重野卓，2010，『福祉政策の社会学――共生システム論への計量分析』ミネルヴァ書房．
大竹文雄，2005，『日本の不平等――格差社会の幻想と未来』日本経済新聞社．
大竹文雄・白石小百合・筒井義郎編，2010，『日本の幸福度――格差・労働・家族』日本評論社．
Rojas, M. A., 2005, "Conceptual-Referent Theory of Happiness," *Social Indicators Research*, Vol. 74.
橘木俊詔，1998，『日本の経済格差――所得と資産から考える』岩波新書．
東大社研・玄田有史・宇野重規編，2009，『希望学1　希望を語る――社会科学の新たな地平へ』東京大学出版会．
海野道郎・斎藤友里子，1990，「公平感と満足感――社会評価の構造と社会的地位」原純輔編『現代日本の階層構造2　階層意識の動態』東京大学出版会．
和田清美，2006，『大都市東京の社会学――コミュニティから全体構造へ』有信堂．

Watten, R. G. *et al.*, 1995, "Personaliy and Quality of Life," *Social Indicators Research*, Vol. 35.

山田昌弘，2004，『希望格差社会——「負け組」の絶望感が日本を引き裂く』筑摩書房．

# 3章 誰がどんな少子化対策を支持するのか

赤川　学

## 1　人口減少と少子化をいかに論じるか

　2005年，日本の総人口は1億2780万人でピークを迎えた．合計特殊出生率（Total Fertility Rate，女性が一生のあいだに産む子ども数の平均）が劇的に回復しないかぎり，今後，長期にわたって総人口は減少し続ける．いうまでもなく，出生率の低下がもたらす少子高齢化のデメリットのうち，もっとも懸念されているのは，①現役労働人口の減少に伴う経済成長の鈍化と，②「世代間の支えあい」によって成り立つ年金・医療・介護制度の不安定化である．それゆえ子どもの数を増やそうとする少子化対策の必要性が叫ばれてきた．
　では実際，出生率がどのくらい回復すれば，総人口は減少せずに済むのだろうか．しばしば引き合いにだされるのは人口置換水準といわれる数値で，出生率が約2.1以上あれば総人口が維持されるという．ただし出生率の増減には慣性の法則のようなものがあり，経済成長率や金利のように，数年ごとに劇的に変化するような性格のものではない．また出生率が多少上がったからといって，生まれる子どもの数が即時に増えるわけでもない．
　たとえば国立社会保障・人口問題研究所の「日本の将来推計人口（平成18年12月推計）」によれば，約40年後の2055年，出生率の高位推計は1.5461となっている．このとき生まれる子どもの数は67.5万人[1]．2005年

の出生率は1.26，出生数は106.5万人だから，このとき出生率は現在からみれば劇的に回復しているにもかかわらず，生まれる子どもの数は36.6%も減少してしまう．これはいっけん謎めいた結果にみえるし，マスコミや評論家もあまり論じない．しかし答えは簡単．出産可能年齢（14-49歳）の女性の数そのものが減ってしまうので，多少出生率が増加したところで，1年に生まれる子どもの数は増えないのだ．

それでも総人口の減少を食い止めようと考えた場合，2055年の時点で出生率はどの程度まで回復していなければならないのか．国立社会保障・人口問題研究所が公開している「小地域簡易将来人口推計システム」[2]を用いると，2000年の総人口は12692万人，高齢化率（65歳以上人口の割合）は14.6%，合計特殊出生率は1.36である．出生率が2055年までに人口置換水準とされる2.1まで回復したと想定すると，総人口は9737万人，高齢化率は30.5%となる．総人口は維持されるどころか約3000万人減少し，高齢化率は現在の2倍以上になる．あくまで総人口の維持をめざそうとすれば，出生率は2050年には約3.47か3.48まで回復しなければならない．

このようにみてくると「少子化対策」なるものの有効性は，かぎりなく疑わしい．出生率の増減を小数点3桁まで喧しく騒ぎ立てるのは論外にしても，近年議論されている種々の少子化対策にしても，出生率を現状の1.3からせいぜい1.6程度まで上げられるかどうかを論じているにすぎないように思われるからだ[3]．特に高齢化率に関しては，2050年で出生率が1.6になろうと1.3にとどまろうと，わずか5%程度しか違わないことは強調してよい[4]．

つまり少子化対策は，少子高齢化や人口減少への対応策としての費用対効果という面から考えると，きわめて効率が悪い．それだけでなく，厳しいいい方をすれば，この期に及んで「少子化対策で子ども数を増やして，少子高齢化や人口減少に対応を」という論説を展開することは，人口減少社会に対応するための制度づくりを遅延し，阻害するという観点からは，有害無益とさえいえる．

他方，出生率がこのまま低位で推移したとしても，日本国に住む国民一人一人の豊かさはさほど目減りしない．社会保障審議会人口部会が提出している「労働力人口の将来見通し（平成14年将来推計人口による）」を用いて簡

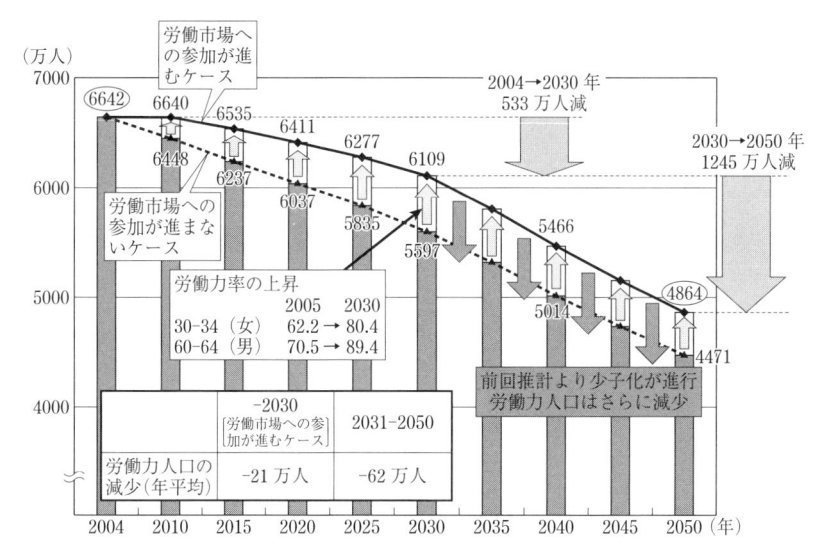

**図1** 労働力人口の将来見通し（平成14年将来推計人口による）

注：労働人口は職業安定局推計（2005.7）．ただし，2030年以降の労働人口は2030年の年齢階級別労働力率が変わらないと仮定し，平成14年将来推計人口（中位推計）に基づき，社会保障参事官室において推計（http://www.mhlw.go.jp/shingi/2006/12/dl/s1220-9e.pdf）．

単な計算をしてみよう．2004年，労働人口は6642万人．2050年の労働人口は，女性と高齢者の労働参加が進んだ場合4864万，進まなかった場合4471万となる（**図1**参照）．一国の国内総生産（Gross Domestic Products）は，基本的には労働人口と1人あたり労働生産性を掛け合わせたものとして計算できるので（式①），2004年の国内総生産約498兆円という数字を用いると，この年の1人あたり労働生産性は約750万円となる（式②）．

ここで2055年に1人あたりの労働生産性が不変と仮定した場合，GDPはどうなるか．女性と高齢者の労働参加が進んだ場合でも[5]，労働人口は6642万から4864万に減少し，それに応じてGDPは約365兆円となる（式③）．GDPは2004年のそれ（約498兆円）とくらべると約73%であり，大きく減少する．仮に2050年の時点で2000年と同額のGDPを確保しようとすると，1人あたり労働生産性は約1000万円でなければならず，現状より約25%上昇しなければならない（式④）．式③と式④は，労働人口が減少する

ことによってGDPが現在のほぼ7割になるか，それとも1人あたりの労働生産性を現在より25%高めることで名目GDPを維持するかという極端な想定に基づいている．おそらく日本社会の将来の現実は，その両極端の中間にある．

> 定義：国内総生産（GDP）＝ 労働人口 × 1人あたり労働生産性 …①
> 2004年：498兆円 ＝ 6642万人 × 750万円（人） …②
> 2050年：365兆円 ＝ 4864万人 × 750万円（人） …③
> 2050年：498兆円 ＝ 4864万人 × 1000万円（人） …④

たしかにGDPの減少が示す経済規模の縮小は，ゆゆしき問題かもしれない．ただし国の豊かさを1人あたりGDPという指標で計算すると，違った姿がみえてくる．たとえば2004年の国内総生産は498兆円だから，これを総人口12783万人で除すると，1人あたりのGDPは約390万円となる（式⑤と⑥）．ここで「日本の将来推計人口」の中位推計を用いて，出生率が2005年とほぼ同じ水準の1.26で推移したと仮定すると2050年の総人口は9515万人となる．1人あたり労働生産性が2000年と変わらず約750万円とすれば，2050年のGDPは365兆円となるから（式③），2050年の1人あたりGDPは384万円となる（式⑦）．これは2000年時点の1人あたりGDPとほとんど変わらない額である．つまり労働人口の減少により将来的にGDPが減少しようとも，同時に総人口も減っていくので，1人あたりGDPはさほど減らないわけである．

> 定義：1人あたりGDP ＝ 国内総生産 ÷ 総人口 …⑤
> 2004年：390万円 ＝ 498兆円 ÷ 12783万 …⑥
> 2050年：384万円 ＝ 365兆円 ÷ 9515万 …⑦

いささか煩雑な計算を続けたが，確認できるのは次のことだ．第1に，現在の少子化対策が想定しているように，出生率を1.3から1.6程度に上げるという変化は，総人口の減少傾向や高齢化率にほとんど影響を与えない．第

2に，1人あたりの労働生産性が現状のままとすると，一国のGDPは2050年には現在のほぼ7割になる．第3に，1人あたりの労働生産性と出生率が現状のままとしても，1人あたりのGDPは現在とほとんど変わらない．

　してみると，少子化や人口減少のデメリットとしてしばしば強調される，現役労働人口の減少，経済規模の縮小，経済成長の鈍化，現状の年金・医療・介護制度の不安定化といった事態は，事の本質とはいえない．1人あたりの豊かさが減るわけではないのだから．むしろ人口減少「問題」の本質は，一国の豊かさを人びとにどのように配分すべきか，その財やサービスの配分の仕方が公正といえるのかという，国づくりの制度設計の理念にかかわる問題なのである．それは人口学や経済学よりも，社会学が率先して取り扱うべき課題といえる．そもそも人口減少は，1960年代から中山間地の過疎に悩む地域では既知の事柄である．それがいまさら問題になるのは，一国の総人口が減少しつづけることで，経済成長と人口増加を前提とした20世紀型の日本の社会システムが，否応なく変容せざるをえないからである．そのような状況下で，都市と農村，中央と地方，高齢者と現役世代と子ども，男性と女性，未婚者と既婚者，子どもがいる人といない人，共働きの世帯と片働きの世帯といった，さまざまな社会的線分に応じて，どのように新たな配分の原則をみいだしていくことができるのかが問われているのである．

　くどいようだが，少子化や少子化対策を議論する際に，どのような対策がより有効かというスタンスで論じることには，あまり意義はない．むしろ「誰が，どのような少子化対策を支持しているのか．それはどのような資源配分の歪みにつながりうるのか」といった観点からの分析がなされる必要がある．そこで本章では，筆者が2004年10月から11月にかけて関東甲信越地方のN県で行った郵送調査「少子化と家庭生活をめぐる意識調査」（N県中部の11市町村から満20歳以上の男女を無作為抽出した2364人，有効回収率48.1％）をもとに，これらの課題にアタックする．ついで東京大学文学部社会学研究室が2005年11月に行った「福祉と公平感に関するアンケート調査」（全国の満20歳以上79歳以下の男女3000人，有効回収率44.4％）をもとに，先の分析結果を全国レベルに敷衍する．理論仮説としては，現在行われている少子化対策は，社会保障の制度設計におけるゼロサムゲーム，す

なわち財やサービスの配分をめぐる利害対立の状況において，特定の属性をもつ層を優遇すると同時に，そうした利害対立を隠蔽する装置としても機能している，と考える．これをN県や全国調査の結果に基づきながら，少子化の原因と対策に対する賛否が性差，世代差，子の有無による差など，どのような社会的属性に基づいて異なるのかを実証的に確認することを通して論じていきたい．

## 2　少子化のメリット・デメリットに関する意識の世代差と性差

　N県で行った「少子化と家庭生活をめぐる意識調査」では，少子化がもたらす長所（メリット），短所（デメリット）について17項目を用意し，「どの程度そう思うか」を5件法で回答してもらった．これらの質問項目に対して因子分析（主因子法，バリマックス回転）を行った結果，4つの因子が抽出された（**表1**）．

　第1因子は，「日本の国家・民族が衰退する」「子どもの自立性や社会性が損なわれる」「市場の規模が小さくなり，経済成長が鈍くなる」「若者が減るため，社会全体が活発でなくなる」「人口が減るため，ものが売れなくなり，不況になる」「受験戦争などの競争が減り，学力が低下する」の6項目からなる（**表1**ではより簡潔に表記した，以下同様）．社会全体に対するマクロな悪影響（短所）を評価する項目が多いことから，「マクロ短所因子」となづけることができる（クロンバックのα係数.769，以下 $\alpha=.xyz$ と表記する）．

　第2因子は，「大都市での交通渋滞が緩和される」「広い住宅に住めるようになる」「受験戦争などの競争が減り，ゆとりが生まれる」「ゴミの量が減るなど環境問題が緩和される」「一生のうち，子育てにかける期間が短くなる」の5項目からなる．社会全体というより，個々人にとってのミクロな好影響（長所）を評価する項目が多いことから，「ミクロ長所因子」となづけることができる（$\alpha=.704$）．

　第3因子は，「年金や医療保険など，現役で働く人の負担が増える」「お年寄りになってから，もらえる年金が減る」「現役で働く人の負担が重くなり，

表1　少子化がもたらす長所・短所の因子分析

| | 項目得点 | 第1因子 | 第2因子 | 第3因子 | 第4因子 | 共通性 |
|---|---|---|---|---|---|---|
| 〈第1因子：マクロ短所（α=.769）〉 | | | | | | |
| 国家・民族が衰退 | 3.556 | **0.723** | 0.009 | 0.104 | 0.056 | 0.408 |
| 子どもの自立性・社会性減 | 3.382 | **0.616** | −0.004 | 0.024 | 0.037 | 0.326 |
| 経済成長鈍化 | 3.457 | **0.567** | 0.177 | 0.253 | 0.113 | 0.402 |
| 社会不活発に | 3.970 | **0.535** | 0.090 | 0.339 | −0.065 | 0.372 |
| 不況になる | 3.288 | **0.524** | 0.174 | 0.243 | −0.017 | 0.363 |
| 競争緩和による学力低下 | 3.134 | **0.441** | 0.244 | 0.048 | 0.052 | 0.230 |
| 〈第2因子：ミクロ長所（α=.704）〉 | | | | | | |
| 交通渋滞緩和 | 2.331 | 0.123 | **0.704** | −0.018 | 0.166 | 0.450 |
| 広い住宅に住める | 2.174 | 0.035 | **0.629** | −0.078 | 0.137 | 0.362 |
| 競争緩和によるゆとり | 2.567 | −0.017 | **0.548** | 0.009 | 0.050 | 0.252 |
| 環境問題減る | 2.473 | 0.141 | **0.542** | −0.059 | 0.081 | 0.277 |
| 子育て期間短く | 3.169 | 0.184 | **0.353** | 0.100 | 0.036 | 0.166 |
| 〈第3因子：ミクロ短所（α=.705）〉 | | | | | | |
| 現役の負担増える | 4.578 | 0.145 | −0.078 | **0.738** | −0.053 | 0.398 |
| もらえる年金が減る | 4.407 | 0.085 | 0.003 | **0.723** | 0.008 | 0.367 |
| 貯蓄減 | 3.746 | 0.276 | −0.002 | **0.409** | 0.177 | 0.247 |
| 過疎化進む | 4.163 | 0.287 | −0.008 | **0.347** | 0.087 | 0.185 |
| 〈第4因子：マクロ長所（α=.697）〉 | | | | | | |
| 外国人の雇用増 | 2.848 | 0.132 | 0.315 | 0.087 | **0.800** | 0.380 |
| 女性・高齢者の雇用増 | 2.884 | −0.005 | 0.432 | 0.023 | **0.484** | 0.364 |
| 固有値 | | 3.97 | 2.63 | 1.41 | 1.04 | |
| 寄与率（%） | | 13.2 | 11.9 | 9.7 | 5.9 | |
| 累積寄与率（%） | | 13.2 | 25.1 | 34.8 | 40.7 | |

注：主因子法，バリマックス回転後．

貯金しにくくなる」「過疎化が進む」の4項目からなる．個々人にとってのミクロな悪影響（短所）を評価する項目が多いことから，「ミクロ短所因子」となづけることができる（α=.705）

　第4因子は，「外国人の労働者が，もっと働けるようになる」「女性や高齢者が，もっと働けるようになる」の2項目からなり，社会全体にとってのマクロな好影響（長所）を評価する項目ととらえて，「マクロ長所因子」となづけることができる（α=.697）．信頼性係数はやや低いが，これは項目数の少なさからくるものと考えられるので，因子としては残した．

　これら4つの因子は，少子化の好影響（長所）／悪影響（短所），個人に対

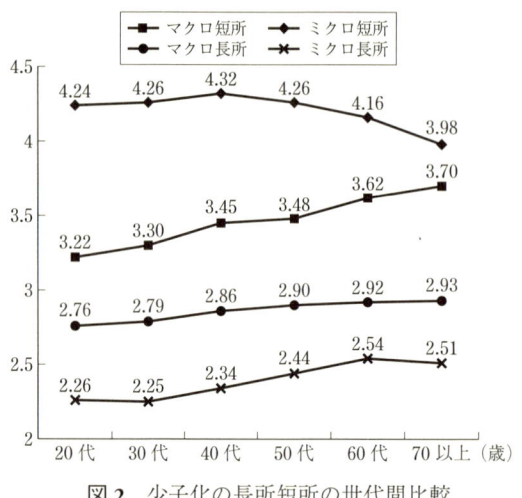

図2 少子化の長所短所の世代間比較

するミクロな影響／社会全体に対するマクロな影響，という2つのpattern variablesにしたがって整理することができる．そこで因子負荷量の高い項目（表中太字）を加算し平均点をとったものを，それぞれの尺度得点とした．

この4因子の尺度得点を，まずは性別で比較してみよう（平均値の$t$検定）．ミクロ短所，ミクロ長所については，女性のほうが男性よりも得点が高い（ミクロ短所：女性4.25＞男性4.15，$t=-2.37$, d.f.$=803.1$, $p=.018$，ミクロ長所：女性2.44＞男性2.34，$t=-2.16$, d.f.$=1055$, $p=.03$）．女性のほうが，長所についても短所についても，自らにとって身近な側面に着目しながら判断する傾向があるのかもしれない．

次いで，この4因子の尺度得点を10歳刻みの年齢，すなわち年代別に比較してみよう（一元配置分散分析）．マクロ長所以外は，すべて統計的に有意な差が認められる（図2）．

図2から以下のことが読み取れる．第1に，全世代を通して尺度得点の順位は同じであり，ミクロな短所が1位，マクロな短所が2位となる．ミクロ／マクロを問わず，少子化の短所・悪影響が強く認識されている．逆に，少子化の長所をあらわすマクロ長所得点，ミクロ長所得点は，5点平均で3点以下であり，どの世代においてもあまり強く認識されているとはいえない．

第2に，少子化の短所・悪影響に関しても，マクロな側面をより強く認識するか，ミクロな側面に着目するかには世代差がある．マクロな短所に関しては，年代が上がるにつれて得点も上がり，60歳以上の高齢世代ほど強く認識している．逆にミクロな短所は40代でもっとも強く認識されており，より高齢になるほどその認識は弱くなる．わかりやすく整理するなら，高齢世代は国家・民族の衰退や経済成長の低迷，学力低下など「天下国家」の立場から少子化の悪影響を憂えている．これに対して現役世代は働く人の負担が増える，もらえる年金が減る，貯蓄が減るといった，自らの「生活」にとって切実な観点から少子化の弊害を嘆いている．

　逆に，どの世代でも少子化がもたらす長所や好影響には，あまり目が向けられていない．1990年代以降，少子化が日本の将来を左右する重要な社会問題とされ，あの手この手の少子化対策が打ち出されてきた時代状況を考えれば，致し方ない結果といえるかもしれない．しかし少子化や人口減少が，個々の人びとや国土，地球環境に対して好影響をもたらすことはありうる．たとえば「大都市での交通渋滞が緩和される」「広い住宅に住めるようになる」「ゴミの量が減るなど環境問題が緩和される」といったメリットはその典型だが，これらのメリットに対する認識が少なくなると，人口が減っても，大都市圏や県庁所在地レベルの中都市に人口を集中させて，国土や福祉をより効率的に運営しようとする，ゆきすぎたコンパクト・シティの構想に対して十分に抵抗できない懸念が残る．

## 3　少子化対策をめぐる世代間・性別間・「子の有無」間の対立？

　次に行政による少子化対策として，具体的にどのような政策をどの程度望むかをたずねた質問項目（16項目）を，性別による差，世代による差，子の有無による差にわけて確認してみたい．これらの項目は「少子化対策は不要」という項目を除けば，2004年当時における少子化対策のリストとして，それなりに網羅的なものであった[6]．これらの各項目に関して一元配置分散分析を行い，各項目の得点の平均値に$p<.05$で統計的に有意な差が検出されたとき，多重比較を行った結果が表2である．

**表 2　少子化対策に望むことの性差・世代差・「子の有無」による差**

| 少子化対策として望むこと | mean | s.d. | 性　差 | 世　　代 | 子の有無 |
|---|---|---|---|---|---|
| 保育サービス充実 | 3.29 | 0.70 | 女性＞男性 | 30＞50 | |
| 男女ともに仕事・子育てに責任 | 3.31 | 0.66 | 女性＞男性 | 20＞50-, 30＞40-, 40＞50 | |
| 次世代育成支援 | 3.37 | 0.63 | | | 有＞無 |
| 児童手当（現金給付） | 3.21 | 0.77 | 女性＞男性 | | |
| 子育て世帯の税負担軽減 | 3.32 | 0.75 | | 20＞50-, 30＞40-, 40＞50 | 有＞無 |
| 子育て中の夫婦がともに働ける環境 | 3.45 | 0.65 | 女性＞男性 | | |
| 子どもを産まない人の税負担強化 | 2.13 | 0.90 | 男性＞女性 | 70＞20-50, 60＞20・30・50 | 有＞無 |
| 現役世代の年金・医療保険の負担増 | 1.84 | 0.67 | | 70＞20-50, 60＞20・40 | |
| 高齢者の年金給付減 | 1.84 | 0.71 | | 20＞60-, 30＞70, 40＞60- | |
| 景気対策 | 3.38 | 0.70 | 女性＞男性 | 70＞20 | 有＞無 |
| 女性や高齢者が働きやすい環境 | 3.40 | 0.63 | 女性＞男性 | | |
| 外国人が働きやすい環境 | 2.30 | 0.79 | | | |
| 若者の就業支援 | 3.44 | 0.63 | 女性＞男性 | 70＞20・30, 50＞20・30 | 有＞無 |
| 男性が育児休暇とりやすいように | 3.14 | 0.78 | 女性＞男性 | 30＞60 | |
| 結婚・出産の奨励 | 3.12 | 0.83 | | 70＞30-50, 60＞30-50 | 有＞無 |
| 少子化対策は不要 | 1.69 | 0.86 | | 70＞20-40・60, 50＞30・40 | |

注：$p<.05$ を抽出．

　性差に関して有意差がある項目では，1つ（子どもを産まない人の税負担強化）を除いてすべて，女性のほうが男性よりも対策の実施を望む割合が高い．とりわけ「保育サービス充実」「男女ともに仕事・子育てに責任」「子育て中の夫婦がともに働ける環境」「男性が育児休暇をとりやすいように」など，仕事と子育ての両立支援に該当する項目が多い．これに児童手当（現金給付）の増大，景気対策，女性や高齢者，若者の就業支援などが続く．総じてこれらは，現在行われている少子化対策のメニューにほぼ等しい．逆に「外国人が働きやすい環境」といった項目には人気がなく，「結婚・出産の奨励」「高齢者の年金給付減」といったように，当時の少子化対策としてはいささか特異な主張を行っている項目では性差が検出されない．これらのことから総合的に判断すると，1990年代以降，とりわけ仕事と子育ての両立支援を重視する「男女共同参画」型の少子化対策は，女性の要望をポピュリス

ト的に汲み取った政策体系であったと解釈してよいように思われる．

　世代差に関しては，いくつもの項目で「はい」と答える割合に統計的な有意差がある．表2のうち，網かけにした項目は，60・70代の高齢世代がより強く望んでいるものである．具体的には，「子どもを産まない人の税負担強化」「現役世代の年金・医療保険の負担増」「若者の就業支援」「結婚・出産の奨励」である．「税負担強化」「負担増」「奨励」など，とりわけ現役世代に負担や行動を求めている姿が浮かび上がる．

　逆に20・30代で，子育て期間中にあるとみられる現役世代が強く望んでいるのは，表中で太字で示した項目で，「子育て世帯の税負担軽減」「高齢者の年金給付減」「男女ともに仕事・子育てに責任」「男性が育児休暇をとりやすいように」である．こちらは，自らの世代に対する「税負担軽減」や男性の働き方の見直しに焦点をあてている．

　この結果を単純化するならば，少子化にともなう年金・医療などの負担増，労働力人口の不足という「痛み」の分配を，高齢世代は現役世代の負担増という形で，現役世代は負担減という形で求めている．高齢世代と現役世代が「痛み」を押しつけあっている構図がみえてくるといえば，うがちすぎだろうか．

　利害が対立するのは，世代間だけではない．子どもをもつ／もたないというライフスタイルの差によっても見解の相違は生まれてくる．子どものいる人が，いない人にくらべてより強く賛成しているのは，「次世代育成支援」「子育て世帯の税負担軽減」「子どもを産まない人の税負担強化」「景気対策」「若者の就業支援」「結婚・出産の奨励」などである．その逆，つまり子どものいない人がいる人よりも強く望む項目は存在しない．「子どもをもたない人も，子どもが不要なのではなく，産みたくても産めないだけだ」などと無理な解釈をもちだしさえしなければ，子どもをもたない人が，もつ人にくらべて少子化対策に積極的でないというのは，しごく当然の傾向であるように思われる．しかし少子化対策の名のもとに行われる財やサービスの再配分は原則的に，子どもをもたない人からもつ人への所得移転の形をとる．Win-Winの関係をめざす景気対策とは異なり，少子化対策や年金などの社会保障は，本質的にはゼロサムゲームの側面をもつからだ．少子化対策の名

のもとに，子どもをもつ人はもたない人に対して，どの程度の所得移転やサービス供給を要求することが正当化されるのだろうか．

この問題を考えるとき，小塩隆士の指摘は興味深い．小塩によれば「社会保障改革は一種のゼロサムゲームであり，すべての世代を同時にハッピーにすることはできない」．だから「少子化を所与として社会保障改革を議論する場合，どうしても給付削減の問題が出てくるので話が暗くなる」．ところがこの点を認識すればするほど，「少子化対策で子供を増やせというのは，だれにも迷惑がかからない結構な話である．政府も企業もどんどんやってください，ということになる」．そんなわけで，少子化そのものを食い止めようとしたり，少子化の影響を減殺しようとするタイプの政策が花盛りとなる．「しかし，そうした政策の効果のほどはよく分らない．少子化対策の主張は，聞こえはいいが言いっ放しの空論であることが多い．だれもまともに反対できない主張ほど，議論の中身は空疎になりがちである」（小塩，2005, p. 27）．

本章では，少子高齢化や人口減少「問題」の本質を，人口減少の過程で財とサービスをいかに分配すべきかという観点から考えるべきと提案してきた．この観点からすると，小塩の論述は説得的である．少子化対策は，それがいかなるものであれ，国の予算を使って財とサービスの再配分を伴っている（そのような性格をもたないのは，せいぜい「結婚・出産の奨励」くらいか）．少子化対策の政策リストには世代間の利害対立，子どもをもつ／もたないというライフスタイルに関わる利害対立，性別間の利害対立が本質的に組みこまれているわけである．人口が減少し，経済規模が縮小することがほぼ確定している21世紀の日本においてこの問題は，不均等発展ならぬ「不均等縮小」という状況を生み出しかねない．負担の分配において，得をするのは高齢世代なのか，子をもつ者なのか，共働きで働く者なのか．必要なのはあくまで，少子化に伴う負担を分配するときの原則は何であるべきなのか，という問いである．

## 4 全国調査からみる少子化対策への性差・世代差・未婚／既婚・都市規模の差

つぎに東京大学文学部社会学研究室が 2005 年 11 月に行った「福祉と公平感に関するアンケート調査」をもとに,「少子化と家庭生活をめぐる意識調査」によって N 県で確認された傾向が, 全国調査でも再現されるかどうか確認したい. この調査は「少子化と家庭生活をめぐる意識調査」のほぼ 1 年後に行われており, それ以降の少子化対策における新たな展開を踏まえた傾向を検知できるかという観点からも, 検証する必要がある.

この調査では少子化の対策として, どのような方法がよいと思うかについて, 下記の 6 つの項目をあげて尋ねている. 簡便化のため, 以下のように表記を統一する.

- 「働きながら出産や子育てができるような仕組みをつくる」→(仕事と子育ての) 両立支援
- 「母親が出産や子育てに専念できるような仕組みをつくる」→母親育児専念
- 「出産や子育てが経済的な負担とならないよう, 金銭的な支援をする」→金銭的支援
- 「子どもを産み育てることの幸せについて, 人びとの理解を促す」→産育理解促進
- 「男女の出会いの場を増やす」→結婚支援
- 「少子化が進んでも困らないように, 高齢者向けの社会保障を見直す」→社会保障見直し
- 「対策は特に必要ない」→対策不要

それぞれの項目に対し「はい」と答えた人の割合を**図 3** に示し, さらにそれを性別, 年代別, 都市規模(政令指定都市[東京都市部, 札幌市, 名古屋市, 大阪市など 15 大都市]／人口 20 万人以上の都市／人口 10 万人以上の

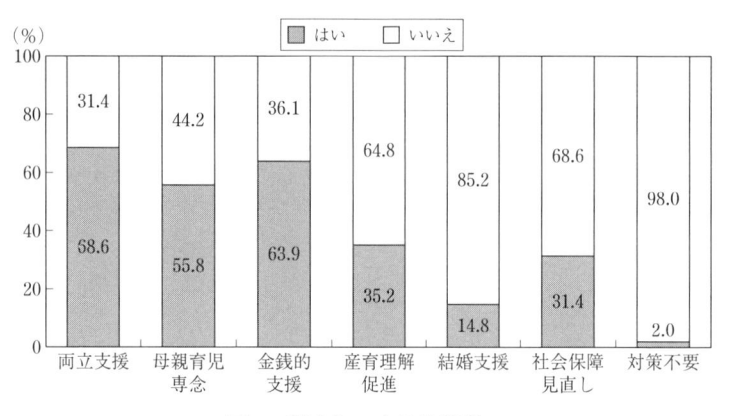

図3 望ましい少子化対策

都市／人口10万人未満の都市／町村），未婚／既婚の別に応じて独立性のカイ二乗検定を行い，$p<.05$ で統計的に有意な項目を**表3**に示した．

**図3**から，それぞれの政策の人気度が明らかとなる．人気が高いのは「両立支援」と「金銭的支援」である．「社会保障見直し」と「母親育児専念」の2項目は，現在の少子化対策のリストには存在しない興味深い政策だが，前2者にくらべると「はい」と答える割合は高くない．

性別，年代別，都市規模，既婚／未婚の別による違いも確認しておこう（**表3**）．

性別に関して有意差のある項目は，ほとんどすべて女性のほうが男性よりも「はい」と答える割合が高い．N県調査でも検討したように，これらの政策リスト，とりわけ両立支援と金銭的支援は，女性の要望をポピュリスト的に汲み取った政策体系であるように思われる．ただし唯一の例外は「結婚支援」で，これのみは男性のほうが「はい」と答える割合が高い．結婚支援は，2006年6月に少子化社会対策会議が決定した「新しい少子化対策について」のなかで，「結婚相談事業等に関する認証制度の創設」として取り入れられたものであり，それまでの少子化対策にはみられなかった新種の対策である．

年代別にみても興味深い結果が得られている．30・40代という子育ての現役世代は，仕事と子育ての両立支援をより望んでいる．他方，50代の人

**表 3**　望ましい少子化対策の性差，世代差，都市規模差，未既婚による差

| 望ましい少子化対策 | 性別 | 世代 | 都市規模 | 未既婚 |
|---|---|---|---|---|
| 両立支援 | 女性＞男性 | 30, 40代＞その他 | 政令指定都市＞その他 | |
| 母親育児専念 | 女性＞男性 | 50代＞その他 | | 既婚＞未婚 |
| 金銭的支援 | 女性＞男性 | その他＞70代 | | |
| 産育理解促進 | | | | |
| 結婚支援 | 男性＞女性 | | | |
| 社会保障見直し | 女性＞男性 | | 10万未満都市＞その他 | |
| 対策不要 | | | | |

注：「はい」の割合（$p<.05$ のみ）．

びとは「母親が出産や子育てに専念できる仕組み」を他の世代よりも望んでいる．このコーホートは1946-55年生まれのいわゆる団塊の世代であり，彼らの多くが子どもを産んだと考えられる1970年代は，いわゆる戦後の主婦体制が完成した時期でもあった（落合，2004）．専業主婦率がもっとも高かった時期でもあり，こうした世代経験が回答に影響を与えている可能性もある．また子育てに対する金銭的支援については，70代のみ「はい」と答える割合が低い．子育ての金銭的支援は，それが大規模になされる場合には，社会保障における財の配分を，現役世代に対して有利に配分し直すことをも含意している．前節でみた世代間対立の一端が，ここに現れているといえようか．

ところで全国調査ならではの項目といえるのは，調査対象者の居住地の，都市規模による違いである．特徴的なのは両立支援で，政令指定都市に住む人のほうが「はい」と答える割合が高い（カイ二乗$=13.489$, d.f.$=4$, $p=.009$, Cramer's V$=.101$）．ちみなに既婚女性を「フルタイム従業／パートタイム従業／自営／無職」の4つの従業形態に分類し，カイ二乗検定を行ったところ有意であった（カイ二乗$=11.555$, d.f.$=3$, $p=.009$, Cramer's V$=.155$）．この結果と残差を見ると，フルタイム従業の既婚女性は両立支援に賛成する割合が高く，自営の女性は反対する割合が高い．前節で，仕事と子育ての両立支援を，女性の要求をポピュリスト的に汲み上げた政策ではなかったかとの解釈を示したが，ここではさらに両立支援は，大都市の共働きで働く女性向けの政策ではなかったか，という解釈をつけ加えることがで

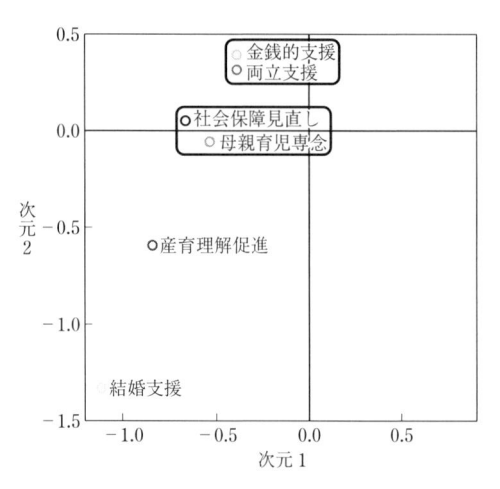

図4 望ましい少子化対策の等質性分析

きそうだ.

　さらに6つの政策リストの近さと遠さを，等質性分析によって分類したのが図4である．この散布図には，似たような回答パターンを示す質問項目が2次元上に近接して配置されている．つまり質問項目相互の近さや遠さを表すことができる．この図からは次のことがわかる．第1に，両立支援と金銭的支援の位置関係がきわめて近い．第2に，社会保障見直しと母親育児専念の位置もまた近い．第3に，結婚支援と産育理解促進は，それぞれどの政策リストとも離れた，独立した位置関係にある．

## 5　結婚支援を求める未婚男性とモテ格差社会

　このように，同じ少子化対策のリストといえども，性別や世代や都市の規模や未既婚という属性の違いに応じて，人びとがそれに与える意味づけは異なる．1990年代からこのかた，少子化対策の根幹とみなされてきたのは，仕事と子育ての両立支援が少子化対策にもなるという「男女共同参画社会の実現」路線であった．現在はこれが「ワーク・ライフ・バランス」という標語に受け継がれている．これに対して2000年代の自民党政権の末期になっ

てから急速に登場してきた少子化対策の新機軸が結婚支援，いわゆる「婚活」支援である．すでにみたように両立支援と結婚支援は，少子化対策のリストのなかでは遠い位置関係にある．もっとも人口学が教えるところによれば，出生率の低下は，「結婚しないこと」の効果（既婚率の低下）と「結婚した夫婦が産む子どもの数が減ること」の効果（有配偶出生率の低下）に分解することができ，前者の効果と後者の効果は約2:1といわれている（廣嶋，1999；赤川，2004，p.140）．つまり出生率の低下に対しては，有配偶者が産む子どもの数が減ることよりも，結婚しなくなることの影響（寄与度）のほうが約2倍強いわけである．両立支援は有配偶出生率の低下を，結婚支援は既婚率の低下をターゲットにあてたものとみることができる．したがって「婚活」支援がうまくいけば，両立支援の約2倍の効果があると述べることさえ許されそうだ．

　むろんそれは悪い冗談である．しかし両立支援は，結婚して，仕事と出産・育児を両立させたいと願う，ある意味で「特殊な」ライフスタイルを選択した男女（夫婦）が何人子どもを持とうとするか，という限定的な問題にすぎない．これに対して結婚支援は，結婚そのものがいかにして可能か，そこに国や政府がいかに支援（という名の介入）を行うことができるのかという，より根源的な問題を提起している．このように相異なる支援のあり方の賛否に対して，年齢，性別，ジェンダー，学歴（教育年数）といった個人の属性，未婚／既婚の別，子どもの有無，世帯年収といった家族（世帯）の属性，さらには居住地（都市規模）といった地理的・生態学的な諸独立変数のうち，どれがどの程度影響を与えるか．また2つの支援に関して，そのような影響の与え方がどう異なるかを確認することはあながち無駄ではあるまい．

　そのため両立支援と結婚支援への賛成を従属変数とし，性別，年齢，未婚／既婚の別，世帯年収，都市規模，学歴（教育年数）を説明変数とするロジスティック回帰分析を行った．その結果が**表4**である．

　両立支援については，男性であること，年齢が高いこと，未婚であること，人口20万人以上の都市に居住することが，「はい」と答える確率を低める．逆に，教育年数が高くなること（高学歴）は「はい」と答える確率を高める．都市規模については，単純なクロス集計とカイ二乗検定では「政令指定都市

＞それ以外」であったが，ここでは20万人以上の都市に有意差が現れており，若干矛盾する結果となる．しかしいずれにせよ，町村とくらべて大都市に居住する女性のほうが，両立支援に賛成しやすい傾向は変わらない．ありていにいえば高学歴で，大都市に住む，若い既婚女性は，仕事と子育ての両立支援に賛成する傾向が強い．これまで検討してきた知見を，再確認するような結果である．

　これに対して結婚支援は，対照的である．男性であること，年齢が高いこと，未婚であることが，「はい」と答える確率を高める方向に作用する．ありていにいえば，年齢の高い未婚男性は，「男女の出会いの場を増やす」という結婚支援に賛成する傾向が強い．

　このような違い，すなわち学歴の高い都市部の既婚女性が仕事と子育ての両立支援を政府に要求し，未婚で年齢の高い男性が結婚支援を求めるという違いを，どのように考えたらよいのだろうか．少子化対策を利害隠蔽装置として論じてきた本章の立場からすれば，性別（ジェンダー）間の利害対立として解釈してもよいところだ．あるいは既婚女性と未婚男性の立場の違い，とオチをつけたくなるところでもある．ただし本調査の質問項目が「男女の出会いの場をもっと増やす」となっていることに，少しこだわってみたい．

　本章では，この質問項目を「結婚支援」として少子化対策の文脈に位置づけてきた．しかしいうまでもなく「男女の出会い」すなわち恋愛と，結婚とはイコールではない．少子化対策はそもそも恋愛，結婚，出産というライフコースを前提とした政策だが，結婚の手前に存在するはずの恋愛やセックスの機会の不均等，すなわちもてる／もてないの格差（モテ格差）の問題は，この政策的文脈のもとでは捨象されざるをえない．逆の言い方をすれば，結婚支援という政策の背景には，恋愛機会の均等／不均等という，より本質的な問題が潜んでおり，このことを等閑視するがゆえに，少子化対策は空転し続けざるをえないのかもしれない（だからといって，少子化対策が恋愛格差やモテ格差という「個人的な」問題にまで容喙すべきかどうかは，別の問題だが）．

　恋愛格差やモテ格差を文字通りの意味で，すなわち人びとが恋愛したりセックスしたりする機会の直接的な均等／不均等の問題と捉えるならば，その

表4　両立支援・結婚支援のロジスティック回帰分析 ($N=1,122$)

| 独立変数 | 両立支援 | 結婚支援 |
|---|---|---|
| 男性ダミー | −0.345* | 0.396* |
| 年齢 | −0.017** | 0.020** |
| 未婚ダミー | −0.625** | 0.478+ |
| 子ありダミー | 0.141 | −0.233 |
| 政令指定都市ダミー | 0.202 | −0.231 |
| 20万以上都市ダミー | −0.406+ | −0.066 |
| 10万以上都市ダミー | −0.178 | −0.336 |
| 10万未満都市ダミー | −0.076 | 0.105 |
| 教育年数 | 0.122** | 0.040 |
| 個人年収 | 0.054 | 0.005 |
| Nagelkerke $R^2$ | 0.091 | 0.035 |

注：*$p<.05$, **$p<.01$, +$p<.15$.

ことを測定するのは，本章で行ってきた実証分析の範疇をこえるし，少なくとも現存する社会調査では企画困難な課題である．そもそも現在の格差をめぐる語りにおいて，恋愛格差やモテ格差は，取るに足らない格差として，あるいはそもそも格差問題になじまない題材として，ほとんど無視されてきた[7]．しかし桶川泰 (2008) が指摘するように，恋愛をめぐる雑誌記事では「恋愛できないのは，モテないのは，その人の内面に責任がある（例：コミュニケーション能力不足）」とする言説が，大手を振ってまかり通っている．「恋愛は誰にでもできる」というイデオロギーのもと，恋愛自由競争が行われるわけだが，その結果としての恋愛弱者（もてない人）は，本人の「内面」に問題があるとして，さらに社会から石もて打たれるわけである．ここにモテ格差社会ならではの過酷さがある（赤川，2007）.

年齢の高い未婚男性が，「男女の出会いの場を増やす」という政策に賛成しやすいという事実が，そうしたモテ格差社会の構図の一端を象徴しているといえば，うがちすぎであろうか．

1) http://www.ipss.go.jp/pp-newest/j/newest03/newest03.asp（2008年6月16日検索）．出生数67.5万人は，出生率高位推計かつ死亡率中位推計の場合．ただし死亡率が高位でも下位でも，出生数はさほど変わらない．
2) http://www.ipss.go.jp/syoushika/tohkei/Shou/S_Jouken.asp（2008年6月

16日検索).但し現在はサービスが終了している.
3) 代表的なものとして,男女共同参画会議・少子化と男女共同参画に関する専門調査会「少子化と男女共同参画に関する社会環境の国際比較報告書」(2005年9月)などがある.http://www.gender.go.jp/danjo-kaigi/syosika/houkoku/index-kokusai.html (2008年6月16日検索).
4) 小地域簡易将来人口推計システムを用いると,2050年で出生率が1.3の場合,総人口は8592万人,高齢化率は34.5%となる.出生率が1.6の場合,総人口は9126万人,高齢化率は32.5%となる.ちなみに出生率が2.1の場合,総人口は10071万,高齢化率は29.5%となる.
5) ここで想定しているのは,30-34歳女性の労働力率が2005年の62.2%から2030年に80.4%に上昇し,60-64歳の男性の労働力率が70.5%から89.4%に上昇するケース.
6) 1990年代以降の少子化対策のリストや政策過程を検証したものとして,増田(2008)がある.
7) もっとも格差問題の元凶としてしばしば名指しされる小泉純一郎・元首相は,かつて国会答弁にて「私だって,能力のある人,ああ,うらやましいなとか,ああ,あいつ,随分女性にもてるなとやきもちを感じるようなことも間々ありましたよ」と述べており(衆議院予算委員会,2006年3月2日),格差問題の根源にモテ格差が存在することに,気づいていたようではある.

**文献**

赤川学,2004,『子どもが減って何が悪いか!』ちくま新書.
赤川学,2007,「モテ格差がもたらす少子化」『青少年問題』No. 626:2-7.
廣嶋清志,1999,「結婚と出生の社会人口学」目黒依子・渡辺秀樹編『講座社会学2 家族』東京大学出版会:21-57.
稲葉昭英,2005,「家族と少子化」『社会学評論』Vol. 56, No. 1:38-54.
増田雅暢,2008,『これでいいのか少子化対策』ミネルヴァ書房.
松谷明彦,2007,『2020年の日本人』日本経済新聞出版社.
落合恵美子,2004,『21世紀家族へ』有斐閣選書.
桶川泰,2008,「親密性をめぐる『新たな不安』――雑誌記事における『モテる』『モテない』格差の説明原理」『ソシオロジ』Vol. 52, No. 3:155-171.
小塩隆士,2005,『人口減少時代の社会保障改革』日本経済新聞社.

# 4章 高齢者介護に関する意識

高 野 和 良

## 1 高齢者介護の拡大

　公的介護保険制度が開始されて5年後の2005年に「介護保険法等の一部を改正する法律」による制度の見直しが行われた．「制度の持続可能性の確保」「明るく活力ある超高齢社会の構築」「社会保障の総合化」を基本としたうえで，予防重視型システムへの転換，施設給付の見直し，新たなサービス体系の確立，サービスの質の確保・向上，負担のあり方・制度運営の見直しなどが進められている．

　見直しの背景にあるのは，介護保険制度のある側面での機能不全であった．介護保険の目的は，高齢化の急速な進行にともなってその数を増してきた介護を必要とする高齢者を社会的に支えることであったが，適切な介護保険料負担と十分なサービス給付との関係を調整しつつ，それを実現できるのかが問われている．

　日本社会における高齢者介護には，いくつかの課題があった．まず，介護の受け皿を医療機関に依存してきたことである．1990年代半ばの社会保障給付費の年金，医療，その他（福祉）の比は，およそ5：4：1であったが，主要先進国と比較して医療の比率の高さが顕著であり，その原因の1つとして，社会的入院という実態が広まっていたことが指摘されてきた（印南，2009）．

高齢者の介護を医療に依存してきた結果，医療保険財政が逼迫するなかで，介護保険制度には新たな財源確保策としての役割も期待されていた．そのため，制度導入当時には，高齢社会の成熟化のなかで，介護費用が今後急激に上昇すること，そして，これに対応するための新たな財源の必要性が強調されていた．

　しかし，介護保険制度は急激に増加する介護費用への対応策としては必ずしも成功しておらず，介護費用のコントロールがうまく機能しているとは言い難い．もちろん，介護費用の抑制のみが介護保険制度の評価指標ではない．介護の社会化を促し，介護サービスがそれまでの措置制度から利用制度へと変更されたことは，大きく評価される必要がある．介護サービスの利用にあたって，介護支援専門員（ケアマネジャー）という新たな専門職が配置され，ケアマネジメントの仕組みが導入されたことも私的な介護の領域が実質的に社会化されたという意味で大きな変化をもたらすこととなった（堤，2010）．

　介護は家族で行うものであり，経験的な知識や方法で対応できるという従前からの認識には根強いものがあるとも考えられるが，家族の小規模化が進み高齢社会が成熟化するなかで，介護問題はその存在感をさらに高めつつあり，介護を家族のなかで支えていくことがますます難しくなってきたことは動かしがたい．家族規模や機能の変化や高齢化という人口構造の変化によって家族内で介護を担えなくなるなかで介護保険制度も導入されたのであるが，こうした状況において，介護をめぐる状況を人々はどのように捉えているのであろうか．介護は家族内で行うべきといった規範意識がその影響を保ち続けているのであろうか，あるいは，介護の普遍化のなかで，そうした意識は変化してきたのであろうか．本章ではいくつかの設問に対する回答結果をもとに，介護に関する意識の実態を確認することとしたい．

## 2　高齢者介護意識の現状

### 社会保障や福祉サービスに対する信頼感

　介護は個人にとってリスク回避が難しいという点で，社会化されることが望ましい．しかし，高齢者福祉問題への対応を目的とする公的な福祉サービ

スが，現状において質と量の両面で十分な水準にあるとは考えられていない．介護ニーズを十分に満たすためには，公的な福祉サービスの利用に加えて，家族からの支援が期待されたり，追加的な経済的負担が必要とされるという実態がある．このことは，結果として介護ニーズの充足が，人々の置かれている社会階層的な状態によって影響されている可能性を推測させる．

　また，社会保障は，世代間の再分配という性格をもっている．2009年度の社会保障給付費のうち，高齢者関係給付費は全体の約7割（68.7％）を占めており（国立社会保障・人口問題研究所，2011），社会保障の直接的な受益者の多くが高齢層であることは明白であるが，このことは高齢層側からみれば，生活を保障する公的な社会保障や福祉サービスの持つ意味がきわめて大きいことも示している．また，経済的に豊かな高齢者が存在している一方で，いわゆる「ワーキングプア」状況にある高齢者の存在もすでに指摘されている．高齢層内部での経済的格差が拡大しているなかで，社会保障に対する人々の信頼感がどのような状態にあるのかを確認しておくことは，今後の施策の方向性を検討する際の手がかりにもなるであろう．

　そこで，実際に，高齢者に対する公的な社会保障や福祉サービスに信頼感を持っているのはどのような人々であるのかを確認するために，次のような設問から，人々の意識を確認することとした．

　設問は，高齢者福祉に関してであることを明示したうえで，「現在の国や自治体の社会保障やサービスは安心して暮らしていくための心強い支えになっている」という文章を提示し，これに対して，「そう思う」から「そう思わない」までの5段階で回答を求めたものである．

　単純集計結果をみると，「そう思う」（14.5％），「どちらかといえばそう思う」（32.3％）となり，公的な社会保障，福祉サービスに対してある程度の信頼を持っている者は，あわせて5割弱（46.8％）にとどまっている．その一方で，「どちらかといえばそう思わない」（28.3％），「そう思わない」（21.8％）も5割程度（50.1％）となった．「わからない」という回答は，ごくわずかであった．「そう思わない」として，明確に否定的な立場に立つ回答者の比率が，「そう思う」という回答と比較して大きくなってはいるが，全体として，信頼を持つ人々と，懐疑的な人々との意見の比率が拮抗してい

ることがわかる．

　高齢者福祉に関する公的な福祉サービスは，介護等が必要になり，福祉サービスを利用してはじめて，その量や質について意識することになるといった現状を考えれば，介護などがより身近になる中高年層や高齢層で福祉サービスに対する関心が高まり，評価も定まってくるものと思われる．また，先に指摘したように，現在の高齢者福祉サービスにおいて高齢者層に対する現物の介護サービスの担い手や，年金などの金銭的（現金）な給付の負担者は，より若い年齢層の人々であり世代間の移転として設計されている．つまり，あらためていうまでもなく，高齢者に対する福祉サービスは高齢者のみの問題ではなく幅広い世代に影響する問題であるが，日本社会では一般的に高齢層は受益層として，青壮年層は負担層として，この問題に関わらざるを得ず，問題に対する関心のあり方も当然のことながら異なってくる．いずれにせよ，回答者の年齢は評価に大きな影響を与えていると考えてよいであろう．

　さらに，現在の先進諸国は程度の差はあるが，福祉国家としての性格を持っている．そこでは，人々の最低限度の生活保障は公的に実施されるべきであるという合意がある．それは，セーフティネットとしての公的なサービスに対する期待としても表明されている．しかし，こうした合意や期待の内容や程度は，社会階層的に異なってくることが予想される．例えば，社会経済的地位の高い人々は，公的な社会保障や福祉サービスだけを期待するのではなく，民間の，つまり有料のサービスを追加利用することも可能であるため公的なサービスへの期待は相対的に小さくなるであろうし，社会経済的地位のより低い人々は，選択肢が乏しいなかで公的なサービスへの期待が高まることが予想されるということである．

　このように，高齢者に対する公的な社会保障や福祉サービスに対する信頼感ともっとも関連が強いと推測される年齢と世帯年収[1]とのクロス集計結果を**表1**に示した．カイ二乗検定の結果は，いずれも危険率0.1%未満で有意であった．

　結果をみると，まず年齢階層別では，20歳代を除くと，ある程度予想されたように30歳代と40歳代で信頼層（「そう思う」と「どちらかといえばそう思う」との回答の合計，以下同様）の比率が約4割程度と最も低くなり，

表1 年齢階層別・世帯年収別にみた高齢者に対する社会保障や
福祉サービスへの信頼感 (%)

| | 現在の国や自治体の社会保障や福祉サービスは安心して暮らしていくための心強い支えになっている | | | | | | |
|---|---|---|---|---|---|---|---|
| | そう思う | どちらかといえばそう思う | どちらかといえばそう思わない | そう思わない | わからない | 合計 | N |
| 年齢階層*** | | | | | | | |
| 20歳代 | 13.7 | 39.3 | 28.2 | 11.1 | 7.7 | 100.0 | 117 |
| 30歳代 | 12.0 | 29.7 | 35.4 | 19.8 | 3.1 | 100.0 | 192 |
| 40歳代 | 12.1 | 28.6 | 34.5 | 23.3 | 1.5 | 100.0 | 206 |
| 50歳代 | 12.1 | 32.2 | 31.9 | 20.5 | 3.3 | 100.0 | 307 |
| 60歳代 | 15.4 | 31.8 | 25.0 | 26.0 | 1.7 | 100.0 | 292 |
| 70歳代 | 21.8 | 35.4 | 15.0 | 24.3 | 3.4 | 100.0 | 206 |
| 世帯年収*** | | | | | | | |
| 300万円位未満 | 21.3 | 33.1 | 18.1 | 24.8 | 2.8 | 100.0 | 254 |
| 400-500万円位 | 15.5 | 32.2 | 31.8 | 18.4 | 2.1 | 100.0 | 239 |
| 600-700万円位 | 8.5 | 39.0 | 31.9 | 20.6 | 0.0 | 100.0 | 141 |
| 800-900万円位 | 14.4 | 33.7 | 35.6 | 15.4 | 1.0 | 100.0 | 104 |
| 1000万円以上 | 14.6 | 38.8 | 34.0 | 11.7 | 1.0 | 100.0 | 103 |
| わからない | 12.1 | 28.4 | 28.2 | 25.9 | 5.4 | 100.0 | 479 |
| 全体 | 14.5 | 32.3 | 28.3 | 21.8 | 3.0 | 100.0 | 1,320 |

注：* $p<.05$, ** $p<.01$, *** $p<.001$.

50歳代，60歳代と年齢が上がると信頼層の比率が緩やかに上昇し，70歳代でもっとも高くなっている．20歳代の信頼層の比率は，70歳代のそれに次ぐ水準にあるが，これは20歳代の多くが実際には福祉サービス等を利用した経験がなく情報も少ないなかで，ある程度の期待も込めて肯定的な判断を下した結果とも考えられる．

実態として社会保障や福祉サービスは，利用当事者となってはじめて，その必要性に気づくといった性格が強い．日本社会では高齢化率が2割を超えて高齢社会化が急速に進んでいるとはいえ，多くの人々にとって福祉サービスの実態はほとんど理解されていないのが現実である．主として50歳代から60歳代は，自分の親世代の介護問題に直面する世代でありサービス提供側の当事者として，70歳代はサービス利用側の当事者として，社会保障や福祉サービスの実際の利用層と重なっていることを考えれば，50歳代から信頼層が緩やかに増加していることは，福祉サービスの実態に触れることを

通じて判断が下された結果ともいえよう．50歳代以上で信頼層の比率が高まることは，福祉サービスの受益層による支持が示されているとも考えられるが，当事者として介護等の福祉サービスがごく身近となる可能性の高い70歳代であっても約4割の人々が懐疑的な意見をもっていることは，現状の社会保障や福祉サービスが必ずしも評価されていないことの表明でもある．

このように高齢者に対する社会保障や福祉サービスへの信頼感と回答者の年齢階層とは関連が認められたが，社会階層的な要因との関連についても確認しておきたい．

世帯年収については，300万円位よりも低い低所得層で信頼層の比率が高くなり（54.4％），中所得層でやや信頼層の比率が落ち込み，1000万円以上で信頼層の比率（53.4％）が高くなっている．このように低所得層で社会保障や福祉サービスに対する支持がより示されていることは，社会保障制度からの給付，サービスに頼らざるを得ない，あるいは将来的に利用を期待する状況にある人々が多いことの反映でもあろう．しかし，「そう思わない」という明確な否定層の比率が，300万円位よりも低い所得層で高くなっている（24.8％）ことは，実際にサービスを利用したうえで，サービスの水準が低いという判断を下している人々の存在も推測させる．しかしながら，いずれの収入層でも5割前後の信頼層が認められ，年齢階層別のようなはっきりとした比率の差は認められなかった[2]．

### 各属性との関連

このように，高齢者に対する社会保障や福祉サービスに対する評価に，年齢階層といった人口学的な要因と，世帯年収という社会階層的な要因とが関連していることが確認できたが，さらに，高齢者に対する社会保障や公的な福祉サービスへの信頼感と，性別，家族人数，本人の健康状態，学歴，本人職種[3]，都市規模といった基本的な属性要因との関連もクロス集計結果から確認したい．

カイ二乗検定の結果をみると，有意差が認められた変数は，社会階層的要因である学歴，本人職種，人口学的要因である家族人数，そして，地域的要因である都市規模であった．

**表 2** 各属性別にみた高齢者に対する社会保障や福祉サービスへの信頼感 (%)

| | 現在の国や自治体の社会保障や福祉サービスは安心して暮らしていくための心強い支えになっている | | | | | | |
|---|---|---|---|---|---|---|---|
| | そう思う | どちらかといえばそう思う | どちらかといえばそう思わない | そう思わない | わからない | 合計 | N |
| 学 歴*** | | | | | | | |
| 　義務教育程度 | 21.0 | 30.2 | 18.6 | 25.6 | 4.6 | 100.0 | 328 |
| 　高等学校程度 | 13.0 | 32.6 | 29.6 | 22.3 | 2.7 | 100.0 | 602 |
| 　短大・高専 | 10.3 | 30.3 | 40.0 | 17.6 | 1.8 | 100.0 | 165 |
| 　大卒以上 | 11.1 | 37.5 | 31.3 | 18.3 | 1.9 | 100.0 | 208 |
| 本人職種*** | | | | | | | |
| 　上層ホワイト | 13.6 | 35.8 | 32.5 | 15.6 | 2.5 | 100.0 | 243 |
| 　下層ホワイト | 11.2 | 33.0 | 29.3 | 23.7 | 2.7 | 100.0 | 658 |
| 　熟練ブルー | 14.8 | 29.0 | 23.2 | 30.3 | 2.6 | 100.0 | 155 |
| 　非熟練ブルー | 24.3 | 28.4 | 26.6 | 16.6 | 4.1 | 100.0 | 169 |
| 　その他 | 21.1 | 31.6 | 22.1 | 20.0 | 5.3 | 100.0 | 95 |
| 家族人数* | | | | | | | |
| 　1 人 | 17.8 | 34.2 | 19.2 | 20.5 | 8.2 | 100.0 | 73 |
| 　2 人以上 | 14.3 | 32.2 | 28.9 | 21.9 | 2.7 | 100.0 | 1247 |
| 都市規模** | | | | | | | |
| 　政令指定都市 | 14.1 | 26.9 | 32.1 | 24.9 | 2.0 | 100.0 | 249 |
| 　20 万人以上の都市 | 14.5 | 30.2 | 28.3 | 26.1 | 0.9 | 100.0 | 318 |
| 　10 万人以上の都市 | 14.8 | 36.0 | 26.1 | 18.2 | 4.9 | 100.0 | 203 |
| 　10 万人未満の都市 | 14.6 | 35.7 | 26.7 | 20.8 | 2.2 | 100.0 | 322 |
| 　町　　村 | 14.5 | 33.3 | 28.5 | 17.1 | 6.6 | 100.0 | 228 |
| 全　体 | 14.5 | 32.3 | 28.3 | 21.8 | 3.0 | 100.0 | 1,320 |

注：* $p<.05$, ** $p<.01$, *** $p<.001$.

　有意差の認められた変数のなかで，まず社会階層的要因である学歴についてみると，信頼層のなかでもより強い信頼を示している「そう思う」とする者の比率は，義務教育程度が最も高くなっている．本人職種との関連は，非熟練ブルーで信頼層（「そう思う」と「どちらかといえばそう思う」との回答の合計）の比率が最も高く，これに上層ホワイトが続き，やや比率が低くなるのは，下層ホワイト，熟練ブルーとなった．また，人口学的要因である家族人数では，1 人暮らし（家族人数 1 人）で信頼層の比率が高くなっている．1 人暮らしであることは家族からの支援を得にくいということを一般的に意味しており，公的な社会保障や福祉サービスを利用する傾向にあり，そのため，1 人暮らし以外の人々と比較して信頼感の傾向が異なるのではない

かと思われる[4]．

　さらに，地域的要因である都市規模との関連をみると20万人未満の都市の方が，20万人以上の都市や政令指定都市よりも信頼層の比率が高くなっている．都市規模については，一般的に大都市の方が小規模都市よりも福祉サービスの選択肢は多くなること，また，政令指定都市をはじめとする大都市の方が，世帯収入や学歴といった社会階層的な地位の高い人々の比率が相対的に高いため，小規模都市に比べて公的な福祉サービスへの依存度が全体として低い傾向にあると予想されることから，都市規模によって判断が異なる結果となったのではないかと考えられる．

　有意差が認められなかった変数は，性別と本人の健康状態であった．介護は実態として女性によって担われている場合が少なくなく，このことが様々な問題を引き起こしていることは多く指摘されてきた．介護を担わざるを得ない状況に置かれた女性にとって，公的な社会保障や福祉サービスの充実は，自身の介護負担を軽減する意味からも関心を持たれ，また実際の利用経験のなかから一定の判断を下しているのではないかと思われたが，性別による有意差はなかった．また，健康状態の優れない人々は，福祉サービスとの接点を持つことによって判断が異なるのではないかと思われたが，これも有意差は認められなかった．


**人口学的要因，社会階層的要因，地域的要因の関連**

　高齢者に対する公的な社会保障や福祉サービスに対する信頼感には，年齢階層，家族人数という人口学的要因，世帯年収，学歴，本人職種などの社会階層的要因，都市規模という地域的要因との関連が認められる結果となった．そこで次に，各要因の影響力をロジスティック回帰分析によって確認しておきたい．

　従属変数は，高齢者に対する公的な社会保障や福祉サービスへの信頼感によって区分した2値変数であり，信頼層（「そう思う」と「どちらかといえばそう思う」と回答した者）に1，不信層（「どちらかといえばそう思わない」と「そう思わない」と回答した者）に0を与えている．

　独立変数は，年齢階層（基準カテゴリーは70歳以上，以下同様），家族人

表3　社会保障や福祉サービスへの信頼感の規定要因

| | | 信頼か不信か（信頼＝1） | |
| --- | --- | --- | --- |
| | | 回帰係数 | オッズ比 |
| 年齢階層 | 20歳代 | −0.273 | 0.761 |
| | 30歳代 | −0.737** | 0.478 |
| | 40歳代 | −0.646* | 0.524 |
| | 50歳代 | −0.756** | 0.47 |
| | 60歳代 | −0.482* | 0.618 |
| 定　数 | | 0.053 | |
| ケース数 | | 810 | 欠損　510 |
| モデル $\chi^2$ | | 12.648* | |

注：* $p<.05$, ** $p<.01$.
家族人数，世帯年収，学歴，本人職種，都市規模の各変数は，有意な効果を持たなかった.

数（2人以上），世帯年収（1400万円以上），学歴（大卒以上），本人職種（非熟練ブルー），都市規模（町村）である[5]．

　結果をみると，モデル全体の有意性は，危険率0.1%水準で有意という検定結果であったが，選択された独立変数は年齢階層のみであった．回帰係数をみると，20歳代以外の年齢層は5%水準で有意であった．

　先に述べたように，クロス集計結果からは年齢階層との関連が示唆されていたが，社会階層的要因，地域的要因は影響力を持たず，年齢階層の効果が示される結果となった．70歳以上と比較すると，全ての年齢階層で不信感を持つ確率が高く，20歳代を除く年齢階層では有意であった．70歳以上の世代と比較して，他の年齢層は社会保障や福祉サービスの受益層というよりも負担層であること，また，70歳以上の人々は，自らの親世代などと比較して，年金などの経済的保障も充実し，福祉サービスや医療の水準も向上しているとの実感を持っており，昔に比べれば良くなったという相対的な満足感を持っている可能性があること（高野，2011，pp. 17-19）から，他の年齢階層とは異なった判断を下したことが背景にあると思われる．

### 前回調査との比較

　ここで2000年調査結果と比較したい．2000年と2005年に実施された調

**表 4** 高齢者に対する公的な社会保障や福祉サービスへの信頼感
（2000 年調査との比較）

(%)

|  | 現在の国や自治体の社会保障や福祉サービスは安心して暮らしていくための心強い支えになっている | | | | | | |
|---|---|---|---|---|---|---|---|
|  | そう思う | どちらかといえばそう思う | どちらかといえばそう思わない | そう思わない | わからない | 合計 | N |
| 2000 年調査 | 21.0 | 32.0 | 27.5 | 19.5 | — | 100.0 |  |
| 2005 年調査 | 14.5 | 32.3 | 28.3 | 21.8 | 3.0 | 100.0 | 1,320 |

注：2005 年調査では選択肢「わからない」が追加された．

査の設問項目は必要な修正を加えたうえで共通性を持たせてあり，5 年間の意識や行動の変化を確認できるように設計されている．もちろん，パネル調査ではないため厳密な意味で変化を捉えているわけではなく，また，調査の間隔も 5 年間という短い期間である．しかし，介護問題に関しては，2000 年に介護保険制度が導入され，高齢者自身やその家族などの当事者にとっては劇的な変化が起こっている．2000 年調査は介護保険制度開始の直前に実施されていることから，両調査の結果は介護保険導入以前と以後との人々の意識の変化の一端を示しているとひとまず考えておきたい．

単純集計結果の**表 4**に示したように，「そう思う」で若干の落ち込みが認められ，より強く信頼感を感じている回答者の割合がわずかに減少していることがわかる．

表は省略するが，前回調査ではクロス集計分析の結果，性別，年齢階層，学歴などとの関連に有意差が確認されていたが，今回調査では，先に指摘したように性別との関連が認められなかった．

これまでの分析結果から確認されたことは，まず，今回調査では高齢者に対する公的な社会保障や福祉サービスに信頼感を持つ人々よりも，不信感を持つ人々の比率の方がやや高かったが，ほぼ 5 割程度で拮抗していたということと，前回調査の結果と比較して，明確な信頼感を持つ人々の比率がわずかに減少していたことである．また，信頼感を持つかどうかは年齢の効果が大きいことも明らかとなった．

このように高齢者に対する公的な社会保障や福祉サービスに対する評価が割れていることについて，その解釈は様々に可能であるが，人々は高齢者介

護の現状についてどのような意識を持っているのか，家族介護の衰退感，サービス利用の抵抗感，サービス利用の判断者といった点から確認することとしたい．

## 3 高齢者介護に対する意識

### 家族介護の衰退感

まず，家族による介護の変化に関する人々の認識からみておこう．

「家族は昔と比べて，高齢者に対する介護を進んで行わなくなった」という意見に対する単純集計結果をみると，家族による介護が衰退してきているとの認識を持つ家族介護衰退層（「そう思う」と「どちらかといえばそう思う」との回答の合計）の比率は6割強（64.2％）に達している．一方で，家族介護維持層（「どちらかといえばそう思わない」と「そう思わない」との回答の合計）は3割（32.5％）程度であった．

各属性とのクロス集計分析の結果をみると，有意差が認められたのは，年齢階層，学歴，本人職種，世帯年収であり，性別，都市規模に関しては有意差は認められなかった．

より強く家族介護の衰退を意識していることを示す「そう思う」の比率に注目すると，年齢階層では60歳代の比率が，その他の年齢層よりも高くなっている．学歴では義務教育程度で最も高く，本人職種では熟練ブルー，非熟練ブルーの方が，ホワイト層よりも高くなっている．世帯年収では，より低い年収階層で高く，上位の年収階層で低くなっている．

総じていえば，社会階層的に低位にある人々の方が，家族による介護の衰退を意識していることが示されている．

性別との関連が認められなかったことは，次のように考えられるかもしれない．家族内介護に関しては，介護が性別役割分業として女性によって担われていることの問題点が取り上げられてきた．家族による介護の変化に関する認識についても，2000年調査の結果では，男性で年齢が高い人々，すなわち，これまで配偶者である妻からの介護を期待することのできた人々が衰退感を感じており，性別や年齢といった人口学的要因が介護の衰退感の認識

**表5 各属性別にみた家族介護の衰退感** (%)

| | 家族は昔と比べて，高齢者に対する介護を進んで行わなくなった | | | | | | |
|---|---|---|---|---|---|---|---|
| | そう思う | どちらかといえばそう思う | どちらかといえばそう思わない | そう思わない | わからない | 合計 | N |
| 年齢階層*** | | | | | | | |
| 20歳代 | 20.5 | 32.5 | 22.2 | 17.1 | 7.7 | 100.0 | 117 |
| 30歳代 | 15.1 | 42.7 | 27.6 | 12.0 | 2.6 | 100.0 | 192 |
| 40歳代 | 19.4 | 45.6 | 21.8 | 11.2 | 1.9 | 100.0 | 206 |
| 50歳代 | 26.4 | 40.7 | 16.0 | 14.0 | 2.9 | 100.0 | 307 |
| 60歳代 | 38.7 | 30.8 | 17.8 | 11.0 | 1.7 | 100.0 | 292 |
| 70歳代 | 26.7 | 36.9 | 14.1 | 16.5 | 5.8 | 100.0 | 206 |
| 学歴** | | | | | | | |
| 義務教育程度 | 32.6 | 32.0 | 15.9 | 16.2 | 3.4 | 100.0 | 328 |
| 高等学校程度 | 24.9 | 39.9 | 18.9 | 12.8 | 3.5 | 100.0 | 602 |
| 短大・高専 | 22.4 | 43.6 | 18.8 | 13.3 | 1.8 | 100.0 | 165 |
| 大卒以上 | 20.7 | 38.9 | 26.4 | 10.6 | 3.4 | 100.0 | 208 |
| 本人職種* | | | | | | | |
| 上層ホワイト | 23.5 | 42.4 | 19.8 | 12.3 | 2.1 | 100.0 | 243 |
| 下層ホワイト | 24.2 | 39.2 | 20.8 | 13.2 | 2.6 | 100.0 | 658 |
| 熟練ブルー | 31.0 | 40.0 | 16.1 | 11.0 | 1.9 | 100.0 | 155 |
| 非熟練ブルー | 29.0 | 31.4 | 16.6 | 16.6 | 6.5 | 100.0 | 169 |
| その他 | 30.5 | 30.5 | 16.8 | 13.7 | 8.4 | 100.0 | 95 |
| 世帯年収*** | | | | | | | |
| 300万円位未満 | 37.0 | 35.4 | 15.0 | 11.4 | 1.2 | 100.0 | 254 |
| 400-500万円位 | 27.6 | 40.2 | 20.1 | 10.0 | 2.1 | 100.0 | 239 |
| 600-700万円位 | 24.8 | 38.3 | 26.2 | 9.2 | 1.4 | 100.0 | 141 |
| 800-900万円位 | 24.0 | 33.7 | 24.0 | 17.3 | 1.0 | 100.0 | 104 |
| 1000万円以上 | 18.4 | 45.6 | 21.4 | 12.6 | 1.9 | 100.0 | 103 |
| わからない | 21.5 | 38.2 | 17.5 | 16.3 | 6.5 | 100.0 | 479 |
| 全体 | 25.9 | 38.3 | 19.2 | 13.3 | 3.3 | 100.0 | 1,320 |

注：* $p<.05$，** $p<.01$，*** $p<.001$．

に影響を与えていたことが指摘されている（高野，2006，pp. 44-47）．

しかし，三世代同居の減少と1人暮らしや夫婦のみ世帯が増加し世帯が小規模化するなかで，そもそも娘や「嫁」は親と同居しておらず，加えて別居の親を介護しなければならないという規範的な圧力も弱くなっている[6]．また，要介護者と同居している介護者のなかで主たる介護者としての男性介護者の比率が増加しつつあることも重要な変化である（厚生労働省大臣官房統

計情報部，2009）．もちろん，依然として主たる介護者のなかで女性の占める比率は約3分の2と高いのではあるが，いわゆる老老介護と呼ばれる事態も拡大するなかで，夫が妻の介護を行う場合も増えている．介護経験は高齢男性にとっても身近なものとなりつつあるといえよう．これらの変化を背景として，家族による介護の衰退感の認識は，性別による差異が薄れつつあるのかもしれない．

　また，福祉サービス利用にあたっての抵抗感に関して，「高齢者福祉サービスを利用することは世間体の悪いことだ」という設問の単純集計結果をみると，世間体が悪いと考える人々の比率はごくわずか（5.5％）であった（「そう思う」と「どちらかといえばそう思う」との回答の合計）．介護サービスを利用しつつ生活を送る人々の増大もあって，介護サービス利用に抵抗感を感じる人々は，ごくわずかであることが示されている[7]．

　以上，多くの人々が，家族は高齢者介護を行わなくなった（あるいは行えなくなった）と認識し，福祉サービスを抵抗感なく利用している（あるいは利用せざるを得ない）状況にあることがわかった．現実の介護実態をみると，十分な福祉サービスが提供されているかどうかは議論が分かれるが，これらの傾向からは，少なくとも現状認識のうえでは，外部のサービスを利用せず，家族だけで介護を行うことが望ましいとは考えられてはいないようである．

### 介護サービス利用の判断者

　高齢者介護の普遍化傾向のなかで，自分自身や家族が介護を必要とする状態となり，実際に介護サービスを利用するかどうかを決断する，あるいは決断せざるを得ない状態になった時に，誰の判断がもっとも重視されるべきだと考えられているのであろうか．それは，高齢者自身なのか，あるいは家族であるのか，さらにはケアマネジャーなどの専門職なのであろうか．

　まず，サービス利用の当事者である高齢者からみて，介護サービスの利用を自らの判断で決定することを重視するのであれば，それを自立的判断志向と捉えることができるだろう．一方で，高齢者自身ではなく，家族や親族などの判断に委ねる立場を重視するのであれば，それは依存的判断志向と便宜的に呼ぶことができる（高野，2006）．また，医師をはじめとする医療関係

**表6** 高齢者に対する介護サービス利用の判断者（2000年調査との比較） (%)

| | 高齢者に対する施設や在宅での介護サービスの利用については最終的に誰が決めるべきか | | | | | | | | |
|---|---|---|---|---|---|---|---|---|---|
| | 高齢者自身 | 家族・親せきや親しい友人 | 介護サービスを提供する人や機関 | ケアマネジャー | 医師などの専門家 | その他 | わからない | 合計 | N |
| 2000年調査 | 42.0 | 40.1 | 3.6 | — | 6.8 | 2.0 | 5.5 | 100.0 | |
| 2005年調査 | 41.6 | 44.5 | 3.8 | 1.5 | 4.9 | 0.8 | 2.9 | 100.0 | 1,320 |

注：2005年調査では選択肢「ケアマネジャー」が追加された．

者や，介護サービス提供者や機関，介護保険制度における専門職であるケアマネジャーなどの判断を重視する立場は，専門的判断志向と考えておきたい．

　そこで，「高齢者に対する施設や在宅での介護サービスの利用については，最終的に誰が決めるべきだと思いますか」という設問によって高齢者の介護サービス利用の最終的な決定者について確認することとした．選択肢は「高齢者自身」「家族・親せきや親しい友人」「介護サービスを提供する人や機関」「ケアマネジャー」「医師などの専門家」などであり，択一回答で回答を求めた．

　単純集計結果（2005年調査）をみると，大きな支持を集めたのは「家族・親せきや親しい友人」（44.5%）と「高齢者自身」（41.6%）であった．「医師などの専門家」（4.9%），「ケアマネジャー」（1.5%）は，ごくわずかな割合に留まっている．依存的判断志向と自立的判断志向とが4割程度の高い比率で拮抗しており，専門的判断志向は低い比率に留まっている．

　公的介護保険制度の導入によって居宅サービス計画（ケアプラン）作成という福祉サービス利用援助の仕組みが導入されたため，今回調査では新たに介護支援専門員（ケアマネジャー）という選択肢を追加したのであるが，2000年調査との比較では，全体の傾向に大きな変化は認められなかった．介護サービス利用に関する判断を行うためには，何が問題になっているのかを理解し，判断を下すためにサービスの情報を持ち，判断の妥当性を確認するために信頼できる相談相手が必要となる．専門職としてのケアマネジャーには，そうした役割が期待されており，実際に評価を得ているが，あくまで

表7　各属性別にみた介護サービス利用の判断者　　　　　　　　　(%)

| | 高齢者に対する施設や在宅での介護サービスの利用については最終的に誰が決めるべきか | | | | | | | | |
|---|---|---|---|---|---|---|---|---|---|
| | 高齢者自身 | 家族・親せきや親しい友人 | 介護サービスを提供する人や機関 | ケアマネジャー | 医師などの専門家 | その他 | わからない | 合計 | N |
| 年齢階層*** | | | | | | | | | |
| 　20歳代 | 47.0 | 37.6 | 4.3 | 0.9 | 1.7 | 0.0 | 8.5 | 100.0 | 117 |
| 　30歳代 | 50.0 | 41.7 | 0.5 | 2.6 | 2.1 | 0.0 | 3.1 | 100.0 | 192 |
| 　40歳代 | 44.7 | 40.8 | 3.9 | 1.0 | 6.8 | 1.5 | 1.5 | 100.0 | 206 |
| 　50歳代 | 35.8 | 50.8 | 2.9 | 2.6 | 4.6 | 2.0 | 1.3 | 100.0 | 307 |
| 　60歳代 | 40.8 | 46.9 | 3.1 | 1.4 | 4.8 | 0.0 | 3.1 | 100.0 | 292 |
| 　70歳代 | 37.4 | 41.7 | 8.7 | 0.0 | 8.3 | 1.0 | 2.9 | 100.0 | 206 |
| 学　歴** | | | | | | | | | |
| 　義務教育程度 | 38.4 | 44.2 | 5.8 | 0.9 | 6.1 | 0.6 | 4.0 | 100.0 | 328 |
| 　高等学校程度 | 37.2 | 47.5 | 3.7 | 1.8 | 6.0 | 1.2 | 2.7 | 100.0 | 602 |
| 　短大・高専 | 48.5 | 41.8 | 1.8 | 3.0 | 3.0 | 0.6 | 1.2 | 100.0 | 165 |
| 　大卒以上 | 53.8 | 38.9 | 2.4 | 0.5 | 1.9 | 0.5 | 1.9 | 100.0 | 208 |
| 世帯年収** | | | | | | | | | |
| 　300万円位未満 | 42.1 | 42.5 | 6.7 | 0.8 | 5.1 | 0.4 | 2.4 | 100.0 | 254 |
| 　400-500万円位 | 38.5 | 48.1 | 3.3 | 2.5 | 6.3 | 0.8 | 0.4 | 100.0 | 239 |
| 　600-700万円位 | 43.3 | 46.1 | 0.7 | 2.8 | 5.0 | 0.7 | 1.4 | 100.0 | 141 |
| 　800-900万円位 | 47.1 | 46.2 | 3.8 | 0.0 | 1.9 | 1.0 | 0.0 | 100.0 | 104 |
| 　1000万円以上 | 50.5 | 39.8 | 1.9 | 1.0 | 3.9 | 2.9 | 0.0 | 100.0 | 103 |
| 　わからない | 39.2 | 43.8 | 3.8 | 1.5 | 5.0 | 0.6 | 6.1 | 100.0 | 479 |
| 全　体 | 41.6 | 44.5 | 3.8 | 1.5 | 4.9 | 0.8 | 2.9 | 100.0 | 1,320 |

注：* $p<.05$, ** $p<.01$, *** $p<.001$.

高齢者自身や家族による判断のための情報提供等を行う存在として捉えられており，最終的には高齢者自身や家族などが判断している結果，低い比率に留まっていると思われる．

　次に，基本的属性要因とのクロス集計分析によれば，カイ二乗検定の結果，有意差が認められた変数は，人口学的要因としての年齢階層，社会階層的要因である学歴，世帯年収であった．一方で，性別，本人職種，都市規模には有意差は認められなかった．

　有意差のあった年齢階層では，自立的判断志向は40歳代以下で依存的判

断志向を上回っている．依存的判断志向は50歳代が最も高く，逆に自立的判断志向は50歳代で最も低くなっている．

　学歴では，自立的判断志向は高学歴ほど比率が高くなっている．また，学歴と同じ社会階層的要因である世帯年収は，高収入層で自立的判断志向の比率が上昇している．大まかにいって，社会階層的に高位にある人々の方が，自立的判断志向を持つ人の比率が高いようである．

　地域的要因である都市規模には，有意差は認められなかったが，都市と地方との比較に基づく家族介護者とケアマネジャーとの関係分析によれば，都市の方が地方よりもケアマネジャーの存在に対する認知度が高いが，家族によるケアマネジャーの評価は概して高く，都市と地方による差異はあまり認められていないといわれている（日米LTCI研究会編，2010）．

　今回の調査結果の特徴として，性別との関連が認められなかったという点が挙げられる．先に述べたように，主介護者としての男性の増加傾向などもあって，高齢者介護は多くの人々にとって普遍的な行為になっており，結果として，性別役割分業としての高齢者介護に変化が起こりつつあることを意味しているのかもしれない．

　さらなる高齢化の進行に伴って要介護高齢者の増加が予測されるなかで，介護が普遍的な行為になりつつあるにもかかわらず，高齢者自身が決定するという自立的判断志向と，高齢者以外の家族などが決定するという依存的判断志向に大別されている事態に大きな変化が認められなかったことにも注意が必要である．もちろん認知症のように当事者である高齢者自身の判断が難しくなり，家族による判断が求められる場合も増加しつつあるが，高齢者介護は，依然として家族の問題として捉えられていることが示されているともいえよう．

## 4　要約と結論

　本章で得られた知見を整理しておきたい．まず，高齢者に対する公的な社会保障や福祉サービスに対する信頼層と不信層との比率は，ほぼ拮抗していた．クロス集計分析の結果，有意差が認められた変数は，人口学的要因とし

ての年齢階層，家族人数，社会階層的要因としての世帯年収，学歴，本人職種，地域的要因としての都市規模であった．30歳代，40歳代で信頼層の比率は他の年齢階層よりも低くなり，より高い年齢階層で高くなる傾向にあった．また，低所得層と高所得層で信頼感の比率が高いが，学歴などとの関係をみると，総じて，低い階層の人々の方が信頼感を持つ傾向にあった．性別については，有意差は認められなかった．

　人口学的要因，社会階層的要因，地域的要因の関連をみると，ロジスティック回帰分析の結果からは，年齢階層の効果が大きいことが示された．70歳以上と比較すると，20歳代を除く他の年齢層では，不信感を抱く可能性が有意に高いという結果となった．

　前回調査と単純集計結果を比較すると，回答の分布傾向には大きな変化はないが，信頼感を明確に持つ人々の比率がわずかに減少していた．

　次に，家族介護の衰退に対する認識についてである．単純集計の結果は，家族介護衰退層がおよそ6割，家族介護維持層が3割という比率となった．クロス集計分析結果では，人口学的要因としての年齢階層，社会階層的要因としての世帯年収，学歴，本人職種などの変数に有意差が認められた．総じて年齢の高い人々，社会階層的に低位にある人々の方が，家族介護の衰退を意識している傾向にあった．性別や地域的要因である都市規模には，有意差が認められなかった．福祉サービス利用に際しての抵抗感については，抵抗感を有する人々の比率はごくわずかであった．

　さらに，高齢者介護サービス利用の自立的判断志向と依存的判断志向についてみると，単純集計結果からは，家族等が判断すべきという依存的判断志向層と，高齢者自身が決めるべきという自立的判断志向層が高い比率で拮抗し，ケアマネジャーや医師といった専門的判断志向の比率はごくわずかであった．

　クロス集計分析の結果，人口学的要因の年齢階層，社会階層的要因としての世帯年収，学歴などの変数に有意差が認められ，性別，本人職種，都市規模には有意差が認められなかった．50歳以上の年齢階層では依存的判断志向の比率が自立的判断志向を上回っており，50歳代でもっとも依存的判断志向の比率が高くなっていた．社会階層的要因である世帯年収や学歴との関

連では,総じて社会階層的に高い人々が,自立的判断志向を支持していた.

以上が本章における分析の要約であるが,まず,年齢という人口学的な要因が介護意識に大きく影響しているということが確認された.実際に介護に直面する世代とそうではない世代との間には,意識の差異が認められるというある意味で当然の結果ではあるが,一方で,性別による差異はほとんど認められなかった.高齢者介護が性別にかかわらず普遍的な行為となりつつあるということかもしれないが,この点については,さらに検討が必要と思われる.

1) 世帯年収のカテゴリーは次のように構成されている.世帯年収無しから350万円未満を「300万円位未満」,350万円から550万円未満を「400-500万円位」,550万円から750万円未満を「600-700万円位」,750万円から1000万円未満を「800-900万円位」,1000万円以上を「1000万円以上」としている.
2) 要介護リスクの大きさが高齢者のおかれている社会階層的な状況と関係している例として,福祉サービスへのアクセシビリティの問題がある.アクセシビリティには,福祉サービスそのものが存在しているかどうかといった問題に加え,福祉サービスの利用料負担が可能であるかどうかも影響している.
3) 本人職種に関するカテゴリーは,専門的・技術的職業と管理的職業を「上層ホワイト」,事務的職業,販売的職業,サービス的職業,保安的職業,運輸・通信職を「下層ホワイト」,技能労働者を「熟練ブルー」,一般作業員,農林漁業を「非熟練ブルー」としている.

    なお,本人の職業,職種ともに,現在働いていない場合には過去に最も長く従事した仕事について職業,職種を確認している.
4) ひとり暮らしや夫婦のみ世帯の増加という世帯の小規模化は,高齢層においても進行している.過疎地域における公的な福祉サービスの水準を評価することは容易ではないが,一般的にいえば,都市地域と比較してサービスの選択肢が少ないことが指摘できる.その結果として,家族による支援が大きな意味を持つことになる.九州,中国地方の過疎集落では,別居子による社会的サポートが過疎高齢者の生活を支え,集落における道普請(道路管理),祭などといった集落維持活動も支えている事例(高野,2011)などが報告されている.同居子の有無だけに注目するのではなく,近距離に居住する別居子との関係も考慮に入れた高齢者の生活支援,集落の維持の可能性も検討されてよい.

5) 変数の投入法は尤度比検定による変数増加法を用いた．投入の基準は.05 とし，除去の基準は.10 とした．
　なお，世帯年収，学歴といった社会階層的要因は年齢との相関が高く，この結果は結局，年齢階層間の評価の違いの反映に過ぎないという可能性もあるが，独立変数間の多重共線性は認められなかった．
6) 別居子による介護については，介護がきょうだい間で平等に分担されているのではなく，実の娘に負担が集中している遠距離介護問題も指摘されている．また，過疎高齢者の生活実態をみると，別居子からの社会的サポートの提供が重要な役割を果たしている．
7) 福祉サービスの利用にあたっての抵抗感は，全般的に解消傾向にあるとはいえ，地域的な差異があり，過疎地域では抵抗感を抱えている人々が存在していたことも指摘されている（高野，2003）．同居，別居家族との関係，福祉サービスへのアクセシビリティとの関係などが抵抗感に影響していることが明らかにされている．

## 文献

林葉子，2010，『夫婦間介護における適応過程』日本評論社．
印南一路，2009，『「社会的入院」の研究』東洋経済新報社．
国立社会保障・人口問題研究所，2011，『平成 21 年度 社会保障給付費』．
厚生労働省大臣官房統計情報部，2009，『平成 19 年国民生活基礎調査 第 2 巻 全国編（健康，介護）』厚生統計協会．
三井さよ，2004，『ケアの社会学——臨床現場との対話』勁草書房．
直井道子，2001，『幸福に老いるために』勁草書房．
日米 LTCI 研究会編，2010，『在宅介護における高齢者と家族——都市と地方の比較調査分析』ミネルヴァ書房．
高野和良，2003，「高齢者介護と福祉意識」辻正二・船津衛編著『エイジングの社会心理学』北樹出版：126-148．
高野和良，2006，「高齢者介護と介護サービスに関する意識」武川正吾編『福祉社会における価値意識』東京大学出版会：41-61．
高野和良，2011，「過疎高齢社会における地域集団の現状と課題」『福祉社会学研究』8：12-24．
堤修三，2010，『介護保険の意味論——制度の本質から介護保険のこれからを考える』中央法規出版．
Walker, Alan and Tony Maltby, 1997, *Ageing Europe*, Buckingham：Open University Press.
全国社会福祉協議会，2008，『これからの地域福祉のあり方に関する研究会報

告地域における「新たな支え合い」を求めて——住民と行政の協働による新しい福祉』全国社会福祉協議会.

# 5章 健康と社会保障政策についての態度

佐藤 雅浩

## 1 はじめに

　近年の日本社会では，人口の高齢化に伴う社会保障費の増大，慢性疾患や生活習慣病に対する理解の広まりといった社会の変化を受けて，健康に関するさまざまな議論が関心を集めている．たとえば2000年には厚生労働省が主導する「21世紀における国民健康づくり運動」（通称：健康日本21）が開始され，2002年には国民の健康維持の義務を明記した「健康増進法」が成立した．また，2000年代のいわゆる「格差社会」論の流れのなかで，人々の社会階層が健康状態を決めるという「健康における不平等（inequality in health）」の問題も人々の注目を集めつつある（近藤，2005）．

　もっとも，こうした近年の健康言説の広まりには，いくぶん過熱気味のきらいがある．それは，「健康ブーム」とも呼ばれる現代人の健康志向と，今日の医療経済学的な要請が絡み合って構成された，きわめて現代的な現象と見ることもできる．しかしその一方で，どのような時代においても健康というテーマが多数の人々を惹きつけてきたこともまた，否定できない事実である．日本においても古くから存在する「養生論」の書物などを想起してみれば，いつの時代にも人々が健康に対して多大な関心を寄せてきたことが理解できる．

　こうした普遍的とも言うべき健康への配慮が生じるのは，健康状態の良し

悪しによって日常生活に大きな影響が及ぶことを，人々が長年の経験から熟知しているからであろう．私たち自身の経験を想起してみても，心身が健康でなければ普段どおりの生活を営むことは難しいし，場合によっては物事に対する考え方も変わってくる．たとえば，若くて健康状態がよい時には医療や福祉の問題に関心のなかった人でも，大きな傷病を経験すれば公的な医療サービスに対する期待が大きくなるかもしれない．また，加齢に伴って健康状態が悪化すれば，高齢者介護に対する意識にも変化があらわれるだろう．こうした意味において，個々人の健康状態はその人の日常生活や社会意識に対して，少なからぬ影響を与えていると考えられる．

## 2　先行研究の概観と本章の問題設定

　では，人々の健康状態と社会意識のあいだには，集合的なレベルでどのような関連があるのだろうか．本章では，「福祉と公平感に関するアンケート調査」のデータを用いて，この問題を考えていくことにしたい．

　集合的な健康状態の測定という主題を考えた場合，すぐに思いつくのは疫学（epidemiology）と呼ばれる研究領域である．疫学は「特定の集団における健康に関連する状況あるいは事象の分布あるいは規定因子に関する研究」（Last, ed., 1995＝2000, p. 73）を行う学問領域であり，19世紀半ばに医師のJ. スノーがコレラ患者の分布を調査し，その伝染経路を推定したことに始まる．こうした統計的手法を用いた健康や疾病の調査は，19-20世紀を通じて社会階層と健康状態の関連を調査する社会疫学的研究へと発展し，日本においても同様の研究が蓄積されてきた[1)2)]．

　しかし，こうした疫学研究の実践において，上記のような意味における健康と社会意識の関連が十分に探究されてきたとは言い難い．すなわち，疾病の予防・治療を目的とする疫学研究においては，個人や集団の属性から人々の健康分布を説明することに主眼が置かれているため，個人の健康状態がさまざまな社会学的変数に与える効果についてはあまり注意が向けられていないのである．もちろん疫学研究においても，個人の健康状態と日常生活パターン（たとえば外出の頻度や交友関係，医療機関への受診頻度等）の関連を

分析したものは存在するが，集合的な社会意識に対して健康がもつ効果については，いまだ十分な考察がなされていないように思われる．

他方，社会学的な先行研究においては，（それが分析の主眼ではないものの）以下のように健康と社会意識の関連が示されている．例えば，「福祉と公平感に関するアンケート調査」の継前調査である「福祉と生活に関する意識調査」（SPSC調査，2000年実施）の分析では，医療格差の導入に対する意識を目的変数とした重回帰分析において，主観的健康感が高い人ほど医療格差の導入に積極的であるという知見が報告されている（田村，2006）．また，2000-2003年のJGSS（日本版総合的社会調査）データを用いた分析でも，健康状態が悪い回答者ほど再分配政策へ賛成するという効果が確認されている（篠崎，2005）．こうした研究からは，個人の健康状態が，人々の社会保障政策に対する選好に影響を与えている可能性が示されている．

そこで本章では，こうした社会学的先行研究の知見を参考にしながら，従来の疫学研究では十分に考察されてこなかった，個人の健康状態と社会意識の関連について考察したい．

## 3　仮説および変数

**本章の仮説**

ここまでで述べた問題意識から，本章では「人々の健康状態は，個人の諸属性を統制しても，社会保障政策に関する意識と有意な関連をもつ」という仮説を検証していくことにする．本章が，さまざまな意識変数のなかから社会保障に関する意識に焦点をあてる理由は，人々の生活を根本から変化させかねない病気や健康に関する経験は，その破滅的な影響の緩和を目的とする社会保障政策と，回答者の意識構造内で親和性が高いと考えられるからである．この仮説の根拠をより具体的に述べれば，以下のようになる．

上記の社会学的先行研究が示唆しているように，健康状態がよくない回答者は，将来または現在において家計を維持したり，家族を扶養したりすることに困難を感じていると考えられるため，公的扶助に対する期待が大きくなると予測される．すなわち自力で生活の糧を得ることが困難だと感じている

（もしくは予測している）人ほど，セーフティネットとしての公的な福祉サービスや再分配政策に寄せる期待が大きいと考えられる．またこれとは反対に，健康状態をよいと感じている人ほど，サービスを自由に選択することができる民間の福祉事業に好意的であると予想される．こうした推察からは，次のような作業仮説が導かれる．

 A：健康状態が悪い者ほど社会保障に関して政府の役割や責任を重視する傾向があり，健康状態がよい者ほど政府の役割や責任を重視しない．
 B：Aの傾向は，諸個人の属性を統制しても，その効果を失わない．

### 回答者の健康状態（単純集計）

次に，本章で使用する健康状態の指標について見ておきたい．以下本章では，上記の仮説を検証するために，個人の健康状態をあらわす指標として「あなたは，ご自分の健康状態についてどのようにお感じですか」という設問に対する回答を使用する[3]（回答は「1：とてもよい」から「5：悪い」までの5段階評価）．具体的な分析に入る前に，この設問における健康状態の分布をみておくことにしよう．

健康状態の分布をみると，全サンプル（$N=1320$）のうち，「わからない」を除いた有効回答数は1317であり，健康状態を「とてもよい」と回答した人が16.2%，「まあよい」が31.4%，「ふつう」が37.7%，「あまりよくない」が12.5%，「悪い」が2.1%であった（**表1**）．

比較のために，2004年に厚生労働省が実施した「国民生活基礎調査」（健康票：集計世帯数220836世帯）を参照してみると，この調査で健康状態を「よい」と回答した者は24.8%，「まあよい」が16.5%，「ふつう」が40.4%，「あまりよくない」が10.4%，「よくない」が1.5%，不詳が6.4%であった[4]．また2000-2003年のJGSS（日本版総合的社会調査：$N=12260$）データにおける同様の設問に対する回答分布は，「よい」が24.7%，「まあよい」が23.3%，「ふつう」が31.4%，「あまりよくない」が15.9%，「悪い」が4.7%である[5]（佐藤，2006）．

母集団や質問文が異なるため単純な比較はできないが，いずれの調査でも

表1　健康状態の度数分布表

|  |  | 度　数 | 有効パーセント |
|---|---|---|---|
| 有　効 | とてもよい | 213 | 16.2 |
|  | まあよい | 414 | 31.4 |
|  | ふつう | 497 | 37.7 |
|  | あまりよくない | 165 | 12.5 |
|  | 悪　い | 28 | 2.1 |
|  | 合　計 | 1,317 | 100.0 |
| 欠損値 | わからない | 3 |  |
| 合　計 |  | 1,320 |  |

健康状態を「ふつう」と回答する者の割合がもっとも高く，「よい」「まあよい」と回答する者があわせて4-5割程度いるという傾向は共通している．こうしたことからは，「福祉と公平感に関するアンケート調査」の健康に関するデータが，既存調査と同様の分布傾向を示していることが確認できる．

ただし「福祉と公平感に関するアンケート調査」では，健康状態を「悪い」と回答した人の絶対数が少なく（$N=28$），このまま分析を進めると結果が不安定になる恐れがある．よって以下の分析では，健康状態が「あまりよくない」「悪い」という回答を統合し，「とてもよい」「まあよい」「ふつう」「悪い，あまりよくない」の4件法の回答として扱うことにする．また結果を解釈しやすくするために，スケールを逆転させて数値が大きいほど健康状態が「よい」ことを示すようにした[6]．これから先の分析では，断りがない限り，この変換後の値を個人の健康状態を示す指標として使用する．

### 従属変数と統制変数

最後に，以下の分析で使用する従属変数と統制変数について説明しておきたい．今回の分析では，社会保障政策およびその政府責任について尋ねた以下の設問を従属変数として使用する．

1) 従属変数1：社会保障政策に関する意識（6変数）

まず，社会保障に関する回答者の意識としては，「社会保障をはじめとする政府の政策について，(1)～(6)のようにA, B 2つの対立する意見があ

ります．しいて言うと，あなたはどちらの意見に近いでしょうか」という設問に対する回答を使用した．

この設問は，福祉政策の規模（「高負担高福祉」支持か「低負担低福祉」支持か）や福祉サービスの供給主体（民間部門による供給を支持するか，公的部門による供給を支持するか）などについて，6つの対立する意見への賛意を尋ねたものであり，本章ではこれら6つの設問を，社会保障に関する回答者の意識をあらわす変数として使用した．

なお，回答者はそれぞれの対立意見について，自分の望ましいと考える意見を「Aに近い」「どちらかといえばAに近い」「どちらかといえばBに近い」「Bに近い」の4件法で回答することになっており，本章では「Aに近い」を1，「どちらかといえばAに近い」を2，「どちらかといえばBに近い」を3，「Bに近い」を4とコーディングしている．

2）従属変数2：社会保障に関する政府の責任に対する意識（12変数）

次に，社会保障に対する政府の責任を尋ねる設問として，「一般的に言って，ここにあげたことがらは政府の責任だと思いますか．それとも政府の責任ではないと思いますか」という設問に対する回答を使用した．

この設問は，「就労の保障」「高齢者の生活保障」「育児支援」などの12項目について，それらが政府の責任であるか否かを尋ねたものであり，回答者は「明らかに政府の責任である」「どちらかといえば政府の責任である」「どちらかといえば政府の責任ではない」「明らかに政府の責任ではない」の4件法で意見を表明することになっている．

本章では，これらの回答のうち「明らかに政府の責任である」を1，「どちらかといえば政府の責任である」を2，「どちらかといえば政府の責任ではない」を3，「明らかに政府の責任ではない」を4とコーディングして分析に使用する．

3）統制変数：個人の諸属性（6変数）

後述する多変量解析における統制変数としては，以下の回答者の属性を使用した（すべてカテゴリカルデータとして使用）．

① 性　　　別…「男性」「女性」の2カテゴリー
② 年　　　齢…回答者の年齢を「20代」から「70代」までの10歳ごとのカテゴリーに分類
③ 学　　　歴…回答者の最終学歴を「義務教育程度」「高校卒業程度」「短大・高専卒業程度」「大卒以上相当」へ4分して使用[7]
④ 従業上の地位…回答者の現在または過去に一番長くついた従業上の地位を,「役員」「正社員」「非正社員」「自営・家族従業者・内職他」に4分して使用
⑤ 就　業　状　況…回答者の現在の就業状況を「仕事中心」「仕事副」「無職」に3分して使用[8]
⑥ 個　人　年　収…回答者の昨年1年の個人年収を,「なし」「100万円未満」「200-300万円」「400-600万円」「700万円以上」に5分して使用

## 4　健康状態と社会保障に関する意識の関係性

### 健康状態と関連がある変数の探索（2変量間の関連）

　ここまで，仮説の検証に用いる変数の説明と，健康状態の分布を概観してきた．本章以降では，前述した仮説を検証するために，個人の健康状態と関連のある社会保障に関する意識を探索していきたい．

　まず，個人の健康状態が社会保障に関する意識変数と，2変数間で有意な関連があるかどうかについて予備的な分析を行った．**表2**は，健康状態と上記の各従属変数の関連を，Spearmanの$\rho$とクロス表集計におけるカイ二乗検定を用いて検証したものである[9]．ここでは元データの各従属変数を，「わからない」を欠損値扱いとしたうえで，そのままのカテゴリーで分析に使用している[10]．

　分析の結果を見ると，Spearmanの$\rho$における有意性検定と，二重クロス表によるカイ二乗検定ともに5%の危険率（両側）で健康状態と有意な関連をもっているのは，社会保障に関する意識のうち「再分配の回路（民間 vs

表2 健康状態と社会保障に関する意識の関連（単純相関係数，カイ二乗検定）

| | 従属変数 | | Spearmanのロー | $p$（両側） | Pearsonのカイ二乗 | df | $p$（両側） |
|---|---|---|---|---|---|---|---|
| 社会保障政策に関する意識 | 再分配の規模[1] | | | n.s. | | | n.s. |
| | 再分配の方法1[2] | | 0.06 | 0.052† | 20.30 | 9 | 0.016* |
| | 再分配の方法2[3] | | | n.s. | | | n.s. |
| | 年金世代間格差[4] | | | n.s. | | | n.s. |
| | 再分配の回路[5] | | 0.12 | 0.000*** | 33.15 | 9 | 0.000*** |
| | 再分配の権利[6] | | | n.s. | | | n.s. |
| 社会保障に関する政府の責任意識 | （a） | 就労保障 | 0.09 | 0.002** | 20.38 | 9 | 0.016* |
| | （b） | 医療提供 | | n.s. | | | n.s. |
| | （c） | 高齢者の生活保障 | 0.10 | 0.000*** | 18.35 | 9 | 0.031* |
| | （d） | 失業者対策 | | n.s. | | | n.s. |
| | （e） | 産業促進 | | n.s. | | | n.s. |
| | （f） | 貧富格差是正 | 0.06 | 0.048* | | | n.s. |
| | （g） | 学生支援 | 0.05 | 0.085† | | | n.s. |
| | （h） | 住居提供 | 0.07 | 0.012* | 16.92 | 9 | 0.050† |
| | （i） | 環境保護 | | n.s. | | | n.s. |
| | （j） | 育児支援 | | n.s. | | | n.s. |
| | （k） | ※高齢者介護支援 | | n.s. | 11.82 | 6 | 0.066† |
| | （l） | ※障害者介助・介護支援 | | n.s. | 13.88 | 6 | 0.031* |

注：† $p<0.1$, * $p<0.05$, ** $p<0.01$, *** $p<0.001$.

(1)「税金や社会保険料などを引き上げても，国や自治体は社会保障を充実すべきだ」対「社会保障の水準がよくならなくとも，国や自治体は，税金や社会保険料を引き下げるべきだ」

(2)「社会保障の給付は，所得や財産などの少ない人に限定すべきだ」対「社会保障の給付は，所得や財産に関係なく同じ条件ですべての人が受け取れるようにすべきだ」

(3)「社会保障の給付は，保険料などの納付とは無関係に，それが必要となる度合いに応じて受け取れるようにすべきだ」対「社会保障の給付は，保険料などの納付の実績に応じて，受け取れるようにすべきだ」

(4)「公的年金は世代間の助け合いなのだから，世代間に不公平が生じるのはやむをえない」対「公的年金においても，世代間の不公平が生じないよう，納付した保険料に見合った年金を受け取れるようにすべきだ」

(5)「年金や医療や社会福祉サービスなどは，なるべく公共部門（国や自治体）が責任をもって供給したり運営すべきだ」対「年金や医療や社会福祉サービスなども，なるべく民間部門（企業やNPOなど）が供給したり運営すべきだ」

(6)「たとえ貧しくても，労働能力がある人は生活保護を受けるべきではない」対「貧しい人は，労働能力のあるなしにかかわらず，生活保護が受けられるようにすべきだ」

「社会保障に関する政府の責任意識」についての詳しい説明は，第1章（pp.23-24）を参照のこと．

公共)」[11]と,政府の責任意識のうち「就労保障」「高齢者の生活保障」の計3項目であった（表中の網かけ部分）．なぜこれら3つの意識変数だけが健康状態と関連をもつのかについては即断を避けたいが，基本的には「健康」というミクロな生活問題と密着した課題であると回答者に認識された項目が，有意な関連をもったと考えられる．

そこでここから先は，これら健康状態と有意な関連をもっていた3つの意識変数（「再分配の回路」「政府責任・就労保障」「政府責任・高齢者の生活保障」）について，健康状態との関連の仕方を詳細に見ていくことにしよう．

1) 再分配の回路（公共部門支持か民間部門支持か）

まず，社会保障に関する意識変数のうち，「再分配の回路」（公共部門支持か民間部門支持か）と健康状態の関連について見てみよう．これは福祉サービスの供給主体としてどのようなアクターが望ましいかを尋ねたものであり，健康状態が「悪い」人ほど公共部門（国や自治体）による福祉サービスの供給を支持し，健康状態が「よい」人ほど，民間部門（企業やNPOなど）による分配に賛成している傾向が認められた（図1）．この傾向は男女別に集計した場合でも変化がなく，男女ともに健康状態が悪い者ほど公共部門による分配を支持しているという結果が得られた（男女ともにPearsonのカイ二乗，$p<0.05$）．

また，年齢階層を「20-30代」「40-50代」「60-70代」の3階層に区分したうえで，それぞれ「再分配の回路」と健康状態の関連を分析した結果，「20-30代」と「60-70代」では有意な関連が失われたものの，「40-50代」では健康状態が悪い人ほど公共部門による分配を支持するという傾向が維持された（40-50代のみ：$N=488$，Pearsonのカイ二乗値$=23.925$，$df=9$，$p<0.01$）．

なぜ「40-50代」という年齢層において，自身の健康状態と「再分配の回路」の関連が見いだされたのだろうか．恐らくその理由は，この年齢層の人々が定年後の将来を見据えた場合，もっとも自己の健康と将来不安が結びつきやすいからであろう．総じて健康状態がよく老後の見通しも具体化していない若年層や，すでに定年後の生活に入っている高齢者ではなく，「40-50

|  | | | | |
|---|---|---|---|---|
| とてもよい | 35.5 | 34.0 | 13.0 | 17.5 |
| まあよい | 34.7 | 42.4 | 14.1 | 8.7 |
| ふつう | 46.0 | 33.5 | 9.6 | 10.9 |
| 悪い，あまりよくない | 50.3 | 31.6 | 9.6 | 8.5 |

$N=1,223$, Pearsonのカイ二乗値=33.152, df=9, $p<0.001$

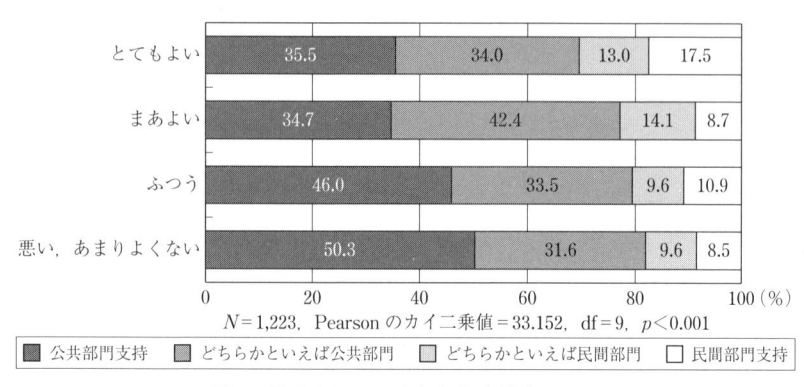

■ 公共部門支持　▨ どちらかといえば公共部門　▦ どちらかといえば民間部門　□ 民間部門支持

図1　「再分配の回路」と健康状態の関連

代」という働き盛りの年齢集団において健康と「再分配の回路」の関連が見いだされたことは，個人の健康状態が将来の人生予測と結びつきながら，社会保障に関する「切実な」意識を構成している可能性を窺わせる．

2) 政府の責任について（就労保障）

つぎに，社会保障に関する政府の責任を問うた設問のうち，「就労保障」と健康状態の関連を見ていこう．全回答者を対象に両者の関連をみると，上記の「再分配の回路」の場合と同様に，健康状態が「悪い」人ほど就労保障を政府の責任であると回答し，健康状態が「よい」人ほど政府の責任ではないと回答していることがわかった（図2）．この結果も本章の仮説を支持するものであり，健康状態が悪い人は自助努力で就労を継続できなくなる不安が大きいため，公共部門（政府）による就労の保障に大きな期待を寄せていると解釈できる．反対に健康状態がよい人は，自己の失業に対する不安が少ないため，自律的な努力によって就労を確保すべきという意識に親和的なのであろう．

なお，「就労保障」と健康状態の関連についても，男女別・年齢階層別の集計を行ったところ，男女別では女性のみ，年齢階層別では「40-50代」の層で両者の有意な関連が見いだされた（女性のみPearsonのカイ二乗値 $=20.206$, df$=9$, $p<0.05$；40-50代のみPearsonのカイ二乗値 $=26.140$,

|  |  |  |  |  |
|---|---|---|---|---|
| とてもよい | 23.6 | 30.3 | 33.2 | 13.0 |
| まあよい | 24.2 | 42.1 | 26.2 | 7.5 |
| ふつう | 27.7 | 40.7 | 24.7 | 6.9 |
| 悪い，あまりよくない | 28.1 | 42.7 | 22.2 | 7.0 |

$N=1,271$，Pearsonのカイ二乗値 $=20.376$，df $=9$，$p<0.05$

■ 明らかに政府の責任である　■ どちらかといえば政府の責任である
□ どちらかといえば政府の責任ではない　□ 明らかに政府の責任ではない

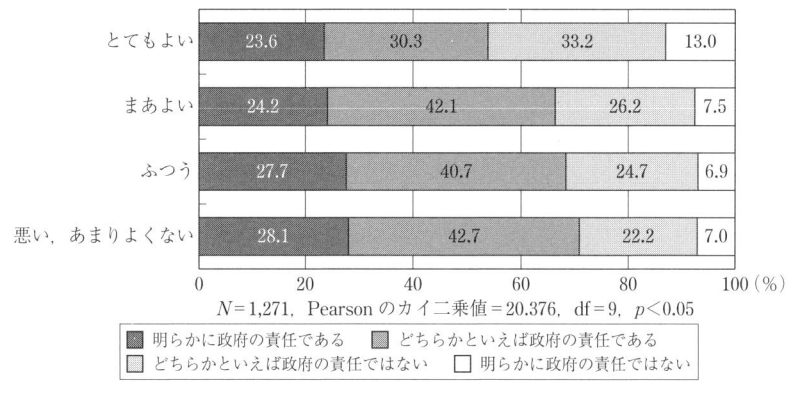

図2 「政府責任・就労保障」と健康状態の関連

df $=9$, $p<0.01$). これは，男性の方が就労に関する自己責任意識が強いこと，年齢階層に関しては「再分配の回路」の場合と同様に，もっとも将来不安が切実な層に有意な関連が見られたものと解釈できる．

### 3) 政府の責任について（高齢者の生活保障）

最後に，もう1つの政府に対する責任意識である「高齢者の生活保障」と健康状態の関連についても見ておこう．全回答者を対象とした分析では，「就労保障」の場合と同様，健康状態が「悪い」人ほど「高齢者の生活保障」を政府の責任であると回答する傾向が見られた（図3）．これも本章の仮説を支持するものと言え，健康状態が悪い人ほど自助努力による生活の維持に不安が強いため，自らの将来を予測した場合に，高齢者の生活保障に対しても政府による保障を求める傾向にあると解釈できる．

### 4) 他の社会保障に関する意識との関連

なお，表2に示した他の社会意識と健康状態の関連についても，関連の方向性を概述しておけば次のようになる．

まず，社会保障に対する意識のうち「再分配の方法1」（選別的分配か，普遍的分配か）では，健康状態が「よい」人ほど普遍的に社会保障の給付を実施すべきだと考えており，「悪い」人は社会保障の給付を所得や財産の少

|  | | | | |
|---|---|---|---|---|
| とてもよい | 28.4 | 49.5 | 17.6 | 4.4 |
| まあよい | 30.5 | 54.5 | 12.3 | 2.7 |
| ふつう | 35.9 | 48.4 | 13.2 | 2.5 |
| 悪い，あまりよくない | 42.2 | 47.0 | 9.2 | 1.6 |

$N=1,275$, Pearson のカイ二乗値 $=18.353$, df $=9$, $p<0.05$

■ 明らかに政府の責任である　■ どちらかといえば政府の責任である
□ どちらかといえば政府の責任ではない　□ 明らかに政府の責任ではない

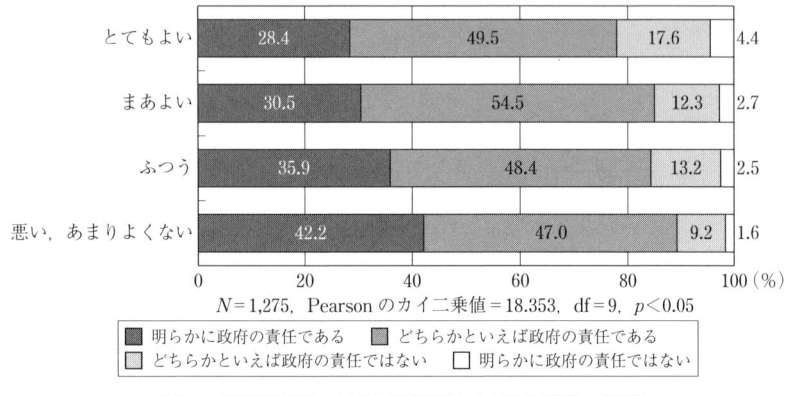

**図3**　「政府責任・高齢者保護」と健康状態の関連

ない人に限定すべきだと考えている．また政府責任意識のうち，「貧富格差是正」と「住居提供」では，いずれも健康状態が「よい」人ほど「所得格差の是正」「住居の提供」は政府の責任ではないと回答する傾向が見られた（健康状態が「悪い」人は政府の責任だと回答している）．これらの結果も，基本的に本章の仮説を支持するものといえるだろう．

### 順序ロジスティックモデルによる仮説の検証

以上，社会保障に対する意識変数と健康状態について，主として2変量間での関連を見てきた．その結果を要約すると次のようになる．

第1に，健康状態が「悪い」人ほど福祉サービスの公共部門による分配を支持し，健康状態が「よい」人ほど民間部門による分配を支持する．第2に，健康状態が「悪い」人ほど就労の保障・高齢者の生活保障・所得格差の是正・住居の提供などを政府の責任であると回答する傾向にあり，反対に健康状態が「よい」人は政府の責任ではないと考える傾向にある．

このように，健康状態と社会保障政策に関する意識は，2変量間で有意な関連が認められ，その結果は本章の作業仮説を支持するものであった．しかし，これらの結果が健康状態との直接的な関連を意味しているのか，何らかの属性による擬似的な関連なのかは確定できない．

そこで次に，前項で分析した3つの社会保障に関する意識変数（「再分配

表3 標本特性

| | | 度数 | % |
|---|---|---|---|
| 性　別 | 男　性 | 393 | 44.1 |
| | 女　性 | 499 | 55.9 |
| 年　齢 | 20-29歳 | 86 | 9.6 |
| | 30-39歳 | 154 | 17.3 |
| | 40-49歳 | 171 | 19.2 |
| | 50-59歳 | 209 | 23.4 |
| | 60-69歳 | 171 | 19.2 |
| | 70-79歳 | 101 | 11.3 |
| 学　歴 | 義務教育程度 | 165 | 18.5 |
| | 高校卒業程度 | 433 | 48.5 |
| | 短大・高専卒業程度 | 139 | 15.6 |
| | 大卒以上相当 | 155 | 17.4 |
| 従業上の地位 | 役　員 | 51 | 5.7 |
| | 非正社員 | 240 | 26.9 |
| | 自営・家族従業者等 | 165 | 18.5 |
| | 正社員 | 436 | 48.9 |
| 就業状況 | 仕事中心 | 505 | 56.6 |
| | 仕事副 | 134 | 15.0 |
| | 無　職 | 253 | 28.4 |
| 個人年収 | な　し | 125 | 14.0 |
| | 100万くらい未満 | 261 | 29.3 |
| | 200-300万くらい | 238 | 26.7 |
| | 400-600万くらい | 179 | 20.1 |
| | 700万以上 | 89 | 10.0 |
| 健康状態 | 悪い，あまりよくない | 122 | 13.7 |
| | ふつう | 331 | 37.1 |
| | まあよい | 301 | 33.7 |
| | とてもよい | 138 | 15.5 |
| | 計 | 892 | 100.0 |

回路の選好」「就労保障に対する政府責任意識」「高齢者の生活保障に対する政府責任意識」）を従属変数として，個人の諸属性を統制したうえで，健康状態を独立変数とする順序ロジスティック回帰分析を行った（分析はすべて強制投入法）．ここでの分析でも，社会保障に関する意識変数は「わからない」を除いてそのまま使用し，統制変数としては前述の回答者の属性（性

別・年齢・学歴・従業上の地位・就業状況・個人年収・健康状態）を投入した．また，以下の分析では分析対象者を統一するため，すべての設問に回答している回答者のみを分析対象としている（$N=892$，分析に使用したケースの標本特性は表3参照）．以下順に，分析結果とその解釈を見ていきたい．

### 1） 再分配回路の選好と健康状態

まず，再分配の回路に対する選好（民間部門支持か公共部門支持か）を従属変数とした分析の結果を見てみよう．

表4は，「再分配の回路」を従属変数とし，回答者の健康状態だけを独立変数として投入したモデル（モデル①），健康状態と回答者の生物学的属性である性別・年齢を同時に投入したモデル（モデル②），これに加えて社会学的な独立変数（学歴や年収など）を追加したモデル（モデル③）の分析結果である．この従属変数に対する回答は，「公共部門支持」が「1」，「民間部門支持」が「4」，その中間の意見が「2」「3」とコーディングされているので，各独立変数の係数がマイナスであれば「公共部門支持」，プラスであれば「民間部門支持」の傾向を示していることになる．

まず，健康状態のみを独立変数とした「モデル①」を見てみると，健康状態が「悪い，あまりよくない」もしくは「ふつう」の各ダミー変数が5％の危険率で負の効果を有しており，健康状態が悪い人ほど「公共部門支持」の傾向を示していることがわかる．これは前節までで見てきたクロス表による分析と同様の結果であり，本章の仮説とも一致する．

次に，健康状態と性別・年齢を独立変数として投入した「モデル②」では，20-40歳代の年齢ダミーが有意な正の効果を有しており（70歳代が基準カテゴリー），若年層ほど「民間部門支持」の傾向を示していることがわかる．そして，健康状態の各係数は「モデル①」に比べて若干0に近づいており（オッズ比が1に近づく），「モデル①」における健康状態の効果が，部分的には年齢の効果であったことが示唆されている．しかし健康状態の係数の変化はそれほど大きいものではなく，また係数の符号を見ても健康状態が悪い人ほど「公共部門」による再分配を支持するという傾向には変化がない．

最後に，年齢・性別とともに社会学的諸変数も同時に投入した「モデル

③」を見てみると，ここでは「男性」「義務教育程度の学歴」「有職」「個人年収なし」の各変数が従属変数に対して有意な負の効果を有しており，また「モデル②」と同様に「20代」から「40代」の若年層が正の効果を有していることがわかる．すなわち男性・高齢者（50代以上）・低い学歴・有職・個人年収のなさといった属性をもつ回答者ほど，「公共部門（国や自治体）」による再分配を支持していることがわかる．

しかし，社会学的諸変数を同時に導入したこの「モデル③」においても，健康状態が従属変数に対して有する効果に大きな変動はなく，健康状態が悪い人ほど「公共部門」による再分配を支持するという傾向が認められた．すなわち各人の健康状態という指標は，他の生物学的・社会学的変数をコントロールしたうえでも，再分配の経路に関する社会意識を規定する堅固な要因となっていることがわかる．

### 2）就労保障に対する政府責任意識と健康状態

次に，政府による就労保障に対する意識を従属変数とし，同様の分析を行った結果を見ていきたい（**表5**）．上記の分析と同様に，回答者の健康状態だけを独立変数としたものが「モデル①」，健康状態と性別・年齢を独立変数としたものが「モデル②」，それらに加えて社会学的変数を投入したものが「モデル③」である．政府責任を問う設問は，「明らかに政府の責任である」が「1」，「明らかに政府の責任ではない」が「4」，その中間意見が「2」「3」とコーディングされているので，係数が負（マイナス）であれば政府の責任を重視しており，正（プラス）であれば政府の責任を重視していないことを意味する．

結果を考察すると，健康状態だけを独立変数とした「モデル①」では，5%未満の危険率でそれぞれのダミー変数が有意な負の効果を有しており，健康状態が「とてもよい」人々に比べて，相対的に健康状態が悪い人ほど政府による就労保障を支持していることがわかる．この結果は前節までの分析と同様の傾向を示しており，自らの健康に不安を感じている人ほど，自助努力による就労に対しては否定的な見解を示していると解釈できる．

次に性別・年齢を同時に投入した「モデル②」では，健康状態の効果が若

表4 再分配の回路選好（公共 vs 民間）を従属変数とした順序ロジット分析

| | | モデル① | | モデル② | | モデル③ | |
|---|---|---|---|---|---|---|---|
| | | B | S.E. | B | S.E. | B | S.E. |
| 健康状態 | 悪い，あまりよくない | −0.570 | 0.231* | −0.432 | 0.235† | −0.497 | 0.239* |
| | ふつう | −0.381 | 0.186* | −0.369 | 0.188* | −0.427 | 0.190* |
| | まあよい | −0.097 | 0.188 | −0.064 | 0.190 | −0.149 | 0.193 |
| | （とてもよい） | | | | | | |
| 性別 | 男性 | | | −0.146 | 0.126 | −0.328 | 0.169† |
| | （女性） | | | | | | |
| 年齢 | 20代 | | | 0.754 | 0.277** | 0.884 | 0.338** |
| | 30代 | | | 0.804 | 0.243*** | 0.930 | 0.302** |
| | 40代 | | | 0.669 | 0.238** | 0.777 | 0.298** |
| | 50代 | | | 0.277 | 0.231 | 0.400 | 0.282 |
| | 60代 | | | 0.140 | 0.240 | 0.217 | 0.257 |
| | （70代） | | | | | | |
| 学歴 | 義務教育程度 | | | | | −0.572 | 0.253* |
| | 高卒程度 | | | | | −0.087 | 0.188 |
| | 短大・高専卒程度 | | | | | −0.101 | 0.228 |
| | （大卒以上程度） | | | | | | |
| 従業上の地位 | 役員 | | | | | 0.443 | 0.278 |
| | 非正社員 | | | | | −0.007 | 0.185 |
| | 自営・家族従業・内職他 | | | | | −0.010 | 0.190 |
| | （正社員） | | | | | | |
| 就業状況 | 仕事中心 | | | | | −0.586 | 0.237* |
| | 仕事副 | | | | | −0.630 | 0.271* |
| | （無職） | | | | | | |
| 個人年収 | なし | | | | | −0.844 | 0.370* |
| | 100万未満 | | | | | −0.372 | 0.313 |
| | 200-300万 | | | | | −0.135 | 0.270 |
| | 400-600万 | | | | | −0.089 | 0.251 |
| | （700万以上） | | | | | | |
| $N$ | | 892 | | 892 | | 892 | |
| カイ二乗 (df) | | 9.732* (3) | | 33.834*** (9) | | 56.071*** (21) | |
| Nagelkerke $R^2$ | | 0.012 | | 0.041 | | 0.067 | |

注：†<0.1, *<0.05, **<0.01, ***<0.001.
閾値別切片は係数略（3係数）.

表5 政府の就労保障責任意識を従属変数とした順序ロジット分析

| | | モデル① | | モデル② | | モデル③ | |
|---|---|---|---|---|---|---|---|
| | | B | S.E. | B | S.E. | B | S.E. |
| 健康状態 | 悪い，あまりよくない | −0.574 | 0.227* | −0.431 | 0.230† | −0.431 | 0.232† |
| | ふつう | −0.512 | 0.185** | −0.434 | 0.186* | −0.426 | 0.188* |
| | まあよい | −0.385 | 0.187* | −0.326 | 0.189† | −0.309 | 0.191 |
| | (とてもよい) | | | | | | |
| 性別 | 男性 | | | 0.385 | 0.124** | 0.223 | 0.166 |
| | (女性) | | | | | | |
| 年齢 | 20代 | | | 0.404 | 0.270 | 0.572 | 0.327† |
| | 30代 | | | 0.494 | 0.236* | 0.565 | 0.290† |
| | 40代 | | | 0.260 | 0.230 | 0.331 | 0.286 |
| | 50代 | | | −0.063 | 0.222 | −0.031 | 0.269 |
| | 60代 | | | 0.114 | 0.230 | 0.158 | 0.244 |
| | (70代) | | | | | | |
| 学歴 | 義務教育程度 | | | | | −0.104 | 0.245 |
| | 高卒程度 | | | | | −0.139 | 0.187 |
| | 短大・高専卒程度 | | | | | −0.131 | 0.226 |
| | (大卒以上程度) | | | | | | |
| 従業上の地位 | 役員 | | | | | 0.193 | 0.276 |
| | 非正社員 | | | | | 0.470 | 0.182** |
| | 自営・家族従業・内職他 | | | | | 0.515 | 0.186** |
| | (正社員) | | | | | | |
| 就業状況 | 仕事中心 | | | | | −0.318 | 0.228 |
| | 仕事副 | | | | | −0.227 | 0.263 |
| | (無職) | | | | | | |
| 個人年収 | なし | | | | | −0.507 | 0.360 |
| | 100万未満 | | | | | −0.656 | 0.307* |
| | 200-300万 | | | | | −0.258 | 0.265 |
| | 400-600万 | | | | | 0.105 | 0.248 |
| | (700万以上) | | | | | | |
| $N$ | | 892 | | 892 | | 892 | |
| カイ二乗 (df) | | 8.592* (3) | | 28.395*** (9) | | 44.454** (21) | |
| Nagelkerke $R^2$ | | 0.010 | | 0.034 | | 0.053 | |

注：†<0.1, *<0.05, **<0.01, ***<0.001.
閾値別切片は係数略（3係数）．

表 6 高齢者の生活保障責任意識を従属変数とした順序ロジット分析

| | | モデル① | | モデル② | | モデル③ | |
|---|---|---|---|---|---|---|---|
| | | B | S.E. | B | S.E. | B | S.E. |
| 健康状態 | 悪い,あまりよくない | −0.732 | 0.238** | −0.717 | 0.241** | −0.705 | 0.243** |
| | ふつう | −0.369 | 0.193† | −0.346 | 0.194† | −0.314 | 0.195 |
| | まあよい | −0.241 | 0.195 | −0.221 | 0.197 | −0.232 | 0.199 |
| | (とてもよい) | | | | | | |
| 性別 | 男性 | | | 0.187 | 0.129 | 0.059 | 0.172 |
| | (女性) | | | | | | |
| 年齢 | 20代 | | | 0.234 | 0.281 | 0.331 | 0.341 |
| | 30代 | | | −0.202 | 0.246 | −0.148 | 0.302 |
| | 40代 | | | −0.250 | 0.240 | −0.233 | 0.298 |
| | 50代 | | | −0.071 | 0.231 | −0.028 | 0.280 |
| | 60代 | | | −0.090 | 0.240 | −0.036 | 0.254 |
| | (70代) | | | | | | |
| 学歴 | 義務教育程度 | | | | | −0.158 | 0.255 |
| | 高卒程度 | | | | | −0.231 | 0.195 |
| | 短大・高専卒程度 | | | | | −0.107 | 0.235 |
| | (大卒以上程度) | | | | | | |
| 従業上の地位 | 役員 | | | | | −0.445 | 0.289 |
| | 非正社員 | | | | | −0.088 | 0.189 |
| | 自営・家族従業・内職他 | | | | | −0.026 | 0.193 |
| | (正社員) | | | | | | |
| 就業状況 | 仕事中心 | | | | | −0.197 | 0.238 |
| | 仕事副 | | | | | −0.002 | 0.274 |
| | (無職) | | | | | | |
| 個人年収 | なし | | | | | −0.739 | 0.376* |
| | 100万未満 | | | | | −0.547 | 0.320† |
| | 200-300万 | | | | | −0.311 | 0.277 |
| | 400-600万 | | | | | −0.388 | 0.259 |
| | (700万以上) | | | | | | |
| $N$ | | 892 | | 892 | | 892 | |
| カイ二乗 (df) | | 10.045 (3) | | 16.678† (9) | | 27.268 (21) | |
| Nagelkerke $R^2$ | | 0.013 | | 0.021 | | 0.034 | |

注:†<0.1, *<0.05, **<0.01, ***<0.001.
　　閾値別切片は係数略 (3係数).

干弱くなり,「男性ダミー」と「30歳代ダミー」変数が正の効果を有している.これはクロス表の分析でも言及したとおり,30代・男性という働き盛りの層ほど,就労の公的な保障に否定的な意識をもっているためと解釈できる.また,「モデル①」に比べて健康状態の係数が0に近づいていることからは,「モデル①」で健康状態の効果とされたものが,部分的には性別・年齢の効果であったことがわかる.

最後に「モデル③」を見ると,健康状態と年齢の効果に大きな変化はないものの,性別の効果が消え,代わりに「非正社員」「自営・家族従業者・内職他」が正の効果,個人年収「100万未満」が負の効果を示している.すなわち「モデル②」で性別の効果であると思われたものが,実は非正規雇用・自営業などの従業上の地位と,所得の低さによって説明されたことを意味する.このことは,現行の社会保障制度において企業の正社員ほど優遇されていない人々は,そもそも政府による就労保障に期待を寄せていないことの証左といえよう.

いずれにせよ,**表5**の分析結果からは,いずれのモデルにおいても各人の健康状態が政府の就労保障に対する責任意識を有意に規定していることがわかった.これは前記の「再分配の回路」の場合と同様,他の生物学的・社会学的変数を統制してもなお,健康状態という変数が社会保障に関する回答者の意識を独自に規定する要因であることを示すものといえる.

### 3） 高齢者の生活保障に対する政府責任意識と健康状態

本節の最後に,高齢者の生活保障に対する政府の責任に関する意識を従属変数として,同様の分析を行った（**表6**）.この従属変数も「明らかに政府の責任である」が「1」,「明らかに政府の責任ではない」が「4」,その中間が「2」「3」とコーディングされているので,係数が負（マイナス）であれば政府の責任を重視していることになる.また「モデル①」～「モデル③」に投入した変数は,これまでと同様である.

分析結果を見ると,モデルの適合度はいずれのモデルでも悪く,独立変数の係数をすべて0と仮定したモデルとの比較（尤度比検定）で,最終モデルが5%水準で有意に優れているとされたのは「モデル①」のみであった.こ

れは，当該の従属変数を説明する変数として，これまで投入してきた諸属性変数が有効とはいえないことを意味している．事実「モデル②」や「モデル③」で有意な効果をもつ独立変数は少ない．

しかし，「モデル①」～「モデル③」のいずれを見ても，健康状態の悪さは一貫して従属変数に対して負の効果を与えており，ここまでの分析と同様に，健康状態の悪さが社会保障に関する政府責任を重視する傾向と関連を有していることは確認された．

## 5　結論と考察

以上，本章では「福祉と公平感に関するアンケート調査」の個票データを用いて，回答者の健康状態と社会保障に関する意識変数の関連を分析してきた．今回の分析から明らかになった事柄をまとめると，以下のようになる．

まず単純クロス表を用いた分析からは，社会保障に関する諸意識変数のうち，①福祉サービスの供給主体に関する意識（再分配の回路）と，②就労保障に関する政府責任意識，③高齢者保護に関する政府責任意識の3つの変数が，個人の健康状態と有意な関連をもっていることが示された．またこれを年齢階層別に見ると，とくに40-50歳代の回答者において健康状態との関連が強く見いだされた．しかしその一方で，上記以外の社会保障に関する意識変数は，健康状態と有意な関連をもっていないか，ごくわずかな関連しか有していなかった．

次に，上記の3変数を従属変数とし，健康状態と他の属性変数を同時に投入する順序ロジスティック回帰分析を行った結果，個人の健康状態はいずれのモデルにおいても社会保障に関する個人の意識と有意な関連を失わないことがわかった．すべての独立変数を投入した順序ロジスティック回帰分析（モデル③）において，各独立変数が従属変数に対して有していた効果を要約すると表7のようになる（表中に示したのは10％未満の危険率で有意な効果があった独立変数であり，政府の責任を重視する効果を＋，重視しない効果を－で表している）．

この表を見ると，いずれの従属変数においても，諸個人の属性を統制した

**表7** 社会保障に関する意識を従属変数としたロジスティック回帰分析のまとめ

|  | 再配分の回路 | 雇用保障 | 高齢者の生活保障 |
|---|---|---|---|
| 年　齢 | 20-40代（－） | 20-30代（－） |  |
| 性　別 | 男性（＋） |  |  |
| 学　歴 | 義務教育（＋） |  |  |
| 個人年収 | なし（＋） | 100万未満（＋） | 100万未満（＋） |
| 従業上の地位 |  | 非正規・自営（－） |  |
| 就業状況 | 有職（＋） |  |  |
| 健康状態 | 悪い（＋） | 悪い（＋） | 悪い（＋） |

注:「政府の役割・責任」を重視する属性を＋,重視しない属性を－で表している.

うえでも健康状態が政府の役割に対する意識と有意な関連を有していることがわかる．また関連の方向性としては，いずれも健康状態が（相対的に）悪い人ほど政府や公共部門に対する期待が大きいことが示されており，この3つの従属変数においては本章の作業仮説が証明された．

また本章内では詳述はできないが，健康状態のかわりに他の意識変数（たとえば生活満足度や将来の年収予測）を同様のモデルに投入した場合，このような一貫した変数の効果は認められなかった．このことは，個人の健康状態という変数が，日常生活と直結する社会保障政策に対する意識を規定する固有の効果を有していることを示唆する[12]．

ただし，さまざまな社会保障に関する意識のなかでも，健康状態と有意な関連をもたない意識変数も多数存在したことからは，どのような条件を満たした意識が個人の健康状態と関連をもつのかという点について，今後さらに検討を深める必要がある．また当然のことながら，個人の健康状態と社会意識をつなぐ経路には複数の心理・社会的な要因が関与していると考えられることから，今後は両者の関連性をより精緻なモデルを用いて検証していく必要がある．

こうした限界はあるものの，本章の分析からは，健康状態が社会保障に関する個人の意識を規定する，固有の効果をもった変数である可能性が示唆された．このことからは，健康状態の規定因を探る疫学的研究とともに，個人の健康と多様な社会意識の関連について，今後さらなる研究を蓄積していく必要性が示されている．その際とくに，健康状態の悪い人々や高齢者，所得

の少ない人などのいわゆる「社会的弱者」ほど，公的セクターによる社会保障の供給を希望している可能性について十分検討していくべきであろう．

1) たとえば古典的な研究としては，E. チャドウィックが英国労働者階級の死亡率を調査し，社会階層別に死亡原因・児童死亡率などが異なることを明らかにした（Chadwick, 1842→1965＝1990）．また20世紀後半にはイギリス政府が「ブラック報告」を公表し，男女とも職業階層によって成人の死亡率や乳幼児死亡率，ヘルスサービスの利用状況等に格差があることを明らかにしている（Black *et al.*, 1982）．また，より近年の疫学的研究では，絶対的な貧困や衛生状態等の変数に加えて，各個人の所属する社会集団の特性が個人の健康に与える効果にも注目が集まっており，たとえばI. カワチらは先進国における諸個人の健康状態は，所属する集団内で各個人が置かれた経済的地位（相対的所得）に依存するという知見を提出し（Kawachi and Kennedy, 2002＝2004），R. ウィルキンソンも所得格差が大きい地域ほど，人々の平均寿命の変化率が鈍いと論じている（Wilkinson, 1992）．これら近年の疫学研究は，古典的な調査が重視してこなかった個人の社会集団内での相対的地位が健康に与える効果にスポットを当てたものといえる．

2) 近年の日本における疫学的研究からは，次のような知見が得られている．山崎（1997）は，首都圏各地域ごとの死亡率と当該地域の社会経済的特性の間には相関が認められること，第2次，第3次産業に従事している男性の主観的健康や健康習慣行動は職種によって異なることなどを明らかにした．また藤原ら（1999）も，東京23区居住者の死亡率分布を調査し，年齢階級ごとに死亡率の分布に偏りがあることを示した．さらに中田（1999）は，札幌市の住民を対象とした調査によって，高年齢の回答者は意識変数と経験的変数の効果に差異があること，高階層の人間は健康の悪化を遅延させることができることなどを論証している．

3) このような回答者自身による健康の評価は「主観的健康感」や「主観的健康評価」（self-rated health）などと呼ばれ，疫学調査などでも一般的に使用される指標である．しかしこうした「主観的」な健康指標を使用することに対しては，いくつかの反論が予想される．たとえば，回答者の客観的な健康状態（慢性疾患の有無や通院の頻度など）ではなく，主観的な評価を利用することにどのような妥当性があるのかという疑問が成り立つだろう．極端な言い方をすれば，深刻な病を患っていても，主観的健康状態を「とてもよい」と評価する人がいるかもしれない．しかし，従来の疫学調査が提出してきた知見によれば，主観的健康感は他の客観的指標を統制したうえでも死亡

リスクに対して有意な説明力を持っており，従来の生物学的・客観的指標では捉えきれない回答者の総合的な健康状態を表している（Idler and Benyamini 1997；近藤，2005）．そこで本稿では，個人の主観的健康感を，人間の生物学的健康状態を反映しつつ，回答者の将来予測や心理社会的状態を含み込んだ包括的指標であると理解し，以下単に「健康状態」と記述する．本稿で「健康」「健康状態」という用語を用いる場合には，こうした意味合いが込められていることに留意してほしい．
4) 厚生労働省ホームページ（http://www.mhlw.go.jp/toukei/saikin/hw/k-tyosa/k-tyosa04/3-5.html）参照（2012 年 1 月アクセス）．
5) 無回答は除く．また JGSS では，健康状態を「良い 1―2―3―4―5 悪い」というスケールで評価する選択様式になっており，ここでは 1 を「よい」，2 を「まあよい」，3 を「ふつう」，4 を「あまりよくない」，5 を「悪い」と記述している．
6) この操作の結果，健康状態に関する回答は「1 悪い，あまりよくない」が 193 名（14.7%），「2 ふつう」が 497 名（37.7%），「3 まあよい」が 414 名（31.4%），「4 とてもよい」が 213 名（16.2%）となる．また，ここから先の分析では，いずれの変数においても「DK・NA」を欠損値扱いとし，分析ごとにサンプルから除外した．
7) 学歴は，調査票における回答を次のように統合した．「義務教育程度」は「旧制尋常小学校（国民学校を含む）」「旧制高等小学校」「新制中学校」卒業の者，「高校卒業程度」は「旧制中学校・高等女学校」「旧制実業学校」「旧制師範学校」「新制高校」卒業の者，「短大・高専卒程度」は「旧制高校・旧制専門学校・高等師範学校」「新制短大・高専」卒業の者，「大卒以上程度」は「旧制大学・旧制大学院」「新制大学」「新制大学院」卒業の者．
8) 「仕事中心」は「福祉と公平感に関するアンケート調査」のフェイス項目「F6 付問 2」において「仕事をおもにしている」と回答した者であり，以下同様に「仕事副」は「家事がおもで，仕事もしている」「通学がおもで，仕事もしている」「通学・家事以外のことがおもで，仕事もしている」と回答した者，「無職」は「家事がおもで，仕事はしていない」「通学がおもで，仕事はしていない」と回答した者である．その他の変数は欠損値扱いとした．
9) 調査表の問 11 における 6 つの対立意見は，**表 2** では武川（2002）に準拠し以下のように名付けてある．まず，(1)の設問は「高負担高福祉」か「低負担低福祉」の政策選好を尋ねたものなので，「再分配の規模（高福祉 vs 低負担）」と記述できる．次に(2)は，再分配の方法として，いわゆる普遍的な分配と低所得者への限定的な分配とを対立させているので，「再分配の方法 1（選別 vs 普遍）」となる．また(3)も再分配の方法を尋ねたものだが，ここ

では受給者の必要性と制度への貢献度が対立させられているので,「再分配の方法2(必要 vs 貢献)」となる.さらに(4)は,公的年金制度における世代間格差の是非を尋ねた設問なので「年金世代間格差(是認 vs 否定)」と記述し,(5)は年金・医療などの福祉サービスの供給主体として公共部門が望ましいか,民間部門が望ましいかを尋ねたものなので「再分配の回路(民間 vs 公共)」とする.最後に(6)は生活保護の受給資格について「貧困の状態」と「就労の可能性」を対立させているので「再分配の権利(就労不可者 vs 貧困状態)」となる.
10) ただし,社会保障に関する政府の責任意識のうち,「高齢者介護支援」「障害者介助・介護支援」については「明らかに政府の責任ではない」とする回答数が少ないため(5未満のセルが存在するため),「明らかに政府の責任ではない」「どちらかといえば政府の責任ではない」を統合してから分析した.(Spearman の ρ もこの変数を用いて計算した).
11) 「再分配の回路(民間 vs 公共)」とは,年金や医療や社会保障サービスの供給主体として,「民間部門(企業や NPO など)」が望ましいか「公共部門(国や自治体)」が望ましいかを聞いたものである.
12) もちろん,他の社会保障に関する意識(従属変数)と生活満足度などの意識変数(独立変数)の組み合わせにおいても,多変量解析において強い関連が認められるものが存在する.こうした他の変数間の関連と,本稿内で見てきた健康と社会意識の関係の相違については,類型化を含めて今後の課題としなければならない.

## 文献

Black, Douglas, Peter Townsend and Nick Davidson, 1982, *Inequalities in Health : the Black Report*, Harmondsworth : Penguin.

Chadwick, Edwin, Sir, 1842→1965, *Report on the Sanitary Condition of the Labouring Population of Great Britain* (revised edition), Edinburgh University Press(橋本正己訳,1990,『大英帝国における労働人口集団の衛生状態に関する報告書』日本公衆衛生協会).

藤原佳典・北徹・谷口力夫・高林幸司・星旦二,1999,「東京都特別区における死亡状況の年齢階級別格差と地域格差の関連」『総合都市研究』70:155-170.

Idler, Ellen L. and Yael Benyamini, 1997, "Self-Rated Health and Mortality : A Review of Twenty-Seven Community Studies," *Journal of Health and Social Behavior*, 38 (1) : 21-37.

Kawachi, Ichiro and Bruce P. Kennedy, 2002, *The Health of Nations : Why Inequality is Harmful to Your Health*, New York : New Press(西信雄・高尾

総司・中山健夫監訳, 2004, 『不平等が健康を損なう』日本評論社).
近藤克則, 2005, 『健康格差社会——何が心と健康を蝕むのか』医学書院.
Last, John M. ed., 1995, *A Dictionary of Epidemiology* (3rd ed.), Oxford University Press (日本疫学会訳, 2000, 『疫学辞典』[第3版]日本公衆衛生協会).
中田知生, 1999, 「社会階層・健康・加齢——その理論と実証」『北星学園大学社会福祉学部北星論集』36：15-46.
佐藤雅浩, 2006, 「『健康の不平等』の現在——主観的健康状態と社会経済的地位の関連」東京大学社会科学研究所編『JGSSから読む日本人の行動と意識——SSJ Data Archive Research Paper Series』33：48-59.
篠崎武久, 2005, 「再分配政策への支持を決定する要因——先行研究の結果とJGSSデータを用いた分析結果の比較」『JGSS研究論文集[4] JGSSで見た日本人の意識と行動』大阪商業大学比較地域研究所.
武川正吾, 2002, 「福祉国家を支える価値意識と媒介原理」武川正吾研究室編『社会政策と社会意識 Discussion Papers 1』東京大学大学院社会学研究室.
田村誠, 2006, 「医療格差への反対理由」武川正吾編『福祉社会の価値意識』東京大学出版会.
Wilkinson, Richard G., 1992, "Income Distribution and Life Expectancy," *British Medical Journal*, 304：165-168.
山崎喜比古, 1997, 「日本における健康の社会的格差・不平等と形成要因に関する研究」平成6年度〜平成8年度科学研究費補助金（基盤研究(B)(2)）研究成果報告書.

# 6章 福祉社会における企業のあり方

高橋 康二

## 1 はじめに

**コーポレートガバナンス改革・賃金制度改革の動向**

　現在，わが国において，企業における付加価値の分配のあり方が主として2つの水準で問い直されている．ひとつは，企業が生み出した付加価値を，株主と従業員との間でどのように分配するかというコーポレートガバナンスの問題であり[1]，いまひとつは，そのようにして従業員に分配された付加価値を，従業員間でどのように分配するかという賃金制度の問題である．企業における付加価値の分配は，われわれが生活する社会，すなわち福祉社会における富の分配にも大きな影響を与える．よって，もしその分配のあり方が変化するならば，福祉社会における富の分配のあり方も大きく変化することになる．

　まず，コーポレートガバナンスの問題についてみると，これまでの日本企業は，他国の企業に比べ，従業員を会社の一員とみなし，その生活の安定と向上を図るなど，従業員の利益を重視してきたといわれる（Vogel, 1979；Dore, 1990；Jacoby, 2005）．これに対し，1990年代後半以降，内外の投資ファンドによる大企業の敵対的買収計画など，株主の大胆な行動が目立つようになった．村上ファンドによる昭栄の買収計画（2000年），スティール・パートナーズによるユシロ化学工業の買収計画（2003年）などがその一例

**図1 だれの利益を最重視するか**

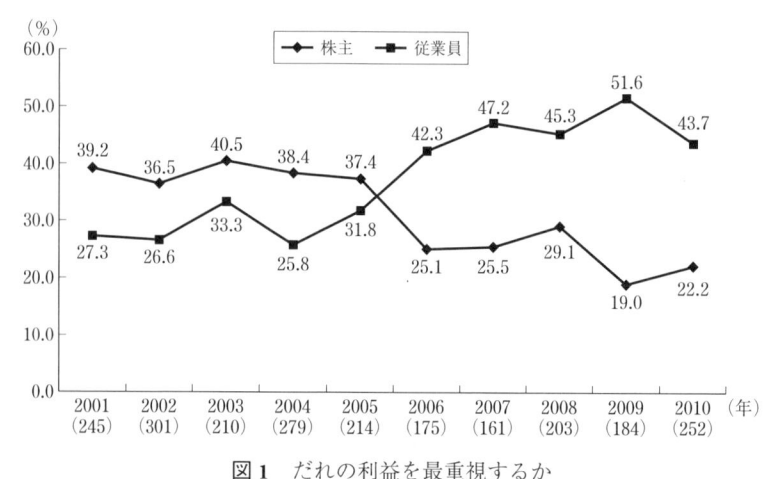

注:1) 上場企業の新任取締役に対し,「あなたは役員として,企業経営を考える際にどなたの利益を最も重視しますか」と質問.
2) ( ) 内数字は N.
出所:日本能率協会グループ広報委員会 (2010).

であり,企業の側も,自らを守るために日頃から株価を意識した経営を行なう必要性に迫られつつある.ただし,このような環境変化のなかにあっても,必ずしもすべての側面において従業員重視の経営から株主重視の経営へという一方向的な変化が起こっているわけではない.たとえば,この間,ストックオプションの解禁,委員会設置会社の創設など,株主重視の経営に適合的な法制改革が進められた.しかし,J. アベグレンによれば,経営陣にストックオプションを与えることは,日本企業では企業統治の主たる方法として受け入れられていない (Abegglen, 2004=2004, p. 29).また,日本取締役協会によれば,2010年7月28日現在,委員会設置会社に移行した上場企業は62社にとどまっている[2].さらに,日本能率協会が上場企業の新任取締役に対して実施したアンケート調査によれば,2004年以降,株主の利益を重視する役員はむしろ減少傾向にあることがわかる (図1).日本企業のコーポレートガバナンスの動向を見極めるためには,より多面的なデータを検証しなければならないが,少なくともここで取り上げたデータをみる限り,一定の環境変化は認められつつも,日本企業の特徴である従業員重視の経営が根本

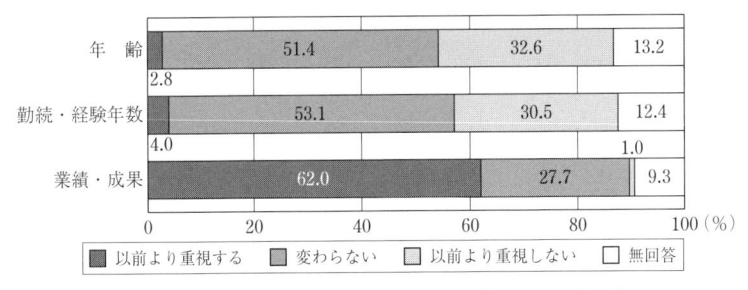

| | | | | |
|---|---|---|---|---|
| 年齢 | 51.4 | 32.6 | 13.2 | 2.8 |
| 勤続・経験年数 | 53.1 | 30.5 | 12.4 | 4.0 |
| 業績・成果 | 62.0 | 27.7 | 9.3 | 1.0 |

**図2　一般社員の賃金決定における各項目の重視度**

注：2005年12月，全国の従業員数30人以上の事業所10000カ所に調査票を配布．
有効回答数870．
出所：労働政策研究・研修機構（2006）．

から覆されようとしているわけではない．

これに対し，賃金制度は，大きな改革の波にさらされている．これまでの日本企業は，正社員に対し，年齢と勤続に重きを置いた年功序列的な賃金を提供してきた（Abegglen, 1958；Dore, 1990=1993；Vogel, 1979）．このような賃金制度は，日本企業がオイルショック後の厳しい経営環境のなかで良好なパフォーマンスを達成したことから，1980年代には賞賛された．しかし，1990年代に入ると，国際競争の激化によるコスト下げ圧力の高まり，高齢化による人件費負担の増大等により，多くの企業が，年功賃金を修正する必要に迫られた．そして，「成果主義」賃金の導入，ボーナスの業績連動化，昇進昇格の業績主義化等により，年齢や勤続に応じて自動的に昇給する仕組みが，比較的速いペースで修正されている．厚生労働省「賃金労働時間制度等総合調査」によれば，1998年から2001年にかけて，管理職以外の従業員の基本給の決定要素として「学歴，年齢，勤続年数など」をあげる企業の割合が78.5%から73.9%へと減少しているのに対し，「業績・成果」をあげる企業の割合は55.3%から64.2%へと増加している．また，労働政策研究・研修機構が実施した調査によれば，日本企業が賃金決定において，今後，「年齢」「勤続・経験年数」のウェイトを減らし，「業績・成果」のウェイトを増やす傾向がきわめて明確に読み取れる（図2）．賃金制度においては，脱年功序列化が進みつつある．

**社会規範への注目**

それでは,日本企業は今後もコーポレートガバナンスにおいて従業員の利益を重視し続けるのであろうか.また,賃金制度改革がますます進み,近い将来に,脱年功序列的な賃金制度が定着するのであろうか.その際,考慮すべき要因のひとつとして,市場における競争力があげられる.いうまでもなく,競争力のある仕組みが長期的に生き残ると考えられる.だが,いかなる仕組みが市場において競争力を持っているのかについて,明確な答えは出ていない.

これに対し,社会学の観点から重要な要因として,国民が望ましいと考えるこれらの仕組みのあり方,すなわちコーポレートガバナンスないし賃金制度に関する社会規範があげられる.それは,アベグレンが,企業経営が適合すべき「文化」の一部と考えたものであり(Abegglen, 1958, 2004),R. ドーアが,各国特有の企業組織が成立するための基盤と考えたものである(Dore, 1990)[3].また,S. ジャコービィによれば,各社会には固有の社会規範があり,社会規範が現実の企業経営を左右する(Jacoby, 2005=2005, pp. 61-62).すなわち,これらの考え方によれば,コーポレートガバナンスおよび賃金制度に関する国民の社会規範を分析することで,現実のコーポレートガバナンスおよび賃金制度のゆくえを予測することができる.

具体的には,社会規範は,以下の経路を通じて企業の経営に影響を与えると考えられる.第1に,国民は労働者として企業と取引をする.国民の社会規範と乖離した経営を行う企業は,労働市場における選別や労働運動を通じて打撃を受けることになるだろう.第2に,国民は消費者として企業と取引をする.よって,国民の社会規範と乖離した経営を行う企業は,やはり不買運動など消費者運動を通じて打撃を受けることになるだろう.第3に,特に大企業の経営に対して,世論が直接的に影響を及ぼすとともに,法制度や政策を形成するうえでも,世論が重要な役割を果たす.この点を象徴する事例としては,2005年初頭のライブドアによるニッポン放送の敵対的買収をめぐる騒動をあげることができる.「和解」という形でのこの騒動の結末,およびこの騒動をきっかけとした外資規制への動きに対して,世論が大きな影響力を持ったことは間違いない.そこで本章では,日本企業のコーポレート

ガバナンスおよび賃金制度の将来を予測するべく，どの程度の人々が，そしてどのような人々が，コーポレートガバナンス改革（＝株主重視のコーポレートガバンナンス）および賃金制度改革（＝脱年功序列的な賃金制度）を支持しているのかを分析することとする．

## 2　先行研究と課題・仮説

　コーポレートガバナンスや賃金制度に関する社会規範を分析した研究は必ずしも多くないが，本章と関係のある調査として，以下の2つをあげることができる．

　第1に，コーポレートガバナンスに関する意見を分析したものとして，経済広報センターが毎年実施している「生活者の企業観に関するアンケート」があげられる．そこでは，企業の役割についての意見がたずねられており，1990年代後半以降，企業の役割として「雇用の維持・創出」が重要だと考える人が減少する一方，2000年代に入って「株価の向上と安定配当」が重要だと考える人が増加していることが示されている（経済広報センター，2006）[4]．また，クロス集計により，高齢者や無職者ほど「今後企業が重視すべき関係者」として「個人株主」をあげる傾向にあることが示されている．しかし，同調査に関しては，調査対象者が経済団体のモニターであるため，調査結果が実際の国民の意見から隔たっている可能性がある．また，分析がクロス集計にとどまっており，いかなる変数が意見形成の要因として効いているのかが定かではない．

　第2に，賃金制度に関する意見を分析したものとして，労働政策研究・研修機構が実施している「勤労生活に関する調査」があげられる．そこでは，「終身雇用」や「年功賃金」に対する意見がたずねられており，性別，年齢，従業上の地位，職種などによるクロス集計がなされている．「年功賃金」に関していうならば，総じて高年齢者ほど支持する傾向があることが明らかにされている（労働政策研究・研修機構，2008）．しかし，設問文において「日本的な年功賃金」という言葉が用いられているため，ステレオタイプ効果によって高年齢者の支持率が高まっている可能性もあり，結果には疑問符

がつく．また，上記調査と同様に，分析がクロス集計にとどまっており，いかなる変数が意見形成の要因として効いているのかが定かではない．

このように，コーポレートガバナンスや賃金制度に関する社会規範を分析した研究は必ずしも十分ではない．そこで本章では，以下の2つを課題とする．第1に，どの程度の人々がそれぞれの改革を支持しているのかを明らかにする．この点を明らかにすることによって，現状において，それぞれの改革がどの程度の支持基盤を持っているのかがわかる．第2に，どのような人々が改革を支持しているのかを明らかにする．この点を明らかにすることは，コーポレートガバナンス改革，賃金制度改革が今後どのように進んでいくかを予測することにつながる．これらの作業を通じて，日本企業における付加価値の分配のゆくえについて，示唆を得たい．

どのような人々が改革を支持しているのかに関して，ここでは，従業員重視の経営，年功序列的な賃金の受益者としての性格を持つ人々ほど現状の仕組みを支持し，そうでない人々ほどそれらの改革を支持する傾向があるという仮説を設定する．従業員重視の経営，年功序列的な賃金の受益者としては，男性，中高年，正社員があげられる（大沢，1993；玄田，2001）．すなわち，従来の日本企業のインサイダーとしての性格を持つ男性，中高年，正社員ほど従来型の従業員重視のコーポレートガバナンス，年功序列的な賃金制度を支持し，アウトサイダーとしての性格を持つ女性，若年，非正社員ほど株主重視のコーポレートガバナンス，脱年功序列的な賃金制度を支持するという仮説が成り立つ．

## 3　分析対象・変数・方法

分析に用いるのは，東京大学文学部社会学研究室が実施した「福祉と公平感に関するアンケート調査」の個票データである．本章では，そのうち，就業者829名を分析対象とする．コーポレートガバナンスや賃金制度についての意見を分析するにあたり，日頃から企業と接点を持ちつつ生活している人々に対象を限定した方が，精度の高い回答が得られると考えられるからである．

従属変数としては，①コーポレートガバナンスに関する意見（「大企業の経営において，株主の利益と従業員の利益が対立したときに，どちらを優先すべきだと思いますか」）[5]，②賃金制度に関する意見（「勤続年数の長い人」が「仕事の種類が同じであっても，多くの給料をもらってよい」と思うか否か）[6]，の2変数を用いる．独立変数としては，仮説に含まれる性別，年齢，就業形態のほかに，学歴，職種[7]，企業規模，個人年収といった社会・経済的変数を用いる．

　分析は，以下の手順を踏むこととする．まず，どの程度の人々がそれぞれの改革を支持しているのか，単純集計により分析する．次に，どのような人々が改革を支持しているのかを分析する．その際，最初にコーポレートガバナンスに関する意見と賃金制度に関する意見のクロス集計を行ない，両者に相関があるか否かを確認する．その結果，もし両者に強い相関がみられれば，両者が同一の改革志向を表しているとみなして合成変数を作成し，どのような人々が総じて改革志向が強いのかを，順序ロジスティック回帰分析により明らかにする．これに対し，もし両者に強い相関がみられなければ，両者が異なる改革志向を表しているとみなし，それぞれの改革の支持要因を，別々の二項ロジスティック回帰分析により明らかにすることとする．なお，クロス集計および回帰分析においては，いずれの変数とも，無回答，「わからない」は欠損値とする．

## 4　分析結果

　まず，どの程度の人がコーポレートガバンナンス改革および賃金制度改革を支持しているのだろうか．**表1**は，その結果を示したものである．ここから，コーポレートガバナンス改革（＝株主重視）を支持する人は19.5%にとどまるのに対し，賃金制度改革（＝脱年功序列）を支持する人は65.7%にのぼることがわかる．コーポレートガバナンスおよび賃金制度に関する社会規範のあり方は，コーポレートガバナンス改革が比較的緩やかであるのに対し，賃金制度改革が比較的速いペースで進行しているという現実のあり方と整合的である．

表1 2つの改革の支持率（単純集計）

| コーポレートガバナンスに関する意見 | | | 賃金制度に関する意見 | | |
|---|---|---|---|---|---|
| | 度数 | % | | 度数 | % |
| 従業員重視 | 596 | 71.9 | 年功序列 | 276 | 33.3 |
| 株主重視 | 162 | 19.5 | 脱年功序列 | 545 | 65.7 |
| 無回答 | 71 | 8.6 | 無回答 | 8 | 1.0 |
| 合　計 | 829 | 100.0 | 合　計 | 829 | 100.0 |

　それでは，2つの改革支持はいかなる関係にあるのだろうか．**表2**は，その結果を示したものである[8]．

　ここから，コーポレートガバナンス改革を支持していない人のうち賃金制度改革を支持している人の割合が65.8%であり，コーポレートガバナンス改革を支持している人のうち賃金制度改革を支持している人の割合が65.2%であることが読み取れる．すなわち，コーポレートガバナンス改革の支持と賃金制度改革の支持とは，ほぼ完全に独立であり，2つの改革支持に共通する要因があるわけではないことが示唆される．

　そこで，2つの改革支持それぞれの規定要因を探るため，コーポレートガバナンスに関する意見，賃金制度に関する意見それぞれを従属変数として，二項ロジスティック回帰分析を行なう．分析結果は，**表3**の通りである．ここから，以下のことが読み取れる．

　第1に，男性ほど，年齢が若いほど，（大企業勤務者に比べ）小企業勤務者ほど，コーポレートガバナンス改革を支持する傾向にある．第2に，（正社員に比べ）自営業者ほど，（小企業勤務者に比べ）大企業勤務者ほど，収入が低いほど，賃金制度改革を支持する傾向にあり，（正社員に比べ）役員および非正社員ほど賃金制度改革を支持しない傾向にある．

　ここから，表2のクロス集計から示唆される通り，コーポレートガバナンス改革の支持と賃金制度改革の支持とに共通する要因は少なく，それぞれ別々の要因が働いている場合が多いことがわかる．コーポレートガバナンスの改革志向と賃金制度の改革志向とは異なるものだと考えられる．

　それでは，表3にあらわれた結果は，どのように解釈できるだろうか．まず，仮説とは関係のない，企業規模および収入の効果について解釈したい．

表2　2つの改革支持の相関（クロス集計） (%)

|  | 年功序列 | 脱年功序列 | 合計 | N |
|---|---|---|---|---|
| 従業員重視 | 34.2 | 65.8 | 100.0 | 593 |
| 株主重視 | 34.8 | 65.2 | 100.0 | 161 |
| 合　計 | 34.4 | 65.6 | 100.0 | 754 |

注：カイ二乗 $=0.017$, $p=0.896$.

表3　2つの改革支持の規定要因（二項ロジスティック回帰分析）

|  | 株主重視 | | 脱年功序列 | |
|---|---|---|---|---|
|  | B | Wald | B | Wald |
| 女性ダミー | −0.436 | 2.867† | −0.205 | 0.818 |
| 年　齢 | −0.024 | 7.641** | 0.013 | 2.761† |
| 教育年数 | 0.075 | 1.931 | 0.066 | 1.821 |
| 役　員 <br> （正社員） | 0.145 | 0.120 | −0.487 | 1.720 |
| 非正社員 | 0.450 | 1.930 | −0.483 | 2.954† |
| 自営業等 | 0.258 | 0.586 | 0.397 | 1.614 |
| ホワイトカラーダミー | −0.013 | 0.003 | 0.097 | 0.197 |
| 29人以下 | 0.687 | 4.738* | −0.537 | 3.810† |
| 30-299人 <br> （300人以上） | 0.235 | 0.601 | 0.023 | 0.007 |
| 官公庁 | 0.349 | 0.777 | −0.003 | 0.000 |
| （150万円未満） |  |  |  |  |
| 150-350万円未満 | −0.360 | 1.224 | −0.280 | 0.990 |
| 350-650万円未満 | 0.293 | 0.596 | −0.859 | 6.106* |
| 650万円以上 | 0.725 | 2.462 | −1.528 | 12.712*** |
| 定　数 | −1.537 | 2.778 | 0.191 | 0.053 |
| N | 596 | | 596 | |
| −2LL | 619.590 | | 730.798 | |
| カイ二乗 | 30.204** | | 25.596* | |
| Nagelkerke $R^2$ | 0.074 | | 0.058 | |

注：1）（　）はレファレンス・グループ．
　　2）***：$p<0.001$, **：$p<0.01$, *：$p<0.05$, †：$p<0.1$.

第1に，小企業勤務者ほど，コーポレートガバナンス改革を支持し，賃金制度改革を支持しない傾向が確認された．小企業においては，労働組合組織率の低さに象徴されるように従業員の力が弱く，他方で，賃金に関しては比較的年功序列的な要素が強いという実態がある[9]．それゆえ，小企業勤務者は，コーポレートガバナンス改革は支持しやすく，賃金制度改革は支持しにくいのだと考えられる．第2に，収入が低いほど，賃金制度改革を支持する傾向が確認された．この点については，低収入者ほど，短期的に賃金を高めたいと考えており，それゆえ脱年功序列的な賃金制度を志向しているのだと考えられる．

　次に，仮説と関係する，年齢，性別，就業形態の効果について解釈したい．第1に，仮説通り，年齢が若いほど，コーポレートガバナンス改革を支持する傾向が確認された．これまでの従業員重視の経営が，実質的に中高年層の既得権益を保護してきたことから，それへの反発として若年者はコーポレートガバナンス改革を支持しているのだと考えられる．第2に，これに対し，男性ほどコーポレートガバナンス改革を支持するという，仮説とは反対の傾向が確認された．従業員としての既得権益を享受してきたはずの男性がなぜコーポレートガバナンス改革を支持するのか，この分析結果をみる限り，合理的な解釈は思い当たらない．第3に，同様に，自営業者がもっとも賃金制度改革を支持する傾向にあり[10]，次いで正社員がそれを支持し，役員と非正社員がもっともそれを支持しないという，仮説とは異なる傾向が確認された．業績主義の世界で働く自営業者が賃金制度改革を支持するのは理解できるが[11]，それならば，同じく年功序列的な賃金制度が適用されない非正社員や役員も賃金制度改革を支持するはずである．にもかかわらず，必ずしもそのような結果は得られていない．この点についても，やはり合理的な解釈は思い当たらない．

　総じて，2つの改革支持の規定要因を分析したところ，合理的に解釈できる効果が存在する一方で，仮説に合わないばかりか，それに代わる合理的な解釈も思い当たらない効果も存在する．加えて，カイ二乗値の検定結果から，いずれのモデルとも，必ずしも説明力が高くはないことが読み取れる．

## 5　企業観という視点——分析の修正

このように，コーポレートガバナンスに関する意見と，賃金制度に関する意見の規定要因を別々に分析したところ，合理的に解釈することができない効果も存在し，また，モデルの説明力も必ずしも高くないことが明らかになった．

ここで考えられるのは，そもそも国民の意見を，コーポレートガバナンスに関する意見と賃金制度に関する意見とに分解して捉えようとしたことが誤りであったことである．そこで，コーポレートガバナンスや賃金制度といった個々の仕組みについての意見を問うのではなく，コーポレートガバナンスと賃金制度とが組み合わさった企業像そのものについての意見，すなわち「企業観」を問うこととする．コーポレートガバナンスや賃金制度といった個々の仕組みよりも，それらが組み合わさって取り結ばれる企業像そのものの方が，国民にとってイメージしやすいものであり，社会・経済的な変数によって賛否が決定されやすいかもしれないからである．具体的には，コーポレートガバナンスに関する意見と賃金制度に関する意見を組み合わせて4種類の企業観変数を作成し，どの程度の人々が，また，どのような人々がそれぞれの企業観を抱いているのかを分析することとする．

従属変数は，コーポレートガバナンスについての意見と，賃金制度についての意見の2変数をクロスさせて作成した，企業観変数である．変数の値は，「日本型（従業員重視・年功序列）」「修正・日本型（従業員重視・脱年功序列）」[12]「米国型（株主重視・脱年功序列）」「変形・米国型（株主重視・年功序列）」[13]の4つである．独立変数としては，これまでと同様，性別，年齢，就業形態，学歴，職種，企業規模，個人年収を用いる．なお，いずれの変数とも，無回答，「わからない」は欠損値とする．

表4は，就業者のうちどの程度の人々がそれぞれの企業観を抱いているのか，すなわち企業観の分布を示したものである[14]．ここから，「修正・日本型」を支持する人々が51.7%と過半数を占め，次いで「日本型」（26.9%），「米国型」（13.9%）の順となっていることが読み取れる．

表4　企業観の分布（単純集計）（$N=754$）

|  | 年功序列 | 脱年功序列 |
|---|---|---|
| 従業員重視 | 日本型（26.9%） | 修正・日本型（51.7%） |
| 株主重視 | 変形・米国型（7.4%） | 米国型（13.9%） |

　それでは，どのような人々がそれぞれの企業観を抱いているのだろうか．表5は，「日本型」をベース・カテゴリーとした，多項ロジスティック回帰分析の結果を示したものである．ここから，以下のことが読み取れる．

　第1に，年齢が高いほど，正社員ほど，収入が低いほど「修正・日本型」を支持する傾向がある．第2に，男性ほど，高学歴者ほど，（正社員に比べ）自営業者ほど「米国型」を支持する傾向がある．第3に，（大企業勤務者に比べ）小企業勤務者ほど「変形・米国型」を支持する傾向がある．第4に，カイ二乗値の検定結果をみる限り，表3に比べてモデルの説明力も高い．

　では，表5にあらわれた結果は，どのように解釈できるだろうか．まず明らかなのは，女性，若年者，非正社員といった「日本型」経営のアウトサイダーが，必ずしも「日本型」に対して批判的ではないことである．日本の企業社会において，女性・非正社員は，男性・正社員の高待遇と引き換えに，低待遇を強いられているといわれる（大沢，1993）．また，特に1990年代以降の不況期において，若年層は中高年層に雇用機会を奪われたとされる（玄田，2001）．しかし，これらの人々は，必ずしも自分たちの利害に見合った意識を有していない．すなわち，「日本型」経営のインサイダーであるかアウトサイダーであるかは，日本人の企業観を説明するうえで，必ずしも主要な軸とはなっていない．その意味において，当初の仮説は成り立たない．

　それでは，仮説に代わる合理的な解釈は成り立つだろうか．以下，「修正・日本型」，「米国型」，「変形・米国型」の規定要因それぞれについてみてみたい．第1に，年齢が高いほど，正社員ほど，収入が低いほど，「日本型」ではなく「修正・日本型」を支持する傾向があることが確認された．「日本型」経営のインサイダーである高年齢者や正社員ほど「修正・日本型」を支持しているのは，予想外の結果である．考えられる理由は，現実に

表5 企業観の規定要因（多項ロジスティック回帰分析）

|  | 従業員重視・脱年功序列（修正・日本型） | | 株主重視・脱年功序列（米国型） | | 株主重視・年功序列（変形・米国型） | |
| --- | --- | --- | --- | --- | --- | --- |
|  | B | Wald | B | Wald | B | Wald |
| 女性ダミー | −0.166 | 0.415 | −0.650 | 3.469† | −0.274 | 0.379 |
| 年　齢 | 0.016 | 3.398† | −0.012 | 1.030 | −0.017 | 1.214 |
| 教育年数 | 0.068 | 1.443 | 0.143 | 3.734† | 0.073 | 0.614 |
| 役　員 | −0.971 | 4.978* | −0.049 | 0.008 | −0.985 | 1.930 |
| （正社員） | | | | | | |
| 非正社員 | −0.720 | 5.195* | 0.111 | 0.064 | −0.176 | 0.091 |
| 自営業等 | −0.019 | 0.003 | 0.811 | 3.052† | −0.850 | 1.898 |
| ホワイトカラーダミー | 0.133 | 0.287 | 0.065 | 0.038 | 0.060 | 0.020 |
| 29人以下 | −0.399 | 1.578 | 0.064 | 0.021 | 1.075 | 4.409* |
| 30-299人 | 0.026 | 0.008 | 0.231 | 0.315 | 0.295 | 0.323 |
| （300人以上） | | | | | | |
| 官公庁 | −0.354 | 0.721 | 0.386 | 0.574 | −0.770 | 0.816 |
| （150万円未満） | | | | | | |
| 150-350万円未満 | −0.079 | 0.064 | −0.722 | 2.759† | 0.432 | 0.496 |
| 350-650万円未満 | −0.739 | 3.524† | −0.571 | 1.258 | 0.793 | 1.201 |
| 650万円以上 | −1.442 | 8.585** | −0.794 | 1.627 | 1.248 | 2.126 |
| 切　片 | −0.015 | 0.000 | −1.375 | 1.190 | −2.161 | 1.838 |

| $N$ | 596 |
| --- | --- |
| −2LL | 1299.159 |
| カイ二乗 | 73.500*** |
| Nagelkerke $R^2$ | 0.128 |

注：1）（　）はレファレンス・グループ．
　　2）***：$p<0.001$, **：$p<0.01$, *：$p<0.05$, †：$p<0.1$．

おいて，「従業員重視かつ年功序列」の「日本型」から「従業員重視かつ脱年功序列」の「修正・日本型」への改革の多くが，経営環境が悪化するなかで企業の解体を防ぐための緊急避難的なコスト削減措置として実施されたことである[15]．それゆえ，企業において多くの「（企業）特殊訓練」を積んでいる高年齢者や正社員ほど，企業を守りたいという動機から，「修正・日本型」への緊急避難的な改革を支持しているのではなかろうか[16)17]．また，低収入者は，短期的に賃金を高めたいと考えており，それゆえ脱年功序列的な賃金制度を志向するが，他方で，低収入ゆえ投資活動とは無縁なため，株

主重視のコーポレートガバナンスには賛同しにくく，結果として「従業員重視かつ脱年功序列」の「修正・日本型」を支持しているのだと考えられる．

　第2に，男性ほど，高学歴者ほど，自営業者ほど，「日本型」ではなく「米国型」を支持する傾向があることが確認された．これら3者に共通するのは，株主ないしは経営者としての性格が，他の人々と比べて強いということである．まず，自営業者の多くは，自己資金で事業を営んでおり，株主としての性格を持っている．また，男性や高学歴者は，女性や低学歴者に比べて経営者志向が強く[18]，株主からの要請を内面化しやすい立場にあると考えられる．それゆえ，これらの人々は，株主利益の最大化を図れると考えられている「米国型」を支持する傾向があるのではなかろうか．ともあれ，戦前・戦後の歴史を通じて，高学歴者ほど先に「日本型」の企業組織の構成員となったとされるが，意識の上では高学歴者ほど「日本型」の対極にある「米国型」を志向している点は興味深い[19]．

　第3に，小企業勤務者ほど，「日本型」ではなく「変形・米国型」を支持する傾向があることが確認された．先述の通り，小企業においては，従業員の力が弱く，他方で，賃金に関しては年功序列的要素が強いという実態がある．それゆえ，小企業勤務者は，株主の利益を重視しつつ年功序列的な賃金を適用するという「変形・米国型」の企業を，身近なものとして受け入れやすいのだと考えられる．

　このように，コーポレートガバナンスに関する意見と賃金制度に関する意見を組み合わせた企業観を従属変数として多項ロジスティック回帰分析を行なったところ，女性，若年者，非正社員が改革志向的であるという当初の仮説は成り立たないものの，十分合理的に解釈でき，また，説明力も高い結果が得られた．

## 6　結論——コーポレートガバナンス改革・賃金制度改革のゆくえ

　表3にて，コーポレートガバナンス改革および賃金制度改革の支持要因を二項ロジスティック回帰分析により探ったところ，合理的に解釈できる効果が存在する一方で，仮説に合わないばかりか，それに代わる合理的な解釈

も思い当たらない効果も存在した．これに対し，**表5**にて，コーポレートガバナンスに関する意見と賃金制度に関する意見を組み合わせた企業観を従属変数として多項ロジスティック回帰分析を行なったところ，当初の仮説は成り立たないものの，十分合理的に解釈でき，また説明力も高い結果が得られた．ここから，コーポレートガバナンスや賃金制度といった個々の仕組みよりも，それらが組み合わさって取り結ばれる企業像そのものの方が，国民にとってイメージしやすいものであり，社会・経済的な変数によって賛否が決定されやすいことが明らかになった．

　そこで，第5節以降で行なった企業観の分析を踏まえて，コーポレートガバナンス改革および賃金制度改革のゆくえについて示唆されるところを，以下に述べたい．まず，就業者の企業観の分布を確認したところ，過半数が「修正・日本型」を支持していることがわかった．ここから，現在の日本企業が向かいつつあると考えられる「従業員重視かつ脱年功序列」の経営が，強い支持基盤を持っていることがわかる．すなわち，日本企業は，コーポレートガバナンスにおいては従業員重視の姿勢を堅持しつつも，賃金制度においては成果主義的傾向を強めていく可能性が高い．

　とはいえ，企業観の分布が変化する可能性がないわけではない．分析結果より，中高年者や正社員ほど「日本型」ではなく「修正・日本型」を支持する傾向があることが確認された．その理由としては，高年齢者や正社員ほど，企業を守りたいという動機から，「修正・日本型」への緊急避難的な改革を支持していることが考えられた．いわば，守りの姿勢になりやすい人ほど「修正・日本型」を支持しているという解釈である．しかし，2000年代後半に入り，企業の構造改革は一段落したと考えられる．そのなかで，守りの姿勢になる必要性が薄れることにより，年功賃金の存続に希望を見出す人が増え，再び「従業員重視かつ年功序列」を基調とする「日本型」の支持率が高まる可能性もある．すなわち，コーポレートガバナンスにおいては従業員重視の姿勢が，賃金制度においては年功序列的な仕組みが維持される可能性もある[20]．

　他方で，高学歴者ほど「株主重視かつ脱年功序列」の「米国型」を支持する傾向にあることも確認された．よって，もし今後，日本人の高学歴化が一

層進展するならば,「米国型」に対する支持が強まり,「米国型」の企業が勢力を増す可能性があると考えられる.すなわち,コーポレートガバナンスにおいて株主重視の姿勢への転換が起こり,賃金制度においても成果主義的傾向が強まる可能性がある.ただし,現状において「米国型」を支持する就業者は10%強にとどまることから,もし仮に,日本人の高学歴化が進んだとしても,近い将来に「米国型」が日本人の支配的な企業観になることは考えにくい.あくまで長期的な可能性として示唆されるにとどまる.

　もちろん,日本企業におけるコーポレートガバナンス,賃金制度のあり方は,日本人の企業観のみによって決まるわけではない.むしろ,競争力,労使および労資の力関係,経営者の考え方といった,企業内部の要因によって決まる部分の方が大きいかもしれない.とはいえ,第1節で論じた通り,企業は社会的な存在であり,国民の企業観をまったく無視した経営を行なうことは不可能である.その限りにおいて,本章の結論の意義が失われることはないだろう.

1) 深尾・森田（1997）によれば,コーポレートガバナンスとは,①企業における経営上の意思決定の仕組み,②企業のパフォーマンスに密接な利害を持つ主体相互間の関係を調整する仕組み,③株主が経営陣をモニタリングし,またコントロールする方法,の三者からなる概念として捉えられるが,本稿では,このうち②の意味でこの語を用いることとする.なお,実際には株主と従業員の利害対立だけでなく,大株主と少数株主,株主と経営者など,さまざまな軸の利害対立が問題となっている.しかし本稿では,社会的な富の分配という観点からみて,株主（働かない者）の利益が重視されるか従業員（働く者）の利益が重視されるかが,もっとも重要な意味を持つと考え,株主と従業員の利害対立に注目することとする.
2) 日本取締役協会ホームページ（http://www.jacd.jp/news/manage/100728_01report.pdf）を参照.
3) たとえば,会社が「法的にみても社会的にみても基本的に『株主の所有物』となっていること」が,英米型の企業が成立する基盤であるという（Dore, 1990=1993, p. 209）.
4) 連続的なデータが取れるのは1997年調査から2005年調査までであり,2006年調査以降は設問の形式,ワーディングが異なっている.
5)「従業員の利益」または「どちらかといえば従業員の利益」と回答した場

合「従業員重視」，「株主の利益」または「どちらかといえば株主の利益」と回答した場合「株主重視」とした．
6) 「思う」と回答した場合「年功序列」，「思わない」と回答した場合「脱年功序列」とした．
7) 専門的・技術的職業，管理的職業，事務的職業を「ホワイトカラー」，その他を「非ホワイトカラー」とするダミー変数を用いる．
8) 本稿では，2つの改革支持の間に因果関係を想定していないが，便宜的に，コーポレートガバナンス改革に関する意見を表側，賃金制度改革に関する意見を表頭に置いている．
9) 総務省「労働力調査」および厚生労働省「労働組合基礎調査」（2005年）によれば，労働組合加入率は，企業規模500人以上で41.6%，100-499人で12.3%，30-99人で3.0%，29人以下で0.2%であり，小企業ほど従業員の力が弱いといえる．他方，厚生労働省「就労条件総合調査」（2001年）によれば，基本給の決定要素として「学歴，年齢・勤続年数など」をあげる企業の割合は，企業規模1000人以上で52.8%，100-999人で73.8%，30-99人で74.6%であり，小企業であっても必ずしも年功序列的要素が弱いわけではないことがわかる．
10) ただし，自営業者と正社員の差は，統計的に有意ではない．
11) 国民生活金融公庫総合研究所が実施したアンケート調査によれば，「自己雇用者」（雇い人のいない自営業主）の開業動機の1番目は「自由に仕事がしたかった」，2番目は「収入を増やしたかった」である．国民生活金融公庫総合研究所編（2004）を参照．
12) 第1節で述べたように，昨今の日本企業において，年功序列的賃金の修正が比較的速いペースで進んでいるのに対し，従業員重視の経営から株主重視の経営への変化は必ずしも大きくない．そこで，「従業員重視かつ脱年功序列」を「修正・日本型」と呼ぶこととする．
13) 一般に，米国企業は株主の利益を重視した経営を行なっているが，賃金体系は比較的多様であることが知られている．先行研究によれば，米国の一部の大企業，中堅企業においては，ホワイトカラー層に対して社内資格ごとの範囲給が適用されており，日本企業と同様の勤続昇給が行なわれているという（Personick, 1984；小池，1993）．このことは，米国において，「株主重視かつ年功序列」によって特徴づけられる企業が存在することを意味する．このような企業は，「株主重視かつ脱年功序列」によって特徴づけられる理念型的な「米国型」の企業を，賃金面において変形させたものとして位置づけられる．そこで本稿では，「株主重視かつ年功序列」を「変形・米国型」と呼ぶこととする．

14) 表2の全体パーセントと同じである.
15) 2000年代前半の賃金制度改革が企業の解体を防ぐための緊急避難的性格を強く持っていたことについては，守島（2004），経済産業省編（2006）を参照.
16) G. ベッカーによれば，企業において多くの「(企業) 特殊訓練」を積んでいる人ほど，企業の解体によって大きな損失を蒙るとされる（Becker, 1975=1976, pp. 17-51）.
17) 設問の趣旨はやや異なるが，大竹（2005, pp. 265-287）も，本調査と近い時期（2002年）に実施された調査に基づき，高年齢者ほど右肩上がりの賃金カーブを選好しないことを示している.
18) 筆者もオブザーバーとして参加した「人事・労務管理研究会」が企業規模1000人以上の大企業ホワイトカラーに実施した調査によれば，将来役員として会社の経営にかかわりたいと考える一般社員は，性別では女性で0.4%，男性で15.6%であり，学歴ごとにみると高卒で0.6%，大卒で14.0%，大学院卒で27.3%であった.
19) 学歴別人事管理の歴史についてのケース・スタディとして，禹（2003）を参照.
20) ただし，2008年秋以降，いわゆるリーマン・ショックに起因するマクロ経済の混乱から，企業の構造改革の進捗度合とは別の次元において，社会の先行きが見通しにくい状況にあることは間違いない．よって，企業の構造改革が一段落したことが人々の意識に与える効果があらわれるのは，少なくともマクロ経済が正常な状態に戻ってからになるだろう．

## 文献

Abegglen, J. C., 1958, *The Japanese Factory*, MIT Press（山岡洋一訳, 2004, 『日本の経営』［新訳版］日本経済新聞社）.

Abeggen, J. C., 2004, *21st Century Japanese Management*（山岡洋一訳, 2004, 『新・日本の経営』日本経済新聞社）.

青木昌彦・奥野正寛編著, 1996, 『経済システムの比較制度分析』東京大学出版会.

Becker, G., 1975, *Human Capital* (Second ed.), University of Chicago Press（佐野陽子訳, 1976, 『人的資本』東洋経済新報社）.

Dore, R. P., 1990, *British Factory-Japanese Factory, with a New Afterword by the Author*, Berkley：University of California Press（山之内靖・永易浩一訳, 1993, 『イギリスの工場・日本の工場』筑摩書房［ちくま学芸文庫］）.

深尾光洋・森田泰子, 1997, 『企業ガバナンス構造の国際比較』日本経済新聞社.

玄田有史, 2001, 『仕事のなかの曖昧な不安』中央公論新社.
Jacoby, S. M., 2005, *The Embedded Corporation*, Princeton University Press（鈴木良始・伊藤健市・堀龍二訳, 2005, 『日本の人事部・アメリカの人事部』東洋経済新報社）.
経済広報センター, 2006, 『第9回 生活者の"企業観"に関するアンケート結果報告書』経済広報センター.
経済産業省編, 2006, 『「人材マネジメントに関する研究会」報告書』(http://www.meti.go.jp/press/20060810006/20060810006.html).
小池和男, 1993, 『アメリカのホワイトカラー』東洋経済新報社.
国民生活金融公庫総合研究所編, 2004, 『自営業再考』中小企業リサーチセンター.
守島基博, 2004, 「成果主義は企業を活性化するか」『日本労働研究雑誌』No. 525 : 34-37.
日本能率協会グループ広報委員会, 2010, 『第13回 新任役員の素顔に関する調査』日本能率協会グループ広報委員会.
大沢真理, 1993, 『企業中心社会を超えて』時事通信社.
大竹文雄, 2005, 『日本の不平等』日本経済新聞社.
Personick, M. E., 1984, "White-collar pay determination under range-of-rate systems," *Monthly Labor Review*, December 1984 : 25-30.
労働政策研究・研修機構, 2006, 「『多様化する就業形態の下での人事戦略と労働者の意識に関する調査』(事業所調査および従業員調査) 結果」(http://www.jil.go.jp/press/documents/20060714.pdf).
労働政策研究・研修機構, 2008, 『第5回 勤労生活に関する調査 (2007年)』労働政策研究・研修機構.
Vogel, E. F., 1979, *Japan as Number One*, Harvard University Press（広中和歌子・木本彰子訳, 1979, 『ジャパンアズナンバーワン』TBSブリタニカ）.
禹宗杬, 2003, 『「身分の取引」と日本の雇用慣行』日本経済評論社.

（付記） 本稿は, 髙橋康二 (2007)「人々はいかなる企業を望んでいるのか？──日本人の企業観からみた日本企業のゆくえ」(『年報社会学論集』第20号) を, 大幅に加筆修正して作成したものである.

# 7章 自由の規定要因とジェンダー不平等
階層測定の単位に関する論争から

内藤　準

## 1　はじめに

「自由」は現代社会でもっとも重視されている価値の1つである．第1に，自由は人生の豊かさの条件だと考えられている．何もかも他人に決められてしまう人生を，その人自身の人生だとは言い難い．それゆえ人が「自分の人生」を生きるためには，生き方は自由に選べなければならないとされる（ラズ，1996）．

第2に，自由は望ましい社会の条件としても用いられている．社会と自由との関係はおもに2つ挙げられる．まず，自由はある種の財として，それ自体が社会的分配や保障の対象になると考えられている．自由の分配は権利や資源の賦与を通じてなされる（Rawls, 1999, 2001；Sen, 1985=1988）．次に，自由は責任と結びついて社会的ルールとして用いられている（内藤，2005）．「人が自由ならば行為や結果への責任がある」とする考え方だ．この考え方は日常生活で広く受容され，各人の行為の結果である財や地位の不平等分配が適切なのか否か，是正や再分配をすべきか否かといった判断にもかかわってくる．

かくして自由は，社会的分配や不平等のあり方を経験的に分析する社会階層・階層意識研究にとっても重要な主題であり（橋本摂子，2003），「機会の平等」をめぐる研究とも問題関心において重なりあう（佐藤，2000）．そこ

で本章では,「生き方の選択の自由」に着目し,自由と分配の関係に焦点を当てることを試みる.以下,本章の構成を述べよう.

本章の議論の背景には,階層研究および階層意識研究における2つの問題,すなわち,①階層を「世帯単位」と「個人単位」のどちらで測るべきかに関して生じてきた問題と,②生活満足度や階層帰属意識とジェンダーの関係をめぐる問題がある.第2節ではこれらについて検討し,本章の課題を設定する.まず,社会の階層性を測る際の単位として「世帯」と「個人」のどちらを用いるべきかは,扱う問題領域によって異なると考えられる.そして「世帯単位」が適切になるのは「暮らし向きの豊かさ」を扱う場合であり,階層意識としては,生活満足度や階層帰属意識がこの問題領域に対応する.では「個人単位」が適切になる問題領域はどこにあるのか.そこで本章では「生き方の選択の自由」に着目することとなる.第3節では,「自由」に関する指標の先行研究を概観し,本章で使用する指標を設定する.それは,人びとが「生き方を自分で選ぶことができる」と自らいえる状況にあるか否かを捉えようとするもので,本章ではこれを「主観的自由」と呼ぶことにする.第4節では全国調査データを用いた分析をおこなう.分析を通じて以下のことが明らかになる.(1)人びとが自ら自由だといえる状況の有無は,「個人単位」の資源によって左右される.(2)個人的資源の不平等に対応して,女性の方が男性よりも生き方の自由について不利な状況におかれやすい.第5節では以上の議論から,個人単位の資源分配が重要になる問題領域として「個人の自由」があると結論し,さらなる課題を述べることにする.

## 2 背景と問題

本節では,本章の背景となる社会階層研究・階層意識研究の2つの問題について概観し,本章の課題を設定することにしたい.

**女性の階層の測定をめぐる論争——世帯か個人か**
本章の第1の背景は,階層の測定単位をめぐる社会階層研究の問いである.社会階層研究では伝統的に,人びとの社会階層を測る際には,「世帯」を

単位に「代表者の職業」で測るのが主流とされてきた．職業が階層の指標として適切だとされる理由は，それが人びとの「ライフチャンス」の包括的な指標だと考えられるからである（白波瀬，2005）．ライフチャンスの概念にもさまざまな意味がありうるが，R. ダーレンドルフ（Dahrendorf, 1979=1987）に従えば，それは「選択の自由」と「結びつき」からなる個人の生のさまざまな機会を捉える概念だと規定される．一般に，人が生活のための資源や機会を手に入れるためには何らかの労働が必要だが，とりわけ雇用による就労が発達した今日の社会では，いかなる職業に就くかによって，得られる経済的資源やさまざまな機会，さらには公私にわたる人間関係のかなりの部分が左右される．また職業は人びとのアイデンティティの一部となり，世代間で継承されることもある．それゆえ，そうした資源や機会や関係がもたらすライフチャンスの階層性を捉える包括的な指標として職業を想定するのは，ある程度理に適った考え方だろう．

　しかし，そうした職業による世帯単位の社会階層の測定に対しては，1970年代以降，フェミニズム的な視点から鋭い批判がなされるようになる．その批判の先駆となったJ. アッカーの議論では，伝統的な階層研究で女性の階層についておかれてきた6つの暗黙の前提が指摘されたが（Acker, 1973, p. 937），その論理的重複をさらにまとめると以下の3点になる．

① 階層システムにおける単位は家族である．
② 家族の社会的位置は男性家長の地位によって決まる．
③ 女性が性別を根拠に受ける不平等は，階層システムの構造とは無関係である．

　このアッカーによる批判でとくに重要なのは，女性の階層を測定するにあたって「世帯」を単位に男性の職業で代表させることへの疑念である．だがその批判は，逆に「個人」を単位として階層を測定することの難しさを照らし出すものでもあった．
　もし「世帯単位」で男性の地位によって社会階層を測定するなら，女性と男性の階層は同じになる．すると，現実社会の資源や機会の分配において，

一般に女性の方が男性より不利な立場に置かれるという事実を捉えられなくなる．しかしながら他方で，単純に「個人単位」で測定すればよいわけでもない．というのも，多くの女性が「無職（主婦）」であるため，個人単位で測定すると，彼女らの階層を測定できなくなり，そもそも階層研究の視野から外れてしまうからだ．こうなると，この困難は，職業を指標として階層研究の中心におくこと自体に対する批判につながってしまう．また，完全に「個人単位」で階層を捉えようとして，同一世帯の男女が「まったく異なる階層」にあると考えるのも，それはそれで直観的には不自然に思えるだろう．というのも実際，仮に同じ「無職」でも，豊かな世帯の人は貧しい世帯の人より，さまざまな資源や機会に恵まれていると考えられるからだ．つまり，ライフチャンスに世帯で共有される側面があることは否定できないのである．

　その後，この階層の測定単位をめぐっては，国内外でさまざまな理論的・経験的研究がなされてきたが（岩間，2008, pp. 31-37），論争を経た近年のいくつかの研究では，以下の2通りの考え方が示されている．

　1つは，世帯単位で階層を捉える妥当性を基本的に認めつつ，男女間の差については「世帯内の異質性」として扱う考え方である．この考え方では，家計と消費をともにする同一世帯の男女はライフチャンスを基本的に共有すると認めつつ，彼／彼女らのおかれた個人的な地位については，夫婦の家事・育児分担の格差や，世帯内の意思決定権限の所在によって分析しようということになる．例えば白波瀬佐和子は，女性の階層の測定をめぐる論争を受けて，夫婦の職業的地位の高低によって家族を「夫優位型」「同位型」「妻優位型」に分類し，夫優位型家族が多数を占めることが，夫の地位で妻の階層を測定する「伝統的アプローチの妥当性を意味する」（白波瀬，2005, p. 42）と述べる[1]．しかしながら「世帯内の異質性が考慮されていない点で理論的な限界がある」（白波瀬，2005, p. 45）とし，世帯内における家事・育児分担のジェンダー不平等などの分析をおこなっている[2]．

　もう1つの考え方は，「個人単位の階級所属」と「家族を考慮した階級所属」とを必ずしも同じ次元に統合して捉える必要はなく，あくまで問題領域によって適切に使い分ければよいというものだ（橋本健二，1998）．この方針のもとでは，例えばフルタイム労働者以外の場合，専業主婦は家族単位で

のみ所属階層をもつとし，パートタイム労働者は個人単位では下層労働者，家族単位ではまた異なる所属階層をもつとする，といった具合に柔軟な仕方で階層を捉えることができるとされる．

　さて，この2つの考え方は異なるものだが，世帯単位の分析を適切だとする理由については共通している．それは，世帯が「消費の単位」として機能しており，世帯単位の社会経済的資源が，世帯員全員の「暮らし向きの豊かさ」を左右するという理由である．確かに，私たちの日常生活のさまざまな機会は，世帯単位の暮らし向きに大きく規定されうる．そして例えば，個人としては無職・無収入状態にあっても，裕福な世帯に暮らしている人は，貧しい世帯の人よりライフチャンスに恵まれ「階層が高い」と考えたくなるのは確かだろう．

　しかしそのことを認めたうえでなお，重要なライフチャンスの領域は「暮らし向き」だけではないと考えることもできる．世帯単位と個人単位のどちらが適切かと単純に問うのではなく，問題領域によって使い分けるという上述した橋本の考え方は妥当だろう．そして世帯単位の分析が適切になる問題領域は，世帯単位の消費で決まる「暮らし向き」だと考えられよう．では，個人単位の分析が必要になるのは，どのような問題領域なのだろうか．暮らし向き以外に，しかも世帯内の個人ではなく社会の中の個人という広い文脈で，個人単位の資源分配について考える意味はどこにあるのだろうか．個人単位の資源分配の不平等は，男女個々人のいかなる境遇の差として現れるのか．この階層の測定単位をめぐる問いが本章の第1の背景である．

**男女の生活満足度・階層帰属意識と資源分配との非対応**

　本章の第2の背景は，生活満足度（主観的福祉）や階層帰属意識（階層アイデンティティ）とジェンダー不平等をめぐる階層意識研究の問いである．これらの意識変数は，容易に予想できるように，収入や学歴などによって強く規定されている．すなわち，収入や学歴が高い人ほど，生活に満足し，自分の階層を高いと答える傾向がある．そして周知の通り，収入や学歴などの資源については，明らかに男性の方が女性よりも多くを得る傾向にある．

　ところが，ここで1つの問題が生ずる．というのも，生活満足度や階層帰

**表1** 性別と生活満足感・階層帰属意識 (%)

|  | 生活満足感 | | | | 階層帰属意識 | | | |
| --- | --- | --- | --- | --- | --- | --- | --- | --- |
|  | 不満 | 満足 | 計 ($N$) | | 下の下＋下の上 | 中の下 | 中の上＋上 | 計 ($N$) |
| 女性 | 17.3 | 82.7 | 710 | | 15.7 | 53.7 | 30.6 | 661 |
| 男性 | 21.4 | 78.6 | 603 | | 21.9 | 49.3 | 28.8 | 584 |
| 計 | 19.2 | 80.8 | 1,313 | | 18.6 | 51.6 | 29.7 | 1,245 |

注：左：カイ二乗 =3.481, df=1, $p$=0.062. 右：カイ二乗 =7.856, df=2, $p$<.05.

属意識の分布をジェンダー間で比較しても，男性の方が女性よりも高いという傾向はとくに現れないからだ（**表1**）．これは日本社会が多くの点で女性に不利／男性に有利だという，今日の常識に照らしても不思議に思える[3]．なぜ，資源分配で男女に格差があるにもかかわらず，これらの意識にはその男女差が現れないのだろうか．

そこでこれらの意識変数がどんな要因に規定されているのか調べると，本人の個人的収入や学歴だけでなく，世帯収入や配偶者の学歴などに強く規定されていることが明らかになる（直井道子, 1990；赤川, 2000；白波瀬, 2000）．また，妻が自分の階層について判断する際には「生活全般のゆとり」や「夫の収入」を最も考慮していることも見出されている（白波瀬, 2005, p. 44）．つまり階層帰属意識や生活満足度は「世帯単位」の規定因，とくに消費にかかわる経済的要因に強く規定されているのだ．

だとすれば上の問いの一部は解かれたことになる．生活満足度や階層帰属意識に資源分配の男女差が反映されないのは，それらの意識変数と強く関連する「暮らし向き」が世帯単位で決まるからだと考えられるのだ．またこの結果は，暮らし向きの階層性については世帯単位での測定が妥当だという先に述べた直観を，人びと自身の意識から裏付ける結果だとも考えられよう．

しかしそうすると今度はまた新たな問いが立ち上がる．従来より男女間の不平等の問題性は，学問的にも日常生活の中でも，広く指摘されてきた．しかし，この「暮らし向き」を問題とする限り，男女間の不平等や階層性が告発されてきた理由が分からなくなり，その問題性がみえなくなってしまうのである．そして実際，有配偶の男女同居世帯が多い日本社会において，世帯単位の暮らし向きの男女差＝貧富の男女差はそれほど大きな社会問題とはさ

れていない[4]．では従来，ジェンダー間の不平等で何が問題とされてきたのだろうか．

そこで日本の代表的なフェミニストのひとりである江原由美子（1985,1995）の議論を参照すると，江原が問題としているのは，生きるうえでの「選択困難な状況」に関する男女の非対称性であることがわかる．それは例えば「家庭と仕事の両立」の場面で現れる．いま，ある女性が夫や子どもと同居しつつ賃労働に従事しており，キャリア継続のためにはいま以上の時間を仕事に費やさねばならないとしよう．だが日本では多くの場合，同居の男性がいても男性は家事を分担せず，長い間それが疑問視されることもなかった．このときこの女性は，家庭を維持しようとすれば「仕事上失格」とされてしまうが，職業的キャリアを維持すれば家庭が立ちゆかなくなり「妻失格」とされてしまうことになる．このような状況において，女性はいずれにせよ不本意な結果をともなう困難な選択を余儀なくされる．他方，男性にはこのような困難な選択の状況は現れにくい．少なくとも近年にいたるまで，男性は職業的キャリアの継続を選べば，それだけで家庭に対する責任をも果たしているという承認が得られてきたからだ．

この例が示しているのは，性別や家族や職業をめぐる社会規範が絡み合うなかで，たとえ強制されるわけではなくとも選択の自由が実質的な意味をもつとはいえないような状況が，男女間に不平等に分配されているという可能性である．ここで問題とされているライフチャンスは単なる「暮らし向き」ではなく，したがってそれに対応した生活満足度や階層帰属意識に反映されると考えることもできない．そうではなく，ここで問題となるのはさまざまな「生き方の選択の自由」が男女に不平等に配置されている可能性なのであり，それに対応する何らかの「閉塞感」のような意識が，男性より女性に多く現れるか否かを確かめなければならないのである．

選択の自由はライフチャンスの重要な次元の1つであり重要な個人主義的価値でもある．したがって，個人が生き方を自由に選べるといえる状況の有無と，個人への資源分配の不平等とが結びついているならば，「世帯単位」でも「世帯内の多様性」でもなく，「社会のなかの個人」を単位に社会経済的資源のジェンダー不平等を分析するべき問題領域が見出されることになる．

そこで次節からは，上述の閉塞感ないし選択の自由の認識についての指標を用いて，個人的資源の男女差に応じた男女差があるかどうか，分析を試みることにしたい．

## 3 「主観的自由」の指標と関連する先行研究

### 生き方の選択の自由の意識指標

以上の議論を踏まえて以下では，人びとが自ら「生き方の選択の自由」を報告できるような状況が，どのような資源によって与えられるのかを明らかにし，資源分配の男女差の意味の一側面を考えてみたい．そのために本章で用いるのは次の項目である．

質問：あなたの生活は，［ここに挙げた文章に］どの程度あてはまると思いますか．
「自分の生き方や暮らし方は，おもに自分の考えで決めることができている」5)
選択肢：「かなりあてはまる」「あてはまる」「あまりあてはまらない」「あてはまらない」

以下ではこの項目を「主観的自由」の指標と呼ぶことにしたい．一口に「自由」といっても多様な意味があるが，この項目はとくに「自分の生き方を自分の考えで追求できる」こと，つまり生き方を自律的に選択する自由に関係すると解釈できる．これはリベラリズムにおける自由の中心的な考え方の1つで，自分の選択に対して他者から強制や干渉を受けない「消極的自由」の保障が必要とされる（Berlin,［1969］2002）．

今日こうした生き方の選択の自由は，所有や経済活動などの私的行為・移動・言論・結社の自由などを認める市民的権利の一部として，近代市民社会の基本原理であるシティズンシップのうちに法的に組み込まれている（Heater, 1999=2002）．だがそうした自由の実質性は，法が形式的に与える権利のみでは決まらず，個人ごとの資源や立場に応じて変化しうる（Sen, 1985=

1988, 1999).例えば,他人の干渉をうけずに選択する権利があっても,そもそも選択肢として利用できる手段や資源がなければ,実質的には選択などできない.また資源が不十分だと他者の影響力を逃れられず,判断を自由に下すことも難しくなりかねない.では現代の日本社会では,実際にどのような資源や手段が重要なのか.ジェンダーとの関連はあるのか.以下の分析ではそのことを明らかにしていきたい.

なお,この指標が「生き方の選択の自由」の指標として意味的に妥当であるか否かは,他の変数との関連からも検討できる.内藤準(Naito, 2007)は本章と共通する指標を用いて,シティズンシップに含まれる他の2つの権利,すなわち政治的自由を保障する政治的権利と,一定の資源などを保証する社会的権利に対応する意識変数との関連のパターンを調べ,まずは意味的に妥当性があると考えられることを示している.またその基礎となる理論的な検討についても内藤(Naito, 2007)を参照されたい.

### 選択の自由にかかわる意識指標

本章で用いる主観的自由の特徴を明らかにするため,「選択の自由」にかかわる意識指標の先行研究を検討しておきたい.もちろん本章で用いる指標も,そうした先行研究を参考にして設定されたものである.

自由に関連する意識指標を用いた研究としては,第1に,社会心理学・政治心理学における「統制感(perceived control)」研究が挙げられる[6].統制感の概念や指標には多数のバリエーションがあるが,基本的には「行為者が望む結果を意図的にもたらすことができる,または望まない結果を意図的に避けることができる程度」(Skinner, 1996, p. 554)の知覚・信念として定義される.この「統制」の概念は何らかの自由を含むので,自律性や選択の自由に引きつけた解釈もなされている(Lane, 2000, p. 270).統制感と資源分配との関連については欧米で数多くの大規模調査がなされており,有利な社会経済的地位(高収入,高学歴,健康,白人,男性など)の保持者が,高い統制感を示す傾向が繰り返し見出されている(Gurin *et al.*, 1978;Campbell, 1981;Lachman and Weaver, 1998).

第2に,M.コーンらの研究を中心とし,日本では直井優らによって展開

された「セルフ・ディレクション」に関する研究がある（吉川編，2007）．これは社会階層の重要な要素である「職業」に注目し，職場での自己決定機会の有無や，自律的なパーソナリティの有無に幅広く照準した一群の研究であり，個人に自律性を与える職場の状況（職業のセルフ・ディレクション）と，個人の自律的なパーソナリティ（パーソナリティのセルフ・ディレクション）とが，相互に促進する因果関係を明らかにしようとしている．

第3に，日本国内の研究として，1995年SSM調査を用いた村尾祐美子（2003）の「仕事の場における事柄決定力」が挙げられる．村尾は仕事に対する「統制力」という資源が，男女間で公平に分配されているか否かを検討している．村尾の「事柄決定力」はこの統制力を意識指標で測定しようとするもので，①自律性（自分の仕事についての決定力），②監督的権限（部下の仕事についての決定力），③意思決定権限（組織的な決定事項に関する決定力）の3要素で構成され，計4つの質問項目を総和した尺度が用いられる．

こうした先行研究の指標や知見は貴重である．しかし，個々人への資源分配のあり方が，職場や家庭内に限らず社会生活一般を文脈とする「生き方の選択の自由」にどのような違いをもたらすのかを明らかにしたいという本章の目的に照らすと，いくつか考えなければならない点がある．大まかにいえば，1つは，指標の解釈に関する理論的前提について，もう1つは，指標が想定する生活の文脈についてである．

まず「統制感」を階層研究に応用する際の最大の問題点は，指標の解釈における理論的前提にある．社会心理学的な統制感研究では多くの場合，統制感を学習過程によって個人のパーソナリティに培われた長期的な心理的傾向性の指標として解釈する（Bandura, 1977；Rotter, 1966）．いわば統制感は個人の性質の指標なのである．とくに近年の統制感研究では，統制感の意味を「社会的な自由」に結びつけるのではなく，健康や主観的福祉を高める「心理学的原因」として注目するものが目立つ（Lachman and Weaver, 1998）．これはおそらく，指標の解釈の前提となる理論枠組みが，統制感を「個人の心理学的性質」として捉えていることによる．

それに対して本章では，上述の主観的自由を，状況に関する人びと自身の報告だと解釈する．すなわち，人びとが，自らを取り巻く社会経済的資源や

社会関係などの状況について，自分で生き方を選ぶことができる状況なのか否かを述べているものと考える．このように考えれば，主観的自由は状況に関する人びとの認識の指標となり，人びとが自由だと感じられる状況をもたらす資源を明らかにするような，政治・経済・社会的文脈での研究に無理なく向かうことができるようになる．

次に，村尾の「仕事の場における事柄決定力」は労働の文脈に照準したものだが，本章ではより広い社会生活における生き方の選択を考えている．自律性などの指標には共通する要素があり大変参考になるが，生活全般を文脈とする生き方の選択の自由についてはそれなりの調査項目を新たに立てる必要がある．そして本章のように広く社会生活一般における生き方という文脈に照準することは，自由な決定の男女差に関して職場という制度的文脈に固有の要因を明らかにした村尾（2003）の知見の意義をより高めることになるだろう．

最後に，セルフ・ディレクションに関しては，その「パーソナリティのセルフ・ディレクション」と「職業のセルフ・ディレクション」の2つの側面に，それぞれいま述べてきたことが当てはまる．前者は統制感研究と同じく，個人の傾向性に注目するものであり，状況の自由度に注目する本章とは理論的な前提が異なる．後者は，本章と同じく状況が個人に許す自由の程度に注目するものだが，やはり基本的に職場という制度的文脈に照準するものであるという点で本章とは異なっている．

以上，先行研究の指標と比較することで，本章における主観的自由の考え方の特徴を明らかにした．本章では，社会生活一般という文脈における，人びとの生き方の選択の自由に焦点を当てる．そして，主観的自由の質問に対する回答は，人びとの心理学的な性質というよりは，彼／彼女自身をとりまく状況の自由さについての報告だと解釈する．以下ではこの道具立てを用いて，その状況を規定する社会経済的資源を明らかにし，その資源分配の不平等の意味を考えることにしたい．

## 4 分 析

### データ

では，主観的自由の指標を用いて，人びとが生き方の選択が可能だといえるような状況をもたらすのがいかなる社会的資源なのかを明らかにしていこう．分析には2005年の「福祉と公平感に関するアンケート調査」（東京大学社会学研究室）データを用いる．この調査は，日本全国の20歳から79歳までの男女有権者から層化二段無作為抽出法で選ばれた3000人を対象に面接形式で行われた．第1次抽出単位は国勢調査の「基本単位区」（205地点）とした．有効回収数は1320（44.0%）であった[7]．

### 主観的自由の分布と男女差

まず，主観的自由の分布を，性別とのクロス表で確認しておこう．

表2からは，以下の2つのことが分かる．第1に，「ある程度あてはまる」と「かなりあてはまる」を合わせた，自分で生き方を決められるという肯定的な回答は，全体で86.8%と大きな割合を占めている[8]．しかし第2に，そのなかでもジェンダーで分布が異なる．男女で比べてみると，「かなりあてはまる」については男性が10%ポイントほど高く，「（あまり）あてはまらない」という否定的な回答の割合は女性の方が高いという，統計的に有意な関連がみられる．すなわち主観的自由と性別の間には「男性の方が女性よりも自分の生き方は自由に選べると報告しやすい」という関連がある．これは生活満足度や階層帰属意識とは異なる重要な性質である．

では主観的自由を高める，すなわち人びとが生き方を自由に選べると報告しやすい状況をもたらすのはどんな資源なのか．そして主観的自由に関するジェンダー間の差は何によってもたらされるのか．次にこれを明らかにしていこう．

### 主観的自由の規定因

ここでは，主観的自由の分布を規定する社会経済的資源が何なのかを明ら

表2 性別と主観的自由 (%)

| | 自分の生き方や暮らし方は自分の考えで決めることができている | | | | |
|---|---|---|---|---|---|
| | あてはまらない | あまりあてはまらない | ある程度あてはまる | かなりあてはまる | 計 (N) |
| 女 性 | 3.4 | 13.4 | 51.2 | 32.0 | 703 |
| 男 性 | 1.5 | 7.5 | 48.7 | 42.3 | 600 |
| 計 | 2.5 | 10.7 | 50.0 | 36.8 | 1,303 |

注：カイ二乗 =24.953, df=3, $p<.001$.

かにするため，いくつかの代表的な社会経済的資源を説明変数とし，主観的自由を被説明変数とした，ロジスティック回帰分析をおこなう．

1) 変数の説明

被説明変数は「主観的自由」である．ただしこの分析では，該当者がとくに少ない「あてはまらない」を「あまりあてはまらない」と統合した変数を用いる．新たな値は，2：かなりあてはまる，1：ある程度あてはまる，0：（あまり）あてはまらない，の3段階であり，値が大きいほど，その人が自分の状況に見出す生き方の自由の程度が大きいことになる．

説明変数は以下のものを用いる[9]．まず「年齢」と「性別」は個人の基本的な社会的立場を左右しうる変数であり，さまざまな変数と関連しているため，他の変数の効果を見極めるために統制する必要もある．年齢には15歳間隔のダミー変数を用いる（基準カテゴリーは「20-34歳」）．性別には「男性」のダミー変数を用いる（基準カテゴリーは「女性」）．

次に，収入，教育，健康の3つは，個人の自由を拡大する基本的資源として有力なものだと考えられる．実際これらの資源はA.セン（Sen, 1985=1988, 1999）らの自由論に依拠した国連開発計画の人間開発指数（HDI）の指標ともされる[10]．そこで本章でも，これらの資源の有無が，生き方の選択の自由に関する人びとの報告を左右するか確かめる．

収入の指標には「本人収入」と「世帯収入（本人以外）」の変数を用いる（単位は百万円）．「本人収入」は市場を通した活動の手段であり，それがなければ生活上のさまざまな事柄について他者（多くの場合は家族）に依存する必要も生ずる．「世帯収入（本人以外）」は，本人を除く世帯全体の収入で

あり，世帯単位の消費を通じて暮らし向きの豊かさに影響を与える．教育の指標には最終学歴の各ダミー変数を用いる（基準カテゴリーは「義務教育」）．健康の指標には回答者の自己申告による健康状態を用いる．「とてもよい」から「悪い」まで5段階の選択肢のうち，上位2つをまとめて「よい」としたダミー変数を用いる（基準カテゴリーは「ふつう・悪い」）．

次に，就業状況は社会政策論の社会的排除アプローチでもとくに重要性が強調されている要素である（Bhalla and Lapeyre, 2004=2005）．賃労働に従事することは個人が家庭外の社会的活動にアクセスする道を確保し，資源を入手して人間関係や自尊感情を保持するための手段となりうる．「現有職」のダミー変数を用いる（基準カテゴリーは「現無職」）．

最後に，家族・婚姻関係には個人に物質的・精神的支援を与える機能がつねに期待されてきた．だがフェミニズムの議論で強く指摘されてきたように，家族には，女性と男性にまったく異なる家庭責任・稼得責任を割り振り，ジェンダー間の資源の格差や権力の非対称性をもたらす制度として働く側面もあると考えられる（江原，1995）．ここでは，家族・婚姻関係として「配偶者あり」のダミー変数（基準カテゴリーは「配偶者なし」）と，「世帯人数」を用いる．「配偶者なし」は未婚と離死別からなる．世帯員の人数は世帯収入の1人あたりの取り分を左右するので，上述した「世帯収入（本人以外）」の効果を確かめるために統制する必要もある．

2) 結　果

表3は，上記の変数を用いた順序ロジスティック回帰分析によって推定された回帰係数を示している．プラスの回帰係数は，その独立変数の値が大きくなるほど（ダミー変数の場合，そのカテゴリーを基準カテゴリーと比べて），大きな主観的自由の値がでる確率が高まることを意味する．マイナスの係数はその逆の効果があることを意味する．

重要なポイントを確認しよう．第1に，(1)本人収入，(2)学歴，(3)健康状態，の3つの資源が，主観的自由に対して統計的に有意なプラスの効果をもっている．つまり，現代の日本社会において，より多くの本人収入をもち，より高い学歴をもち，より健康であることは，生き方を自分で選べると述べ

表3 主観的自由のロジスティック回帰係数

|  |  | 主観的自由 | |
|---|---|---|---|
|  |  | 係　数 | 標準誤差 |
| 性　別[a] | 男　性 | −.006 | .169 |
| 年　齢[b] | 35-49歳 | −.056 | .247 |
|  | 50-64歳 | .280 | .245 |
|  | 65-79歳 | .422 | .282 |
| 収　入 | 本　人 | .101** | .034 |
|  | 世帯（本人以外） | −.008 | .023 |
| 学　歴[c] | 高　校 | .336+ | .191 |
|  | 短大・高専 | .389 | .258 |
|  | 大学以上 | .656* | .260 |
| 健康状態ダミー[d] | よ　い | .312* | .138 |
| 配偶者ダミー[e] | 配偶者あり | −.035 | .196 |
| 世帯人数 |  | .028 | .054 |
| 現就業ダミー[f] | 現有職 | −.260 | .182 |
| しきい値 | $t=1$ | −1.249*** | .350 |
|  | $t=2$ | 1.383*** | .349 |
|  | $N$ | 817 |  |
|  | −2 log likelihood | 1480.497 |  |
|  | Model カイ二乗$^2$ | 38.637*** |  |

注：a 基準カテゴリーは「女性」；b 基準カテゴリーは「20-34歳」；c 基準カテゴリーは「義務教育」；d 基準カテゴリーは「ふつう・悪い」；e 基準カテゴリーは「配偶者なし」；f 基準カテゴリーは「現無職」.
$^+p<.1$, $^*p<.05$, $^{**}p<.01$, $^{***}p<.001$.

やすい状況をもたらす効果があるということがわかる．

　これら主要な資源の効果については以下のように解釈できるだろう（Naito, 2007）．まず，現代の日本ではさまざまな活動の選択肢や機会が市場を通じて供給される．「本人収入」はそうした選択肢や機会を利用する主要な手段となる．「学歴」は職業選択などの際に「資格」の障壁を除去し選択の幅を広げる．またさまざまな選択のための能力や知識を与えることも考えられる．「健康状態」は日常的活動の全般において自らの決定で行動できるかどうかに影響する．また身体的に不調のある人は他人の支援を必要とし，他人からの干渉も起こりやすくなる．かくしてこれら3つの資源は，人びとが生

き方を自分で選べると述べやすい状況をもたらすのだと考えられる.

　第2に,「本人収入」とは違って「世帯収入(本人以外)」には効果がない点が, とくに注目に値する. 従来の研究では「消費の単位は世帯」であり, 同一世帯の人びとはさまざまなライフチャンスを共有すると明に暗に想定されてきた一方で, 個人の自由には照準があてられてこなかった. だがこの結果には, 生き方の選択の自由にとって本人以外の世帯員の収入は有効な資源ではなく, 自由に資するのは個人的な資源だけだということが示唆されている. 例えば, 十分な本人収入があれば自分の考えで使えるし, 他者に依存する必要がないため, いざとなれば家族から離脱しても困らない. だが本人収入が不十分なら他人に頼らざるを得ず, 他人の収入はたとえ家族でも自由には使えない. 結局のところ個人的な資源のみが, 個人が自由であるための「独立性(independence)」をもたらすのである.

### 主観的自由の男女差の検討

　前項の分析によって, 人びとが生き方を自らの考えで選べると述べやすい状況をもたらす個人的資源として, 本人収入, 学歴, 健康があることが明らかになった. なかでもとくに注目されたのが, 本人収入には主観的自由を高める有意な効果があったのに対し, 本人を除く世帯収入にはそのような効果がなかったことである. この分析結果は, 生活満足度や階層帰属意識といった変数が「世帯単位」の特性を示すのとは鋭い対照をなしている[11].

　そして, 表2によれば, 生活満足度や階層帰属意識とは異なり, 主観的自由では男性が高く女性が低いという男女差が現れるのだった. それでは, この男女差は実際にジェンダー間の資源分配の不平等を反映したものなのだろうか.

　これを検討するには, 先ほどのロジスティック回帰分析で推定された回帰係数を用いて, 男性と女性の主観的自由について予測確率を計算するのが有効だと考えられる. ここでは, とくに男女における分布の違いが明白であり, 「世帯収入(本人以外)」とは異なる効果をみせた「本人収入」の男女差によって, 主観的自由の予測確率にどのような男女差が現れるかを検討してみたい.

**表4 主観的自由の観測度数と予測確率**

| | | | 自分の生き方や暮らし方は自分で決めることができている | | | |
|---|---|---|---|---|---|---|
| | | | （あまり）あてはまらない | ある程度あてはまる | かなりあてはまる | 合計 |
| 女性 | 度数 | | 61 | 214 | 143 | 418 |
| | 相対度数 | | 0.146 | 0.512 | 0.342 | 1.000 |
| | 予測確率 | | 0.125 | 0.540 | 0.335 | 1.000 |
| 男性 | 度数 | | 34 | 203 | 162 | 399 |
| | 相対度数 | | 0.085 | 0.509 | 0.406 | 1.000 |
| | 予測確率 | | 0.097 | 0.501 | 0.402 | 1.000 |
| 全体 | 度数 | | 95 | 417 | 305 | 817 |
| | 相対度数 | | 0.116 | 0.510 | 0.373 | 1.000 |
| | 予測確率 | | 0.110 | 0.523 | 0.367 | 1.000 |

注：カイ二乗＝8.710, df=2, $p<.05$（観測値のクロス表）．予測確率の計算には，「本人年収」のみ各性別の平均値を用い，それ以外はすべて全体の平均値を用いた（したがって，男女で異なるのは「本人年収」のみである）．

　表4は，男女それぞれの主観的自由について，実際に観測された度数および相対度数と，予測確率を示したものである．この予測確率の計算には，「本人収入」のみ男女それぞれの平均値を用いており，それ以外の変数はすべて全体（男女共通）の平均値を用いている．したがって，この予測確率の分布における主観的自由の男女差は，もっぱら本人収入の男女差によって説明されることになる．

　まず，表4の相対度数の分布をみると，「かなりあてはまる」において男性の方が6.4%ポイント高く，逆に「（あまり）あてはまらない」は6.1%ポイント低くなっている．この主観的自由と性別との関連は統計的に有意であり，あまり大きな差とはいえないが，男性の方が女性よりも高い主観的自由を示す比率が高いことが分かる[12]．

　次に予測確率の分布をみると，女性の「（あまり）あてはまらない」が実際の相対度数よりやや少ないものの，「かなりあてはまる」は男性の方が多く，「（あまり）あてはまらない」は女性の方が多いという分布が，実際に観測された相対度数の分布にかなり近い形で再現されている．つまり，観測された主観的自由の男女差は，「本人収入」という個人的資源の男女不平等な分配によって，ある程度うまく説明されることが分かる．

以上より，男性の方が高く女性の方が低いという主観的自由の男女差は，やはり「本人収入」をはじめとする資源分配の男女差でもたらされていたのだと考えられる．この分析結果は「自由」の個人主義的な特性を反映している．消費の単位である世帯のメンバーが社会経済的資源を共有し，基本的な暮らし向きとライフチャンスを共有するという面は確かにある．しかしその一人ひとりが，社会生活において自らの考えで生き方を選択できると考えられるか否かは，本人収入などの個人的資源によって規定されるのである[13]．

## 5　結論——まとめと考察

社会階層に関わる意識変数として伝統的に注目されてきた生活満足度や階層帰属意識は，世帯単位の暮らし向きに強く規定され，男女個人への資源分配の差が反映されなかった．それに対して主観的自由は世帯単位の資源に規定されない．その結果，主観的自由には，本人収入のような個人単位の資源分配を反映した男女差が現れることが明らかになった．

本節では以上の結果から，本章の問題設定の背景となった2つの議論，すなわち階層の測定に関する「世帯か個人か」をめぐる問いと，生活満足度や階層帰属意識には現れないジェンダー不平等に関する問いに対して，どのような示唆が得られるかを考えておこう．

1970年代以来続けられた女性の階層の測定をめぐる論争では，「世帯単位」と「個人単位」どちらが適切なのかが問われてきた．だが人びとのライフチャンスは生活の多様な文脈で複合的に構成されるものである．それゆえ，上の問いへの答えも問題領域によって異なりうる．ひとくちに「社会階層」や「不平等」といっても，生活のどのような文脈に注目し，何の階層性や不平等を問題とするかで，自ずと適切な測定や分析の単位も異なってくるだろう．

全般的な「暮らし向き」の豊かさやその不平等を問題にするときには「世帯単位」の測定が適切になりうる．同じ「無職」であっても単純に同じ階層として扱うことはできず，他の世帯員の社会経済的地位も考慮すべきだという考えがもっともらしいのは，消費の単位である世帯の経済状態によって個

人のライフチャンスが決まるという側面があることは否定できないからである．そして実際，人びとの生活満足度や階層帰属意識は，世帯単位の資源に強く規定されている．この事実は，人びとの暮らし向きの階層性が世帯単位で決まるという上の考えの適切さを裏付けるものでありうる．

それではもう一方の「個人単位」で問題とされるべき不平等とは，どのようなものなのか．この疑問に答えるため本章で着目したのが，ライフチャンス概念の重要な側面をなす「選択の自由」であった．

従来，世帯単位で暮らし向きが決まることを認めたうえでの男女個々人の不平等は「世帯内の異質性」とされ，例えば「世帯内の意思決定権限」や「家事分担」の不平等が分析されてきた．だがそれらはあくまで「世帯単位の活動」における個人間の不平等であり，単身世帯は分析からも除外されてしまう．他方，生き方の選択の自由は，文脈を世帯内に限らず「個人単位」で決まるものである．そこで本章では，主観的自由の指標を用いて規定因を分析し，以下のことを明らかにした．(1) 人びと自身が生き方の自由を報告しやすい状況を生み出すのは，本人収入や学歴のような個人単位の資源である．(2) 本人以外の世帯収入は暮らし向きを高めたとしても，個人が自由だといいやすい状況の有無には影響しない．(3) それゆえ，個人的資源の男女差を反映して，男性の方が女性より大きな主観的自由を報告する確率が高くなっている．

「世帯単位の暮らし向き」ではなく，社会のなかで生き方を選ぶ「個人の自由」も現代社会における重要な価値である．そして実際，そうした自由があるといえる状況の有無は，本人収入のような個人単位の資源分配によって左右されていた．この結果は，個人単位の資源の階層性や不平等がはらむ問題性を「個人の自由」という視点から照らし出すものである．そしてそれをジェンダー不平等という視点からみれば，社会的な資源分配のメカニズムが男女非対称であることの問題性も浮き彫りになる．

男女が同じ世帯に暮らすとき，暮らし向きの豊かさは共有されうる．しかし個人の資源による生き方の自由度は異なってくる．例えば本人収入の有無は，市場における選択肢の利用可能性を規定し，家族をはじめ他人に依存せざるを得ないか否かを左右する．それゆえ，女性のキャリア継続が男性より

難しく，本人収入が低くなりやすいという社会構造や社会規範の存在は，女性にとって生き方の自由な選択が難しくなりやすい社会を作り出していることになる．このことはたとえ世帯単位の生活への不満には現れなくとも，ある種の生き難さとして男女の不平等を問題化する動機となるだろう．生活満足度や階層帰属意識の男女差には現れないにもかかわらず，つねにフェミニズムによって男女の生き難さのちがいが告発されてきたのはこうした動機によるのではないだろうか．かくして，資源分配の不平等を「個人単位」で扱うことが適切となる問題領域の1つとして「個人の自由」を考えることができる．そしてそこから，個人的資源の男女不平等の問題性を捉えることもできる．

以上，本章では「主観的自由」を用いて，個人的資源の分配と生き方の選択の自由に関するジェンダー不平等を分析してきた．最後に，この「自由」の主題をめぐる注意事項と，今後なされるべき社会学的課題について述べておきたい．

本章で扱った自由の指標は，個人の自由をその人自身の認識・報告を通して捉えるという意味で，「主観的自由」と呼んできた．だがこの呼び方は少しミスリーディングなものでもある．というのも「主観的」という言葉は，他方で人びと自身の認識とは無関係に測定可能な「客観的自由」があるという考え方を惹起してしまうからだ．こうした考え方は量的分析手法を用いる社会学者にしばしばみられ，多くの場合，人びとの曖昧な主観的報告（意識指標）よりも，人びとの主観によらない客観的指標の方が優れているという想定を伴う．こうした想定からは，「はじめから客観的自由を測定し分析すべきではないか」といった単純な批判が生じやすい．

こうした考え方は分かりやすいが，自由というテーマを扱う際にはうまくいかない．そもそも自由という観念自体，こうした「主観的／客観的」という単純な区別を許さないものだからである（Sugden, 1998）．実際，われわれには物理的・客観的に実行不可能な事柄が無数にあるが，そのどれが重要な「不自由」だといえるかは，われわれが意味的に作り出している制度的文脈や，主観的に保持している価値観や規範に枠づけられている．同様に，ある人に客観的に帰属される財や地位が，その人に何らかの選択の自由を与え

ているか否かも，単にそれがあるという事実から自動的に分かるわけではない．

例えば，本章の分析によれば，個人の「生き方の選択の自由」にとって，本人以外の世帯員の収入は無関係だと考えられた．しかし，今日の社会において世帯が基本的な暮らし向きを決める単位として機能している以上，本人以外の世帯員の収入がある程度自由に行使しうる資源として高い主観的自由の報告をうながしたとしても，なんら不思議ではない．そしてその場合には，男女間の個人的資源の不平等が主観的自由の不平等に現れることもなかっただろう．だが実際には，個人の自由という点から見ると，同じ世帯でも本人と本人以外の収入の意味はまったく異なる．こうした事実も客観的な属性から自動的に分かることではなく，調べて初めて分かったことだ．

このように，どんな客観的資源や地位が個人の自由に資するかは，ある時点の当該社会における人びとの価値観や規範，それらが構成する制度的文脈によって異なりうる．したがって，いまわれわれの社会においてどのような資源や地位が個人の自由に資するのかは，今回用いた「主観的自由」のように人びと自身の報告を頼りにしながら，経験的に明らかにしていかなければならない．外形的な資源や地位を自由の客観的指標として用いることができるのはそのあとである．今回は「生き方の選択の自由」というきわめて広範な社会生活を文脈とする自由について分析した．だが今後はさらに，学歴選択，職業選択，職場での活動，家庭，友人関係といった多様な社会的文脈それぞれについて，研究者の独断や常識によらず，資源や地位と自由との関係を丹念に明らかにしていく必要があるだろう[14]．

1) もっとも，階層的地位を個人単位で捉える個人的アプローチの背後には，そもそも同一世帯の男女を自動的に同じ階層とみなすこと自体への批判がある．それゆえ，たとえ夫優位型家族が圧倒的多数でも，個人的アプローチが妥当でないとはいえない点には注意しておこう．
2) 家族社会学に階層研究の視点を組み込む岩間暁子（2008, p. 48）も，「家族が社会経済的資源を共有する単位であるという面を考慮しつつも，個人が保有する社会経済的資源の違いやジェンダーが，家族成員間の関係性に及ぼす影響にも目を向ける必要がある」と述べ，夫婦間の家事・育児分担や世帯

内の意思決定権限の所在など世帯内の異質性に注意を向けている．
3) 本章で扱う「福祉と公平感に関するアンケート調査」データでも，「性別による不公平」の存在を 74.2% の人が認めており，男女でほとんど差はない．
4) もちろん単身・単親世帯の場合，男女の格差は貧富の差に直結する．なお，この議論で説明できるのは，収入や学歴の男女差が，生活満足度や階層帰属意識の男女差にならないことまでである．むしろ女性の方が若干高くなる傾向については数土直紀（1998）などを参照．
5) 「生き方や暮らし方」という点がダブルバーレル的で曖昧だという指摘もありうるが，十分に明確で意義のある分析結果が出たため，本稿ではひとまずこの指標を用いて議論をおこなう．指標の改善は今後の課題であり，新たな調査の機会をまたねばならない．
6) この分野の研究に倣って，本稿では「統制感」を "internal locus of control", "self-efficacy", "sense of personal control" などの総称とする（Skinner, 1996）．
7) 大都市圏（東京 23 区および政令指定都市）での回収率は低く（34.6%），2005 年の国勢調査と比較して若年者や未婚者の割合が若干小さいなどの特徴が見られた．
8) このように高い割合の人びとが肯定的な回答をしていることは，主観的自由の有無やその規定因を分析する意義がないことを意味しない．第 1 に，本稿で明らかにするのは，主観的自由の規定因であり，それがもたらす男女差である．それゆえ肯定的な回答の割合が高いことは即座に分析の障害とはならない．第 2 に，例えば JGSS や SSM 調査の「幸福感」や「生活全般満足度」でも，「不幸」や「不満」の側の回答の割合はかなり低い．だが数多くの主観的福祉研究から分かるように，この「不幸」や「不満」が取るに足らないとか，その規定因を明らかにする意義がないわけではない．主観的自由についても同じことである．なお，**表2** の分布では「ある程度あてはまる」が 50.0% を占めることから，「どちらともいえない」という中立的な選択肢があれば，肯定的な回答率が高いという結果は変わる可能性も考えられる．こうした点については今後の調査の機会をまたねばならない．
9) 各説明変数については**付表**も参照．
10) HDI は 1 人あたり GDP，成人識字率，就学率，平均余命から構成される（UNDP, 2006）．
11) なお，**表3** と同じ説明変数を用いて回帰すると，生活満足度でも階層帰属意識でも「世帯収入（本人以外）」が有意なプラスの効果を示した．また，先行研究にならって「配偶者学歴」を入れた場合にも，主観的自由に対する

付表　分析に使用した変数の要約統計

| 変数名 | N | 最小値 | 最大値 | 平均 | 標準偏差 |
| --- | --- | --- | --- | --- | --- |
| 性別ダミー（1：男性，0：女性） | 817 | 0 | 1 | .488 | .500 |
| 年齢ダミー | | | | | |
| 　20-34歳 | 817 | 0 | 1 | .119 | .324 |
| 　35-49歳 | 817 | 0 | 1 | .266 | .442 |
| 　50-64歳 | 817 | 0 | 1 | .351 | .478 |
| 　65-79歳 | 817 | 0 | 1 | .264 | .441 |
| 本人収入（百万円） | 817 | 0 | 20.75 | 2.828 | 2.850 |
| 世帯収入（本人以外，百万円） | 817 | 0 | 40.00 | 2.930 | 3.423 |
| 学歴ダミー | | | | | |
| 　義務教育 | 817 | 0 | 1 | .209 | .407 |
| 　高　校 | 817 | 0 | 1 | .483 | .500 |
| 　短大・高専 | 817 | 0 | 1 | .136 | .343 |
| 　大学以上 | 817 | 0 | 1 | .171 | .377 |
| 健康状態ダミー（1：よい，0：ふつう・悪い） | 817 | 0 | 1 | .501 | .500 |
| 配偶者ダミー（1：配偶者あり，0：配偶者なし） | 817 | 0 | 1 | .824 | .381 |
| 世帯人数 | 817 | 1 | 8 | 3.259 | 1.479 |
| 現就業ダミー（1：現有職，0：現無職） | 817 | 0 | 1 | .624 | .485 |

　　有意な効果はなかった．
12)　表4では表2よりも分析に使用可能なケース数が減っており，その減ったケースの分で主観的自由の男女差が減少したと考えられる．ただし，減った分のケースに何らかの特徴があるのかについて今回のデータからは検討できなかった．
13)　もちろん，学歴変数についても男女別の平均値を用いて予測確率を求めれば，男女不平等な分布がより明確に再現される（女性の左列から順に0.128, 0.543, 0.329．男性の左列から順に0.094, 0.497, 0.409）．しかし今回は本人収入と世帯収入の効果の違いにとくに注目しているため，本文中では本人収入の男女差のみ考慮した予測確率を示した．
14)　こうした主観と客観との複雑な関係は，実は階層研究における基本事項でもある（原・盛山，1999）．富永健一によれば客観的な「資源」自体，そもそも人びとの主観的欲望の対象であることによって定義される（富永編，1979）．職業階層の客観的指標として用いられることが多い職業威信スコアも，もとは人びとの主観的な評価を集計して構成した得点である（直井優，

1979).しかし,この理論的な基本事項はしばしば忘れられている.

## 文献

Acker, Joan, 1973, "Women and Social Stratification：A Case of Intellectual Sexism," *American Journal of Sociology*, 78(4)：936-945.

赤川学,2000,「女性の階層的地位はどのように決まるか?」盛山和夫編『日本の階層システム4 ジェンダー・市場・家族』東京大学出版会：47-63.

Bandura, Albert, 1977, "Self-efficacy：Toward a Unifying Theory of Behavioral Change," *Psychological Review*, 84：191-215.

Berlin, Isaiah, [1969] 2002, *Four Essays on Liberty*, Reprinted in Henry Hardy, ed. *Liberty*, Oxford：Oxford University Press：3-279.

Bhalla, Ajit S. and Frédéric Lapeyre, 2004, *Poverty and Exclusion in a Global World*, Second Edition, Basingstoke：Palgrave Macmillan（福原宏幸・中村健吾訳,2005,『グローバル化と社会的排除——貧困と社会問題への新しいアプローチ』昭和堂).

Campbell, Angus, 1981, *The Sense of Well-Being in America：Recent Patterns and Trends*, New York：McGraw-Hill.

Dahrendorf, Ralf, 1979, *Lebenschancen：anläufe zur sozialen und politischen theorie*, Frankfurt am Main: Suhrkamp（吉田博司・田中康夫・加藤秀治郎訳,1987,『新しい自由主義——ライフ・チャンス』学陽書房).

江原由美子,1985,『女性解放という思想』勁草書房.

江原由美子,1995,『装置としての性支配』勁草書房.

Gurin, Patricia, Gerald Gurin and Betty M. Morrison, 1978, "Personal and Ideological Aspects of Internal and External Control," *Social Psychology*, 41(4)：275-296.

原純輔・盛山和夫,1999,『社会階層——豊かさの中の不平等』東京大学出版会.

橋本健二,1998,「ジェンダーと階層構造——セクシズムの克服と理論的統合をめざして」(http://www.asahi-net.or.jp/~fq3k-hsmt/pap1/genclass.htm, 2010年11月確認).

橋本摂子,2003,「〈社会的地位〉のポリティクス——階層研究における"gender inequality"の射程」『社会学評論』54(1)：49-63.

Heater, Derek, 1999, *What is Citizenship?*, Polity Press（田中俊郎・関根政美訳,2002,『市民権とは何か』岩波書店).

岩間暁子,2008,『女性の就業と家族のゆくえ——格差社会のなかの変容』東京大学出版会.

吉川徹編,2007,『階層化する社会意識——職業とパーソナリティの計量社会

学』勁草書房.
Lachman, Margie E. and Suzanne L. Weaver, 1998, "The Sense of Control as a Moderator of Social Class Differences in Health and Well-Being," *Journal of Personality and Social Psychology*, 74(3): 763-773.
Lane, Robert E., 2000, *The Loss of Happiness in Market Democracies*, New Haven: Yale University Press.
村尾祐美子, 2003, 『労働市場とジェンダー——雇用労働における男女不公平の解消に向けて』東洋館出版社.
内藤準, 2005, 「自由と責任の制度——パレート派リベラルの不可能性と契約自由解の可能性」『理論と方法』20(2): 211-226.
Naito, Jun, 2007, "Perceived Freedom and Its Sociological Effects: An Inquiry into the Relationship Between Liberalism and Inequality," *International Journal of Japanese Sociology*, 16: 80-99.
直井優, 1979, 「職業的地位尺度の構成」富永健一編『日本の階層構造』東京大学出版会: 101-144.
直井道子, 1990, 「階層意識——女性の地位借用モデルは有効か」岡本英雄・直井道子編『現代日本の階層構造4 女性と社会階層』東京大学出版会: 147-164.
Rawls, John, 1999, *A Theory of Justice*, Revised Edition, Oxford: Oxford University Press.
Rawls, John, 2001, *Justice as Fairness: A Restatement*, Erin Kelly ed., Cambridge: The Belknap Press of Harvard University Press.
ラズ, ジョセフ, 1996, 森際康友編『自由と権利——政治哲学論集』勁草書房.
Rotter, Jurian B., 1966, "Generalized Expectancies for Internal Versus External Control of Reinforcement," *Psychological Monographs: General and Applied*, 80(1): 1-28.
佐藤俊樹, 2000, 『不平等社会——日本さよなら総中流』中央公論新社.
Sen, Amartya, 1985, *Commodities and Capabilities*, Amsterdam: Elsevier（鈴村興太郎訳, 1988, 『福祉の経済学——財と潜在能力』岩波書店）.
Sen, Amartya, 1999, *Development as Freedom*, Oxford: Oxford University Press.
白波瀬佐和子, 2000, 「女性の就業と階級構造」盛山和夫編『日本の階層システム4 ジェンダー・市場・家族』東京大学出版会: 133-155.
白波瀬佐和子, 2004, 「社会階層と世帯・個人——『個人化』論の検証」『社会学評論』54(4): 370-385.
白波瀬佐和子, 2005, 『少子高齢社会のみえない格差——ジェンダー・世代・階

層のゆくえ』東京大学出版会.
Skinner, Ellen A., 1996, "A Guide to Constructs of Control," *Journal of Personality and Social Psychology*, 71(3): 549-570.
数土直紀, 1998, 「学歴と階層意識——学歴が階層帰属意識の形成に及ぼす二つの効果」間々田孝夫編『現代日本の階層意識』1995 年 SSM 調査研究会: 23-45.
Sugden, Robert, 1998, "The Metric of Opportunity," *Economics and Philosophy*, 14: 307-337.
富永健一編, 1979, 『日本の階層構造』東京大学出版会.
UNDP, 2006, *Human Development Report 2006*, Basingstoke: Palgrave Macmillan.

（付記）本論文は科研費（22730413）の助成を受けた研究成果の一部である．

# 8章 若者の社会保障への期待
### 国民年金制度に対する意識からみた世代間関係

白波瀬佐和子

## 1 世代間関係のアンバランス

　高山憲之は「若者を絶望させない年金改革」と題する論文を『論座』に執筆した（高山，1997）．そこでは，人口構造の変化に伴う世代間アンバランスが指摘されて，若年層への社会保障による恩恵が目減りする状況を予想して何らかのメリットを提示しないかぎり，年金制度の存続は難しくなると警鐘を鳴らす．国民年金の空洞化が紙面をにぎわすようになったのは，1990年あたりからである（泉，2004）．年金の空洞化とは，本来保険料納付の義務を負うにもかかわらず国民年金に加入せず（未加入），あるいは保険料を未納している者が増えることをさす．1994 年の年金制度改正には，国民年金の空洞化が審議された．

　2007 年 6 月に読売新聞が実施した「世論調査」によると，「国の年金制度を信頼していない」と回答した者が 78% であった．駒村康平（2001）は，社会保険庁が実施した「公的年金加入状況調査報告」から，若年世代を中心に年金制度への不信が急激に上昇したことを示し，若年の年金離れが年金の空洞化をもたらした最も大きな原因だとする．国民年金の未納率が高い若年層をもって，大竹文雄（2004）は若年層の逆襲とみる．

　1992 年の第 1 号未加入者数は，20 代前半が最も高く約 190 万人にも上り，その未加入者割合は他の年齢層に比べて著しく高い．未加入者のなかで 20

代が占める割合は，1992年で45.7%と約半数を占める．その後，若年層における未加入者割合は減少しつづけ，代わって未加入者に占める50代の割合が過半数にまで上昇した（社会保険庁，2007）．国民年金への未加入問題は，壮年層にシフトしている．国民年金制度のみならず社会保障制度全般における世代間の不公平問題が取り上げられるゆえんである．

　年金制度そのものに対する知識は，加入・納付義務といったごく基本的なことに関する周知度は高い[1]ものの，実質価値維持の制度や国庫負担などの詳しい年金財政の仕組みになるとわかっていない者が多い．例えば，国民年金の3分の1（調査時点）が国庫負担であることを知っていたのは全体の4割程度で，20代の若年については3割しか「知っている」と回答していない．

　図1は，平成17年度の年齢階層別国民年金納付率[2]である．若年層における納付率は他の年齢層に比べて低いが，平成16年からの納付率は若年層を中心に改善がみられる（社会保険庁，2006）．納付率の改善が何によるのかをみたところ，保険料の納付が困難なものに対する免除奨励による影響が納付率上昇の43%近くを説明する．次に高い説明力を呈したのは，法律改正による若年者納付猶予制度導入の31%である．つまり，若年層の納付率を改善させたのは，若年層における非正規雇用者や無業者の増加といった状況に対応する制度上の変化であった．

　近年の社会保障制度や政府に対する不信感と人口構成との関係については，まだ十分な議論が展開されていない．ここでの政府に対する不信感の高まりは，世の中全体が政府に対して不信感をもつようになったのか，それとも特定の年齢層，ライフステージにいる者（例えば，若年層）に不信感の上昇が認められるのか．もし若年層において特に近年政府への不信感が強いとすると，少子高齢化に伴い若年サイズが縮小するなかで，彼らが全体社会の意識に及ぼす効力は相対的に低下しているはずである．それでも，若年層の政府に対する不信感の強さが強調される．一体，本当に若年層は他の中年層や高年層に比べて，公的な保障制度に対して見切りをつけてさまざまな社会的リスクに対する自助努力を信奉する傾向があるのだろうか．言い換えれば，少子高齢化に伴う世代間関係のアンバランスを直接反映する形で，社会保障制

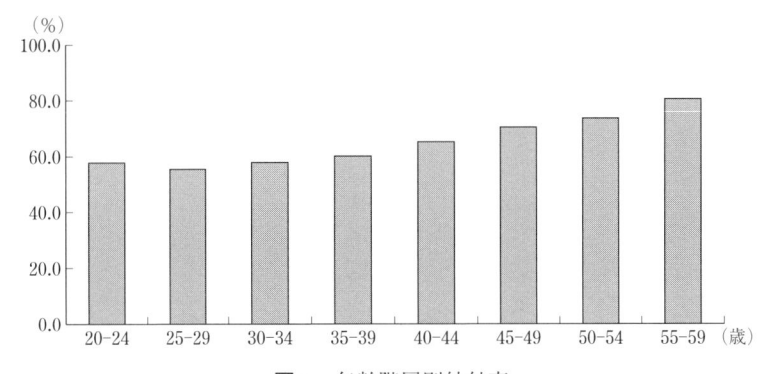

```
(%)
100.0
 80.0
 60.0
 40.0
 20.0
  0.0
       20-24  25-29  30-34  35-39  40-44  45-49  50-54  55-59 (歳)
```

図1　年齢階層別納付率

出所:「平成17年度の国民年金の加入・納付状況」（社会保険庁，平成18年9月）．

度に対する強い不信感が若者の間で顕著であるのか．これが，本章の議論のベースになるリサーチ・クエッションである．

　本章の分析は大きく2つの部分からなる．最初の部分では，まず，年金を中心とした社会保障に対する意見の世代差（年齢差）を検討する．ここで分析するデータは，2005年東京大学文学部社会学研究室が実施した「福祉と公平感に関するアンケート調査」（以降，公平感調査)[3] である．次に，不公平感と老後の経済保障に関する意識を世代の違いから検討する．ここでの分析データは，2005年に実施された「社会階層と社会移動に関する全国調査」（以降，SSM調査)[4] である．公平感調査，SSM調査ともに20歳以上の広い年齢層を対象にした全国調査であることから，若年層の意識を中年層，高齢層と比較して検討することができる．

　後半部分は，高校卒業後の進路の違いに着目して，実際のライフコースの違い（高卒後の進路の違い）が公的保障に対する意識にどのような影響を及ぼすのかを検討する．前者は，不公平感を中心とする意識の違いを世代の違いと関連させて検討するのに対し，後半部分は意識の違いを若年層のなかの実際の進路の違いと関連させて検討する．年齢，世代の違いがどの程度の意識の違いをもたらし，あるいは，同じ年齢層でも実際の進路の違いが意識にどのような影響を及ぼすのか．この2点について，本章では検討する．

## 2　不公平感の世代間ギャップ

　近年の格差論議のなかで若年層における格差が拡大していると指摘される（大竹，2005；玄田，2004）．若者は世の中をどの程度公平だと感じているのか．「世の中は公平だと思いますか」という問いに対して，「公平だ」「だいたい公平だ」と答えた割合は，全体で4分の1強，20代では3分の1が公平だと答えている．年齢階層別の公平だと答えた割合は5%水準で統計的に有意な差とはいえないが，若年層が最も高い．2005年公平感調査の結果を見る限り，若年層が他の年齢層に比べて著しく不公平感を呈しているわけではない．不公平感の中身をもう少し詳しくみてみよう．公平感調査では，さまざまな種類の不公平について質問している．それらは，性別による不公平，年齢による不公平，学歴による不公平，職業による不公平，所得や資産による不公平，親の社会的地位による不公平，居住地域による不公平，である．

　**表1**は不公平の様相ごとに「不公平だと思う」（「そう思う」と「どちらかといえばそう思う」を合わせた値）と回答した割合である．どの側面においても若年層の間で顕著に高い不公平感を認められない．例えば，不公平だと回答した割合が全体として最も高かった「学歴による不公平」と「所得・資産による不公平」でも，20代の値は他の年齢層に比べてそれほど高いわけではなく，「所得・資産による不公平」の値は若年層の方がむしろ低い．

　では，表1で示した7項目の不公平感を合計して不公平感の程度としてみてみると（**図2**），最も高い値を示したのが40代であり20代は最も低い値である．高い不公平感を表明しているのは，若年というよりも40代の現役世代である．若年の失業率が上昇し，非正規雇用率も高い一方で，未婚者はその多くが親と同居する（白波瀬，2009）．彼らが特に高い不公平感を表明しているわけではない．高い不公平感によって世の中の不条理を訴えたのはむしろ，社会の矢面にたっている40代である．働き盛りの40代は労働市場においては正規雇用者である割合が高く，現代日本の労働市場では比較的有利な立場にあるとみなされる．事実，玄田有史（2001）は若年雇用の恵まれない状況を中高年を優遇する雇用体制の弊害と指摘した．しかし，意識の

表1　年齢階層別　理由別不公平感
(%)

|  | 性別 | 年齢 | 学歴 | 職業 | 所得・資産 | 親の社会的地位 | 居住地域 |
| --- | --- | --- | --- | --- | --- | --- | --- |
| 20代 | 78.6 | 67.5 | 81.2 | 79.1 | 77.5 | 54.5 | 32.4 |
| 30代 | 78.8 | 74.3 | 83.2 | 81.5 | 85.4 | 63.4 | 48.4 |
| 40代 | 81.0 | 80.9 | 90.2 | 83.3 | 88.7 | 75.0 | 54.2 |
| 50代 | 74.7 | 71.4 | 92.4 | 83.5 | 89.7 | 69.6 | 46.2 |
| 60代 | 71.1 | 70.4 | 84.3 | 80.3 | 82.1 | 68.1 | 50.7 |
| 70代以上 | 63.5 | 56.0 | 79.9 | 78.1 | 80.2 | 73.7 | 45.6 |

出所：2005年公平感調査．

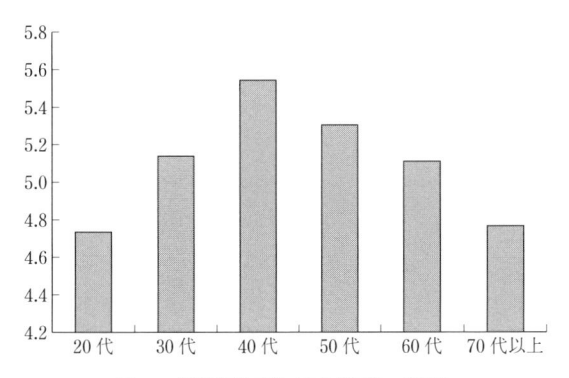

図2　年齢階層別　不公平感の程度
出所：2005年公平感調査．
注：不公平感の程度は，表1の7項目の理由別不公平感を「あり（＝1）」，「なし（＝0）」として合算した値．

　世代間の違いをみると，世の中の不公平感を最も強く呈していたのは労働市場で比較的有利な立場にある中年層であり，そこには実態と意識が必ずしも一元的にリンクしていない状況があった．

　格差に対してどのような見解があるのか．図3は，「今の日本社会では，能力があり努力さえすれば，だれでも成功できる」と「所得や社会的地位の格差がなくなってしまったら，人々は一生懸命働かなくなる」という意見に対して肯定的な意見を示した割合（「そう思う」と「どちらかといえばそう思う」の割合の和）を年齢階層別に示した．能力と努力さえあれば，だれでも成功できると，機会の平等の存在を肯定する傾向が高いのが若年層であり，

格差もひとつの動機づけとして肯定的な意味合いがあるとするのが若年層でもある．一方，たとえ能力がありどんなに努力をしてもみなが成功できるわけではない，と否定的な見解を強く呈したのは50代以上であった．また，格差があることの意義をそれほど認めていないのは40代である．このように，不公平感をもっとも強く感じていると同時に，格差があることが世の中を必ずしも活性化するものではないと，格差に対する懐疑的な意見を多く呈したのは中高年層であった[5]．

　一方，若者の貧困や格差拡大に注目が集まるなか，格差に対してその存在理由を支持し，能力や努力さえあればだれでも成功できると，能力や努力が成功の鍵を握ると信じているのが若者でもある．彼／彼女らの格差に対する見解はそれほど否定的でない．では，社会保障給付や公的年金に対する意見を尋ねてみよう．その結果が図4である．社会保障に関しては，税金や社会保険料といった負担を増やしても社会保障を充実させるべきか，あるいは社会保障の水準が下がっても負担は増やすべきではないか，の意見について，前者の意見を支持した者の割合である．結果は，50代がたとえ負担が増えても，社会保障制度の充実を望む傾向にある一方で，若年と高年については負担の軽減を訴えている．一方，世代間の不公平になると，必ずしも若年層が強い不条理を訴えているわけではなく，世代間の不公平感を強く表明しているのは，30代と40代であった．

　ここでの意識構造を推論すると，40代と50代は経済的にはもっとも恵まれた年齢層であり，世の中の不公平を強く表明する一方で，その強い不公平感や不条理感は社会保障への高い期待となって現れている．一方，若年については，足元の経済的基盤が不安定である分，社会保障負担に対して懐疑的であり，これ以上の負担を難しいとする一方，たとえその結果として社会保障に不備が生じても致し方ないとする．さらに，公的年金制度に世代間の不公平があるのも致し方ないと，世代間ギャップに大きな不満を浴びせようともしない．

　若年層の公的年金制度に対する世代間の不公平感がそれほど見られなかったのは，公的年金制度に対する理解そのものが低いのか，あるいは，世代間のアンバランスといってもまだ本格的な社会の一員として始動していない者

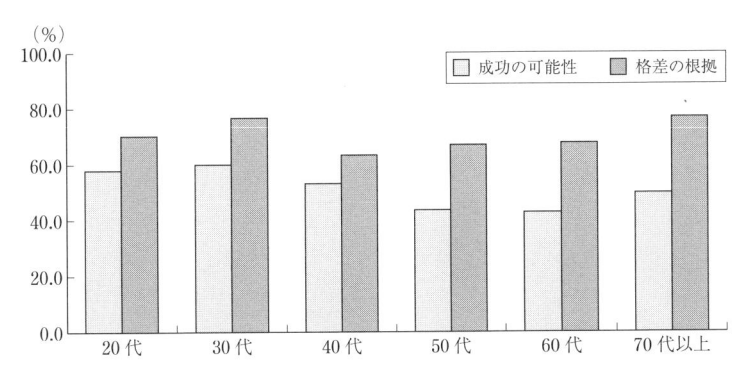

**図3** 年齢階層別 成功の可能性と格差があることの根拠に対する意見
注:「今の日本社会では,能力があり努力さえすれば,だれでも成功できる」(成功の可能性)と「所得や社会的地位の格差がなくなってしまったら,人々は一生懸命働かなくなる」に対して,「そう思う」「どちらかといえばそう思う」と回答した割合
出所:2005年公平感調査.

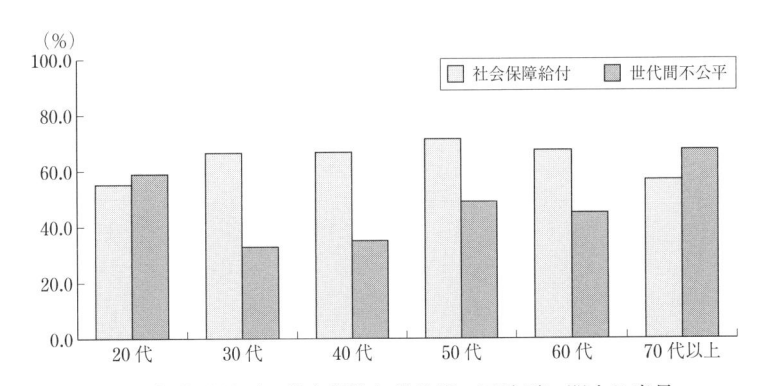

**図4** 年齢階層別 社会保障と世代間の不公平に関する意見
注:「税金や社会保険料などを引き上げても,国や自治体は社会保障を充実すべきだ」(社会保障)と「公的年金は世代間の助け合いなのだから世代間に不公平が生じるのはやむをえない」(世代間の不公平)に対して,肯定的な意見を表明した者の割合.
出所:2005年公平感調査.

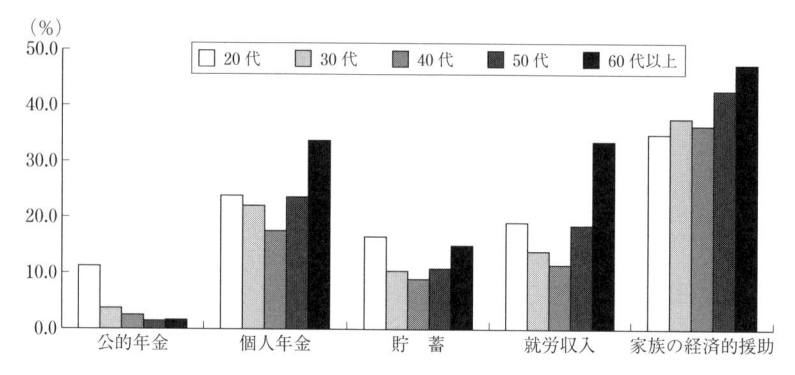

図5　年齢階層別　老後の経済保障源別「考えたことがない」割合
出所：2005年SSM調査.

が多く，実感として不公平を感じ取っていないのかは，まだ推測の域をでない．しかしながら，本分析で明らかになった最も興味深い点は，少子高齢化に伴う世代間のアンバランスに対して危機感を感じ，不条理を感じているのは，若者というよりも働き盛りの40代と50代であったことである．ここでの結果を見る限り，世代間の不公平の当事者であるという自覚は若者たちのなかでそれほど芽生えていない．年金や医療，そして社会福祉サービスは公的部門が責任をもって運営すべきという意見は，年齢層にかかわらず多数派が支持していた．若いからといって，政府に見切りをつけ自助努力や民営化を推進するというわけではなかった．

本節の最後に老後に対する考え方の年齢差をみてみよう．ここで分析するデータは，2005年SSM調査である．同調査では老後の所得保障として，公的年金，個人年金，貯蓄，就労による収入，そして家族・親族からの経済的支援，それぞれについてどの程度あてにしているかを質問している．図5は，所得保障の各項目について，「考えたことがない」と回答した割合である．ここでの最も興味深い結果は，老後の経済保障源によって，「考えたことがない」と回答した者の年齢階層パターンが異なることである．例えば，公的年金について，「考えたことがない」と回答した割合は若年層が最も高く，年齢が高くなるにつれてその割合はごく少数派になる．事実，50代や60代になると，「考えたことがない」と回答した者の割合は1%程度に過ぎ

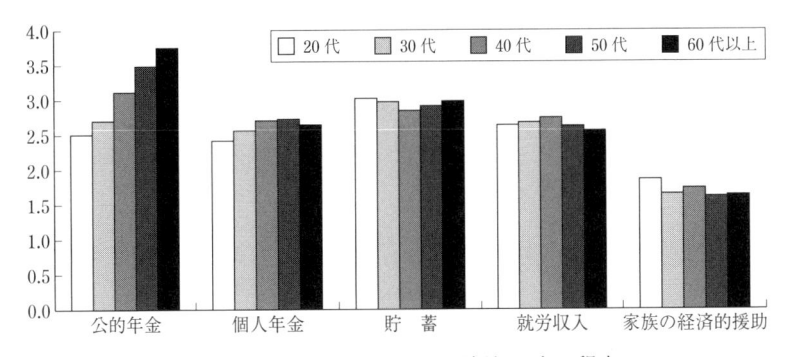

図6 老後の所得保障 項目別頼りにする程度
出所：2005年SSM調査.

ない．一方，年齢階層が高くなるごとに「考えたことがない」の回答割合が上昇するのは，「家族による経済的援助」である．60代以上の半数近くは「家族による経済的援助」を考えたことがないと答えているのに対して，20代になると3分の1強程度となる．言い換えれば，20代の3分の2程度が老後の経済保障に「家族からの支援」をあてにしている．この結果は，きわめて興味深い．公的年金を考えたことがないと答えた割合が若年層に最も高いのは予想できる．しかし，家族からの経済支援を若者ほど期待しているという結果は少々意外である．あとの，個人年金，貯蓄，仕事による収入は，40代が「考えたことがない」と答えた者の割合が他の年齢層に比べて最も低いUカーブを呈する．これはすでにみたように，40代は不公平感が強く，格差に対しても否定的な見解を提示している．そのような彼／彼女らはそれほど遠くない老後の経済保障について，よく考えて心準備している様子が窺える．

では，老後の経済保障として何を頼りにしているのか．図6は，公的年金，個人年金，貯蓄，雇用収入，親族からの経済的援助，それぞれについて，「とてもあてにしている」を4，「まったくあてにしていない」を1としてポイント化した値である．若者の間で老後の所得保障としてあてにしていると答えた割合が最も高かったのは貯蓄である．年齢階層が高くなるにつれて，貯蓄をあてにすると答えた者の割合は低下し，その反面，公的年金を頼りに

していると答える者の割合が増える．貯蓄だと回答した者の割合は20代が最も高い．値そのものは最も低いが，興味深い結果が「家族からの経済的援助」にみられる．親族からの経済支援を最も期待したのは，実のところ20代の若年層であった．家族力の低下が叫ばれ，個人化する社会が強調されている．しかし，老後の経済生活という若者にとっていまひとつ現実味がわかない将来において，子どもや親族からの経済的支援を頼る，と答えた者が他の年齢層よりも最も高い2割近くいたことは注目に値する．公的年金など，その中身もわからないことが多く，自分が年老いていくなど想像するのも難しい．そのような現実味に欠ける老後の生活を考えたときに，いま自分を全面的に支えてくれる親，きょうだいが目に浮かぶ．その意味で，親から援助される立場から将来を見定めることの難しさが，若者の家族回帰として現れたのかもしれない．

一方，働き盛りで社会の中心的な役割を担う40代と50代は，社会保障に対して高い期待をもつ．その背景には，どの年齢層よりも世代間の不公平を強く感じ，かえってそのことが生活保障の提供主体として社会に多くを期待させることになったのかもしれない．

### 世代と老後の所得保障

次に，世代と老後の所得保障に関する分析結果を考察したい．表2は，老後の所得保障として頼りにしているかどうかについて，老後所得保障の項目別にロジット分析をした結果である．投入した独立変数は，年齢ダミー(20-34歳をベースとする35-49歳の前期中年層ダミー，50-64歳の後期中年層ダミー，65歳以上の高齢層ダミー），父学歴（義務教育のみ修了をベースとする父高卒ダミー，父大卒以上ダミー），父の主たる職業（農業を含むブルーカラー職をベースとする専門職ダミー，ホワイトカラー職ダミー），15歳時（中学3年生時）の暮らし向き（豊か=5，やや豊か=4，ふつう=3，やや貧しい=2，貧しい=1，の5ポイントスケール），性別（男性を1とするダミー），本人学歴（義務教育のみ修了をベースとする高卒ダミー，大卒以上ダミー），本人の仕事の有無，本人の個人収入，本人の世帯（親と同居する未婚者をベースとする，未婚ひとり暮らしダミー，既婚で親同居ダミー，

表2 老後の所得保障に関するロジット分析

|  | 公的年金 | 個人年金 | 貯蓄 | 雇用収入 | 親族支援 |
|---|---|---|---|---|---|
|  | 係数 | 係数 | 係数 | 係数 | 係数 |
| 前期中年層 | 0.608** | 0.306 | −0.322 | 0.314 | −0.045 |
| 後期中年層 | 2.050** | 0.230 | −0.072 | 0.204 | −0.422 |
| 高齢層 | 3.050** | 0.124 | 0.192 | 0.059 | 0.177 |
| 父高卒 | −0.148 | −0.230 | 0.210 | 0.242 | −0.013 |
| 父大卒以上 | −0.307 | 0.306 | −0.054 | −0.119 | −0.372 |
| 父専門 | −0.265 | 0.230 | −0.145 | 0.163 | 0.227 |
| 父ホワイト | −0.130 | 0.124 | 0.134 | −0.023 | −0.265 |
| 15歳時の暮らしむき | 0.047 | −0.230 | 0.037 | 0.095 | 0.099 |
| 性別（男性＝1） | 0.111 | −0.412 | −0.592** | −0.084 | 0.249 |
| 本人高卒 | 0.027 | 0.138 | 0.138 | −0.368 | −0.859** |
| 本人大卒以上 | 0.147 | 0.001 | 0.561* | −0.558* | −1.436** |
| 本人仕事有 | −0.131 | 0.132 | −0.135 | 0.702** | 0.381 |
| 本人収入 | −0.001 | −0.240 | 0.001* | −0.001 | −0.001 |
| 不公平ポイント | 0.029 | −0.182 | 0.012 | −0.006 | −0.007 |
| 未婚ひとり暮らし | −0.321 | −0.029 | 0.444 | 0.230 | −1.010 |
| 既婚・親同居 | 0.638** | −0.036** | 0.284 | −0.430* | −0.590 |
| 既婚・親別居 | 0.471** | 0.001 | 0.047 | −0.131 | −0.948** |
| 定 数 | −0.515 | −0.020 | 0.619 | −0.099 | −0.623 |
| −2対数尤度 | 1375.241 | 1556.018 | 1570.167 | 1630.240 | 633.848 |
| Cox & Snell $R^2$ | 0.172 | 0.029 | 0.031 | 0.034 | 0.051 |

出所：2005年SSM調査．

既婚で親別居ダミー）である．

　年齢階層によって代表される世代間の違いが認められたのは，公的年金だけである．若年層に比べて中年，高齢者は公的年金に老後の所得保障を期待すると答える傾向にある．さらに，親と同居する未婚者に比べて既婚者は親との同別居にかかわらず有意に公的年金に頼る傾向にある．一方，家族や親族からの支援については，親と別居する既婚者は親と同居する未婚者に比べて有意に親族からの支援に頼るとは答えにくい．若年層だけに限って，親族からの経済支援を期待するかどうかに関して分析してみると（表省略），有意な効果を呈したのは，父専門職ダミー，本人高学歴ダミー，そして未婚ひとり暮らしダミーであった．父専門職によって代表されるような比較的豊か

な家庭に育った者は，親族からの経済支援を期待することはない．自らの高い学歴や比較的安定的な就業に伴う先行きの見通しが親族からの経済支援に頼ろうとしない．さらに，現在未婚でひとり暮らしにある若者は，現在未婚でもひとり暮らしできるから老後も親族からの支援を期待しないのか，現在親に頼れない状況にあるがために老後も親族からの経済支援を求めようとしないのかは本分析からは知る由はない．それでも少なくとも現時点では，親と同居する若年層に比べてひとり暮らしの若者は有意に親族支援に頼る傾向は低い．言い換えれば，図6でみられたように若年層に比較的高い親族からの経済支援に頼る割合は，現時点で独り立ちしていないことと関連している．いま独り立ちしていないことは，老後の生活を考えるにしてもいまと同様に親族からの支援を期待していて，その意味では彼／彼女らにとって親のいない自らの老後はあまり現実味がないともいえる．

　成人してもなお親から独立できず，経済的にも依存している状況は，将来を考えるうえにも足かせとなり，あたかもいま面倒をみてくれる親が永遠に世話をし続けてくれるような錯覚に陥る．将来について，さらには社会保障制度を身近に考えるためにも，物理的，経済的な独り立ちは鍵になる．

### 高校卒業後の進路による世代間意識——若年のなかの違い

　老後の所得保障に関して明らかな違いを呈したのが，公的年金に関する意識であった．若年層はそれ以外の年齢層に比べて公的年金を頼りにしていると回答した者が有意に少ない．では，若者の間で，実際のライフコースの歩み方の違いがどの程度個人の意識に反映されるのかを検討してみよう．前節では，若年層が社会保障制度や世代間扶助に関して，他の年齢層と際立って異なる意見を呈していることを確認した．そこで次に，若年層内の違いに着目してみたい．本分析は，「高校卒業後の生活と意識に関する調査」研究会が2005年に実施した「高校卒業後の生活と意識に関するアンケート」（以降，高校生パネル調査とする）の第2回追跡調査結果を中心にすすめる[6]．第2回追跡調査の有効サンプル数は669であった．2003年度高校3年生を対象とした高校生パネル調査を実施し，2004年には高校生パネル調査の対象者に対して第1回の追跡調査が実施された（詳しくは，「若年者の就業行動・

意識と少子高齢社会の関連に関する実証研究　平成16年度・平成17年度総括研究報告書」を参照のこと）．2005年第2回パネル調査において，仕事に就いている者は17.2%の115名，短大・専門学校や大学に進学した者は8割の539人，それらのどちらでもない者は2.2%の15名であった．どちらでもない者の中身は，浪人中や専門学校をめざしている者，休職中の者が，全体の7割以上になる．学校にもいかず，就職もせず，といったいわゆる「ニート」に該当するのはどちらでもない者の3分の1弱であり，全体サンプルからみると1%に満たないごく少数である．本分析では，高校卒業後の進路を就労，進学，どちらでもない[7]，の3つに分ける．

　まず，国民年金制度を聞いたことがあるかをみてみよう．現在仕事についている者は全員，「国民年金を聞いたことがある」と答えた．進学をした者もほぼ全員が聞いたことがあるとし，どちらでもない者でも9割以上の多数派が聞いたことがあるとしている．しかし，「聞いたことがある」ということと，実際に中身をどの程度理解しているのかは同一ではない．そこで，20歳以上の加入・納付義務，保険料額の周知，学生の免除制度，年金受給年齢，の4点について，「知っているか」どうかをみた．

　その結果が，図7である．加入義務については，ほとんどの者が周知しており，特にどちらでもない者は全員が「知っている」と答えていた．一方，年金受給年齢については，どの進路をとった者でも，約半数程度しか「知っている」と答えていない．就職も進学もしていない者だけでなく，仕事についている者や学生の場合も，半数以上が年金受給年齢を「知らない」とした．

　3つの進路カテゴリーの間で「知っている」か，どうかに有意な差がみられたのは，保険料額と学生免除制度であった．毎月徴収される保険料額を「知っている」と答えたのは，学生が最も低く4割程度である．この低い周知程度の背景には学生免除制度を利用していることも関連しているのかもしれない．一方，就職も進学もしていない者らは学生と比べて「知らない」と答えた者が多いわけではない．それどころか，就労者と同程度の者が保険料額を「知っている」と答えている．

　学生に保険料免除制度があることは，当事者である学生自身がよく知っており，彼らの9割近くが学生の免除制度について「知っている」と答えてい

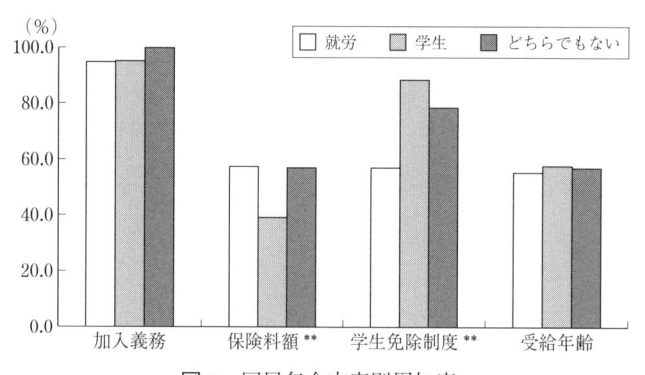

図7 国民年金内容別周知度
出所:「高校卒業後の生活と意識に関するアンケート」(2005年).

た.また,就職も進学もしてない者の間でも学生の免除制度について,その8割近くが理解していた.ひとつには,就職も進学もしていない者に予備校生がおり,近い将来自らが学生となることを想定して学生免除制度の周知があったのではないかと考えられる.

このように,国民年金制度について,聞いたことがないと答えた者はごく少数であり,20歳以降加入が義務づけられているといったごく基礎的な事項については,高校卒業後の進路にかかわらず周知されていた.一方,学生の免除制度や実際の保険料額については,現在の状況(働いているか,学生か,あるいはいずれにも該当しない)を反映してその周知の程度に差が見られた.国民年金という言葉を聞いたことはある.しかしその中身についてどの程度詳しく理解しているかは,若者の進路による違いがみえた.本章では卒業後の進路を3カテゴリーに分けているが,中澤渉(2007)は進路状況をより詳しく分割し,政策に対する意見に高校の出身トラックが影響を与えていると述べる.

国民年金の空洞化は,未加入者の増大によってもたらされた.なぜ国民年金に加入しないかの主な理由は,「加入が義務付けられていることを知らなかった」ということにある(社会保険庁,2007).制度を知らなかったから加入していない.しかし,本調査を見る限り国民年金の加入義務については95%の大多数が周知していた.事実,若年層の未加入者数は近年大きく減

少した．未加入のもう1つの理由は，保険料が払えないことにある．しかし，2000年，学生納付特例制度が発足し，2002年度から半額免除制度が導入されたことで，保険料を払えない未加入者が減少したと考えられる．

　国民年金の納付率は近年低下しており，特に若年層にその傾向がみられる．納付率低下の原因に年金制度への不信感が指摘される（泉，2004）．高校生追跡調査において，現在保険料を払っておらず，これからも払うつもりがない，と答えた者は13.1％で，保険料の支払い如何に関して進路の違いは統計的に有意ではなかった．ここで注目すべきは仕事についている者の間でも1割弱の者が納付しないと答えていることである．仕事についていても保険料を払わない，あるいは払えない者がいる．そこで，保険料未払いの理由を尋ねたところ，年金制度や政府への不信感もさることながら「お金がない」と答えた者も2割いた[8]．

　年金は世代間の助け合いであるが，老後の生活に対する考え方として約6割は「基本的に自分で責任を負い，足りない分を年金で補う」という自己責任を強調した考え方を支持した．ではどういう者が老後生活を自己責任で営むことを支持するのか[9]．老後の考え方に関する規定要因を探るために実施した回帰分析にあたり投入した独立変数は，性別（男性ダミー），仕事の有無，進学ダミー，1人暮らしダミー，祖父母同居ダミー，高校3年時の暮らしぶりについて，「豊か」（5ポイント）から「豊かでない」（1ポイント）までの家計スケール，である．表3にここでの分析で投入した変数の記述統計を示した．

　表4は，老後は自らの責任において生活すべきか否かとした二項ロジット分析である．老後の生活は自らの責任で，という考え方を規定するにあたって有意な効果を呈したのは，1人暮らしダミーである．1人暮らしであるほど，老後の生活は自らが責任を持つべきという考え方を強く提示する．晩婚化が進み，親元を離れる時期（離家）が遅れるなか，1人で生活する場合は少なくなっている．そのようななか，若者が1人で生活する背景には，1人で生活するほど自立している場合と，親と暮らしたくとも暮らすことができずに1人暮らしになる場合がある．自活できるほどに経済力もある場合には，老後も自分の責任で暮らすべきとする自己責任論が頭をもたげる．一方，

**表3 記述統計量**

|  | 平　均 | 標準偏差 |
|---|---|---|
| 自己責任 | 0.698 | 0.460 |
| 政府責任 | 0.836 | 0.371 |
| 性別 | 0.403 | 0.491 |
| 進路：就労 | 0.124 | 0.330 |
| 進学：進学 | 0.856 | 0.352 |
| 1人暮らし | 0.275 | 0.447 |
| 祖父母同居 | 0.161 | 0.368 |
| 高3時暮らし向き | 3.154 | 0.934 |

注：サンプル数＝298.
出所：「高校卒業後の生活と意識に関するアンケート」(2005年).

**表4 老後の生活は自己責任であるとする意見に関するロジット分析**

|  | 係　数 | 標準誤差 |
|---|---|---|
| 性　別 | −0.002 | 0.327 |
| 進路：就労 | 0.837 | 0.995 |
| 進路：進学 | 1.103 | 0.921 |
| 1人暮らし | 0.857* | 0.422 |
| 祖父母同居 | 0.510 | 0.464 |
| 高3時暮らし向き | −0.227 | 0.168 |
| 定　数 | 1.045 | 1.066 |

−2対数尤度＝355.83　自由度＝6　N＝298

注：* 5％水準で有意.
出所：「高校卒業後の生活と意識に関するアンケート」(2005年).

　親と一緒に暮らせない場合，そもそも親にも頼れないことから頼れるのは自分だけとするもう1つの自己責任論がでてくる．
　福祉の担い手として何に期待しているのかをみると，これも進路別に大きな違いはなく，政府と答えた者が6割近くの多数派であった．個人や家族と答えた者は4分の1弱であり，政府への期待は大きい．ではどういった者が福祉の担い手として政府に期待しているのか．表5は，福祉の担い手として政府に期待するか否かを従属変数にしたロジット分析の結果である．ここで有意な効果を示したのはジェンダーであり，進路の違いは何ら有意な効果

**表5** 福祉の担い手は政府であるとする意見に関するロジット分析

|  | 係　数 | 標準誤差 |
|---|---|---|
| 性　別 | −0.633** | 0.260 |
| 進路：就労 | 0.775 | 0.972 |
| 進路：進学 | 0.230 | 0.898 |
| 1人暮らし | −0.269 | 0.293 |
| 祖父母同居 | −0.141 | 0.372 |
| 高3時暮らし向き | 0.083 | 0.139 |
| 定　数 | 0.664 | 0.996 |

−2対数尤度＝355.83　自由度＝6　$N$＝298

注：** 1% 水準で有意.
出所：「高校卒業後の生活と意識に関するアンケート」(2005年).

は示さなかった．また，世帯の豊かさも効果は認められず，経済的に貧しいからといって福祉の担い手を政府に求めるというわけではなかった．それよりも女性は男性に比べて有意に政府への期待が高く，その背景には家族という私的空間における福祉（家族員の世話）の担い手が女性（母，娘，嫁等）に偏っているという事実が，ここでの結果の背景にあるのかもしれない．

## 3　考　察

以上まとめると，若年が年金制度に特に懐疑的であるとか，自らの老後は自らでみるといった社会保障離れが明らかである，という結果は得られなかった．年齢にかかわりなく，社会保障の重要性は自覚されており，若いから，あるいは現役だから，政府に頼らないというわけではない．若者の多くは国民年金制度の基礎を理解し，その内容についてもある程度は理解していた．また，多数派が保険料を納付すると答えており，「払うつもりはない，払っていない」と答えたのは少数派であった．若者の間でも，将来について，自己責任だけで将来のことを考えているわけではなく，政府に対する期待は決して低くない．

人口構造の変化から，現役1人あたりが支えるべき引退高齢者の数は多くなっている．しかしだからといって，将来はもはや自己責任で対処していく

と答えた者は少数派であった．本データを見る限り，社会保障制度離れはそれほど進んでいない．それどころか，先行き不安な将来に社会保障への期待は決して低くないことが確認された．

　いうなれば若者たちは社会保障制度をゼロにしたり，まったく頼りにしていないことはない．若者は，公的な相互扶助，連帯がこれからの少子高齢社会に向かって重要であることを理解している．そこで政策を立案する側から考えると，彼／彼女らの潜在的な政府に対する期待を裏切ることなく，潜在する不安定な公共性の概念を積極的に浮かび上がらせるような政策づくりが必要とされている．2000年以降，新自由主義的な枠組みから自己責任が強調され，競争原理が成長信奉と結びついて政策議論が盛り上がった．しかし，2008年末，アメリカ経済が破綻しその余波が全世界に及んで，まさしくグローバルなレベルでの金融破綻が叫ばれている．市場信奉主義をいまいちど見直し，政府の役割についての再検討が必要とされている．

　世の中に不公平を最も感じているのは，経済メカニズムの中核にいる40代と50代の壮年層であった．たしかに若者も不公平を感じ，負担を感じて，老後の所得保障として公的年金を頼りにする者が少ない．しかしその一方で，個人年金や貯蓄，雇用収入に大きく偏重する傾向が若者の間で明らかだったわけでもない．むしろ，晩婚化が進み，親元に居残る者が増えるいま，将来の所得保障に親族からの経済援助を訴える者が少なくない結果を見逃すことはできない．その値は多数派でないにしろ，高齢層よりも高い．そこでは，雇用が不安定で自らが世帯を構えることなく，結局は親族によって保護されている若者にとって，老後の所得保障といわれてもあまり現実味がない．言い換えれば，若者を経済的，物理的に独り立ちできるよう促すことは，結局，世の中のメカニズムに対して敏感にさせ，社会保障制度への積極的なかかわりにも通じることになる．雇用支援のみならず住宅政策を含めた若者政策がいま求められている．もちろん，1人暮らしが即，自立を意味するわけでもないが，親と同居している状況よりも社会とのかかわりが直接的になるきっかけになるであろう．1人で生活するか，親と生活するかの選択を強制するつもりはない．しかし，1人で生活する，少なくとも親と離れて暮らす生活の土壌を整備し，支援することの意味は大きいと考える．

1) 2005年，社会保険庁が実施した「公的年金加入状況等調査」によると，9割以上が，「20歳以上の日本に在住する者はすべて国民年金に加入し，保険料を納付する義務がある」ことを「知っている」と回答した．
2) 納付率（％）＝納付月数／納付対象月数×100
納付対象月数とは，当該年度分の保険等として納付すべき月数（全額免除数・学生納付特例月数を含まない）であり，納付月数はそのうち当該年度中（翌年度4月末まで）に実際に納付された月数である．
3) 本調査は，科学研究費補助金基盤研究(A)「ジェンダー，福祉，環境，および多元主義に関する公共性の社会学的総合研究」（課題番号16203030）の助成を得て実施された．
4) 2005年SSM調査データ使用にあたり，2005年SSM調査委員会の許可を得た．この場を借りてお礼申し上げる．
5) ライフステージの移行が，個人の意識の変化にどのような影響を及ぼすかを，本章で用いる横断的データをもって明らかにすることはできない．この点についての厳密な分析は稿を改めて検討する．
6) 本調査は，厚生労働科学研究費補助金政策科学推進事業（H16-政策-018）の助成を得て実施された．東京大学社会科学研究所パネル調査の実施にあたっては，社会科学研究所研究資金，株式会社アウトソーシングからの奨学寄付金を受けた．パネル調査データの使用にあたっては社会科学研究所パネル調査企画委員会の許可を受けた．
7) 該当サンプル数が15とかなり少ないので，結果の解釈には注意を要する．
8) 仕事に就いている者のなかで，保険料を払っていない，あるいは払いたくないと答えた者は10人であった．
9) 何を自己責任とみるのかは議論を要する．自らの老後は公的な所得保障に頼りたいと答えた者が自己責任を拒否していると単純に解釈することはできないからである．ここでは，財産収入を含む自らの稼得で生計を維持することを自己責任とし，公的年金を中心に老後の生計を考える場合を自己責任に対抗するものとみなす．

## 文献

玄田有史，2001，『仕事のなかの曖昧な不安──揺れる若年の現在』中央公論社．
玄田有史，2004，『ジョブ・クリエイション』日本経済新聞社．
ハーバマス，ユルゲン，1973（1994），『公共性の構造転換──市民社会の一カテゴリーについての探究』（細谷貞雄・山田正行訳）未來社．
泉眞樹子，2004，「国民年金の空洞化とその対策」『レファレンス』2004.1：

87-112.

駒村康平,2001,「公的年金に対する世代間の評価の差異と改革の方向性」『年金と雇用』第 20 巻第 3 号:32-42.

駒村康平,2006,「公的年金に対する国民の知識・評価に関する分析」『年金と経済』第 25 巻第 4 号:36-47.

中澤渉,2007,「福祉制度の知識と意見の表明の有無について——国民年金制度や老後の生活を中心にして」『高校卒業後の生活と意識に関する調査 報告書』.

大竹文雄,2003,「若年層 逆転可能な社会に」『日本経済新聞』2003 年 8 月 23 日.

大竹文雄,2004,「年金未納は若年の逆襲」『週刊東洋経済』5 月 29 日号.

大竹文雄,2005,『日本の不平等』日本経済新聞社.

齋藤純一,2000,『公共性』岩波書店.

白波瀬佐和子,2009,『日本の不平等を考える——少子高齢社会の国際比較』東京大学出版会.

社会保険庁,2006,「平成 17 年度の国民年金の加入・納付状況」.

社会保険庁,2007,「平成 16 年公的年金加入状況調査等調査 結果の概要」.

高山憲之,1997,「若年を絶望させない年金改革」『論座』12 月号.

(付記)本研究実施に対し,基盤研究(S)(課題番号 20223004)の助成を得た.この場を借りてお礼を申し上げる.なお,本稿で分析するデータが 2005 年に実施されたものであるので,マクロな社会的背景についても 2005 年ごろの状況を中心に議論する.

# 終章 格差社会の意識構造

白波瀬佐和子

## 1 人びとの意識からみえてきたこと

　本書では，雇用，健康，介護，子育て（少子化），企業のありかた，という大きく人びとの福祉に関連するテーマについて，意識の観点から検討してきた．これらの各論を包み込むようなかたちで，2000年代の社会意識の変化や生活意識という意識全体についても議論が展開された．

　第1章「2000年代の社会意識の変化」では，2000年代を前半と後半に分けて，社会政策に対する相異なる政治的潮流と社会意識の齟齬について議論された．新保守主義の台頭と共に「小さな政府志向」が目指されたが，人びとの意識をみてみると必ずしも整合的ではない．武川は，2010年における「高福祉・高負担」への高い支持を背景に，「新しい公共」への模索をも示唆する．人びとの多くが世の中の不公平を訴え，雇用，医療等に関する政府責任への期待も高い．このように，社会政策への支持が高い一方でネオリベラリズムに対する支持も高いことをもって，「必要とされる社会政策」と「実際に行われる社会政策」の乖離が拡大したとする．この乖離が2000年代後半における社会政策への軌道修正につながったのではないか，と武川はみる．

　第2章「人びとの暮らしとその将来見通し──生活意識の視点から」では，生活の格差に注目し，2つの社会調査を用いて，生活をめぐる意識を包括的に検討することを目的とする．近年，所得格差を実感し，将来の見通しが悪

いと感じる者が多いことが，本章でも確認された．人びとの意識全体の中身をみると「単純で悲観的である」(p.51) と，三重野は評する．一方，不安感や幸福感は，暮らし向きや所得格差の見通しといった意識項目に比べて曖昧な概念であるが，人びとをある一定の方向に向かわせて社会変動の原動力ともなりうると述べる．見えにくい意識の中身は，決して拡散することなく，特定の方向に向かって凝集する可能性を秘めているゆえに，意識を検討する意味がある．それが，本章の結論である．

　第3章から第8章は，福祉に関連した具体的なテーマから人々の意識について議論が進められた．第3章は少子化対策についてである．一連の少子化対策に物申してきた赤川は，本章でも少子化対策が有効かを議論するのは無意味とする．少子化対策という名の下，子どもを増やすことで少子高齢化，あるいは人口減少に対応するのは「有害無益だ」(p.58) と述べる．それよりも重要なポイントは，少子化にあって負担をいかに分配すべきかであり，具体的な少子化対策として両立支援と結婚支援に着目する．前者を「特殊な」ライフスタイルを選択した男女にとっての限定的な問題に過ぎないとし，後者を結婚可能性やそこへの政府介入の妥当性についての根源的な問題を内包するとみる．年齢の高い男性ほど結婚支援に賛同するという分析結果をもって，モテ格差社会の構図が示唆されて本章が締めくくられる．

　少子化対策は必ずしも子どもを増やすための政策ばかりとは言えず，政府も出生率上昇を明示した人口政策として少子化対策を位置づけていない．しかしその一方で，少子化対策において，出生率とは無関係に諸政策が展開されているかというと，必ずしもそうではない．そこには本音と建前が交差しており，少子化対策の中身やその位置づけについて一定のコンセンサスがあるわけでもない．人口置換水準を大きく下回る低い出生率の背景にある社会経済的要因の改善を目指すのか，少子化の結果としての人口高齢化，人口減少に対してさまざまな対応を講じていくのか．その最終的な目標をどこに置くかさえ，政局の変化を受けて微妙に揺れ動いているというのが現実である．

　第4章「高齢者介護に関する意識」では，2000年に介護保険が導入されて以来，人口高齢化が予想以上に進行しているなかで，介護意識の実態が明らかにされる．本章での中心的な問いは，家族による介護規範が継続して強

くあるのか，それとも低下しているのか，にある．調査データ分析の結果，介護に際して家族機能が弱まったと回答したのは年齢が高く，社会階層が低い層に顕著であることが確認された．特に，介護に関する意識に対して年齢効果が重要であったという結果は，介護を受ける側に立つ確率が年齢とともに上昇していくことと関係しており，それがここでの結果に反映されていると考えられる．高齢になることは要介護者当人になる可能性が高まることであり，さらに世帯規模の縮小が認められる高齢層において従来どおりの家族機能を期待できない現実が実際に存在する．また，社会階層が低い層で介護の家族機能に対して否定的であったという結果は，社会経済的地位が低い層で家族による生活保障機能がこれまでどおり期待できない顕著な状況がすでに存在することを示唆しているのではないか．年齢の違いによって代表されるライフステージの違いが介護を介した立ち位置の違いと連動して，介護に対する意見を差別化する．同じ個人のなかでの見解の変化に加えて，介護への関わりも異なる個々人の間で社会的な合意をどのように形成していくかは，これまで以上に重要な政策課題である．

　第5章「健康と社会保障政策についての態度」では，健康状態と社会意識の間の関係を検討する．マクロなレベルで健康は加齢とマイナスの関係にある．体力や持病の有無などに個人差はあるものの，一般に加齢に伴い健康状態は悪くなる．社会保障制度において世代間のコンフリクトが指摘されているが，それは年齢で代表される世代による違いが利害の違いを生むというよりも，健康状態が社会保障へのニーズと密接に関連しており，意識についても健康状況が大きく影響を及ぼしているのではないか．これが本章で問われるリサーチクエッションである．そこで設定された作業仮説は，「健康状態が悪い者ほど社会保障に関して政府の役割や責任を重視する傾向があり，健康状態がよい者ほど政府の役割や責任を重視しない」（p.100）である．福祉サービス供給主体として政府か民間か，に対する意見を従属変数として，健康状態を主観的健康意識によって代表させて独立変数の効果を分析した結果，学歴や就業状況を考慮しても健康状態が統計的に有意な効果を示したのは，壮年層（40代・50代）であった．一方，若年層（20代・30代）と高齢層（60代以上）については，健康状況の効果は認められなかった．若年層の大

多数が健康状況に問題がないとしており，高齢層にいたっては，年齢をコントロールすることで健康状況の効果が消えた．言い換えれば，40代・50代の働き盛りの層において，健康状況の良し悪しが社会保障制度への見方を規定する．壮年層の健康変数の効果をもって佐藤は，「社会保障に対する『切実な』意識」（p.106）と表現している．もっともここでいう健康状態とは主観的健康意識をもって代表しており，実際に病気があるのか，どの程度日常生活に影響があるのかを，本調査から明らかにすることはできない．その意味で，主観的健康意識自体が従属変数になりうるもので，社会保障意識を規定すると設定された主観的健康意識が同時決定的な側面も持ちうる．したがって，人びとの健康状態と意識との関係をみるにあたって，両者の因果関係については注意しないといけない．健康状態が悪いと意識する者ほど福祉サービスの提供主体を政府に求める傾向にある，というのが本章での中心的な解釈であるが，健康状況が悪いと認識する者の属性的偏りが，民間による福祉サービス提供に対して否定的な見解を呈する傾向と関係があるとも考えられる．今後さらに，健康状態を測る指標を精緻化したうえで，社会保障ニーズとの関係を検討することが期待される．

　第6章「福祉社会における企業のあり方」では，社会調査データを用いて就業者の企業観や賃金制度に対する意見を分析した．本章では，すでに仕事に就いている者に焦点を当て，従業員重視のコーポレートガバナンスのあり方や年功序列の賃金制度に対する意見を，ジェンダー差や学歴，正規／非正規別に検討している．その結果，中高年であって正社員ほど，従業員重視の継続と脱年功序列といった「修正・日本型」企業観を支持する傾向にあることが明らかにされた．ただ，従業員重視の日本型企業への支持は女性の非正規社員の間でも高く，これまで日本型経営の枠外にいることが多かった女性であるが，その企業の雇用慣行に対して必ずしも否定的な意見を呈するわけではない．もっともここでは，従業者重視か株主重視かという2つの軸の間での意見を問うているので，従業者重視を積極的に支持する日本型ガバナンスの支持者なのか，米国型の株主重視に対する反対意見としての従業者重視への支持であるかはわからない．さらに，高学歴ほど脱年功序列を支持する傾向にあり，この結果をある意味で予想外とみているのは，高学歴男性は既

存の雇用体制に大きな恩恵を得ているので，現状の年功賃金制度を強く支持するのではないかという予想があったためである．しかしながら，回答結果は脱年功賃金を志向しており，この結果は現時点での恩恵を所与として新たなリスクに挑むことを意味している．つまり，人びとの企業観は現時点での既得権に対する恩恵を保守するということのみならず，既得権を所与としたさらなる恩恵を求めるという構造が本章の結果から窺われる．

　既得権の恩恵にあずからない者にとって，さらにリスクを取る余裕はない．第6章での結果は，新たなリスクに対する潜在的な対応能力の違いとも解釈できる．かつて日本の失業率は低く，学業を修了したあと正規の仕事を得て，適齢期になると結婚して家庭をもつことが多くの者にとっての人生設計として特に問題なく受け入れられていた．そこでは，夫が家計を維持する男性型世帯主のいる標準的な家族が想定され，日本型福祉社会を支えてきた（大沢，2007）．ここでの重要なポイントは，日本の福祉を支えてきた家族は極めて強固なジェンダー規範のもとに運営され，それは一家の長としての世帯主による安定した雇用が保障されていたということである．しかし，その雇用そのものが不安定になり，日本型福祉社会の前提であった家族像にも変化がみられる．雇用の不安は若年層の結婚行動にも影響を与え，近年増加している非正規雇用者は出会いの場そのものが正規雇用者に比べて限定的であることが指摘されている（石田ほか，2009；太郎丸，2011）．第6章では，非正規雇用が日本型雇用を志向することが指摘されたが，本章の分析対象外になった労働市場にない者らにとっての雇用リスクに対する見解を検討することが，今後の課題として残された．

　第7章「自由の規定要因とジェンダー不平等」では，主観的自由に着目して，個人の自由を世帯とのかかわり方から議論を試みた．新たなリスクに挑む余力，可能性に加え，どのリスクを取るか否かは本人の判断による．ここでいう主観的自由とは，「自分の生き方や暮らし方は，おもに自分の考えで決めることができている」という問いに対する回答（「かなりあてはまる」から「あてはまらない」までの4択）を指標化して検討された．例えば階層帰属意識において女性は配偶者の社会経済的地位の影響を受けるとする知見があるが（白波瀬，2004），個人的自由について個人と世帯の枠組みから捉

えると何が見えてくるのか．これが，第7章の主たる問いかけである．分析の結果，主観的自由を規定するものは個人収入をはじめとする個人の特性により，社会保障の基本単位としての世帯は限定的な影響しか認められないことが確認された．

社会保障の基本的な単位は世帯であり，たとえ自らの仕事をもたずに収入がなくとも，みずから保険料を支払わずとも，被保険者に扶養されている者という位置づけで社会保障の恩恵を受けることができる．医療サービスはそのよい例である．しかしながら，人びとの生活は世帯を単位とすることで不都合な場合がある．世帯内に存在するジェンダー格差は，特に女性と就労を考える場合の足かせになることが多い．世帯を構成するのはジェンダーや世代が異なる個々人であるので，世帯を単位とすることが世帯メンバーの個人の存在を無視することではない．しかしながら，世帯内の不平等を考えるとき，また同じ伴侶と人生を共にするとは限らなくなったいま，新たな世帯を構成した場合の社会制度上の位置づけをどうするかは，現代の社会制度を再検討するうえにおいても重要な課題である．

第8章「若者の社会保障への期待」は，ライフステージを年齢によって代表させ，国民年金制度を中心に社会保障意識について世代間の違いを検討した．これまでの日本の社会保障は大きく高齢層に偏り，若年層や幼い子をもつ家族への社会支援が不十分であることはすでに示唆されてきた（都村，2002；駒村，2001；阿部，2008）．この事実が，個人の意識とどのような関係にあるのかを検討したのが第8章である．社会保障制度における若年層の位置づけがいまひとつはっきりしない一方，若者自身は社会保障離れしているわけでなく社会保障への期待を喪失していない．これが第8章の重要な知見である．現時点での社会保障制度の不備を不満として，若者は自助努力を強く志向するのかと思いきや，公助としての社会保障制度への期待は高い．また，世の中の不公平についても，20代の若年層は他の年齢層に比べて低い不公平感を提示し，社会保障や家族に生活保障機能を求める声を強く表明したのは若年層であった．一方，世の中の不公平感を最も強く表明したのは，雇用の中核にあり，労働市場において優位な立場にあるとされる40代・50代の中年層であった．一家を支える柱であり，社会の中核となる中年層が，

世の中の風当たりを最も強く受け，世の中の不公平な不条理を最も強く感じている．

　ここでの結果は，人びとの大衆としての意識が実態としての制度に対する評価として必ずしも位置づけられないことを示唆している．そこで強調したいのは，若年層が恵まれない立場に対する積極的な社会的支援を提供する際に，彼／彼女らの意識を最終的な根拠とするには慎重であるべき，ということである．若者はここでの調査結果を見る限り，世の中の不公平をそれほど感じていないし，社会保障制度に対して強い不満をもらしているわけでもない．しかしその一方で，その結果をもって，若年層は現在の制度に満足しているとみるのは間違いだからである．この議論はかつての女性のパートタイム労働論とも似ており，パートタイムの多くがフルタイムへの変更を望んでおらず，仕事への満足度も決して低くないことをもって，パートタイム就労の問題を過少評価してはならない．同様に若年層の社会保障制度への意識結果についても，彼／彼女らが社会制度に満足しているというよりも，社会的なセーフティーネットとは独立して自助努力で自らの老後に立ち向かっていけるほどの蓄積もなく，また見通しもよくない目の前の現実が，社会的な助け合いへの期待をかえって高めているのではないか．言い換えれば，彼／彼女らの意識結果だけを根拠にしては，潜在的なニーズを適切に把握することは難しい．

## 2　意識と実態のギャップ

　意識といってもその中身はさまざまであり，また似通った意識項目の間でその結果が整合しないことも少なくない．例えば，格差論が活発化したころ，小泉前首相は「格差は悪くない」と自己啓発の動機づけとしての格差の必然性を強調した．日本の格差の大きさは決して小さくないと格差の存在が摘発され（橘木，1998），格差とつく書物が売れた時期である一方で，小泉氏の格差肯定の意見が大きく否定されたわけではなかった．事実，2005年東京大学文学部社会学研究室が実施した「福祉と公平感に関するアンケート調査」では「所得や社会的地位の格差がなくなってしまったら，人びとは一生

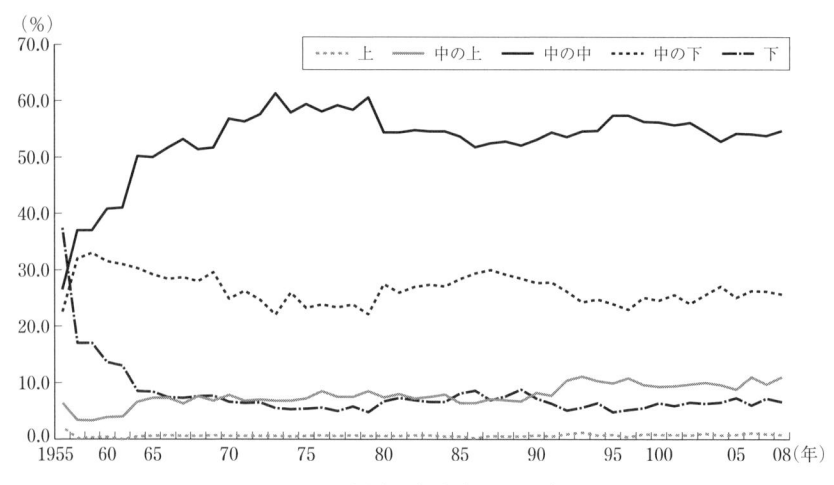

図1 生活の程度意識の分布
出所:「国民生活に関する世論調査」(内閣府, 各年).

懸命働かなくなる」という意見に対して，賛成する者65.7%，反対する者28.6%，わからないと回答した者5.7%であった．2010年調査「社会保障に関する意識調査」で同様の質問をした結果，対応する値はそれぞれ63.7%，32.3%，4.1%であった．動機づけとしての格差の存在を肯定するものが低下し，反対するものが3分の1程度に上昇した．それでも，3分の2の多数派は動機づけとしての格差の存在を容認している．

この結果から，いざなみ景気後のリーマンショックを経たあとも，人びとの意識において格差を否定する意見は3分の1程度の少数派である．この結果をもって，格差を社会問題とすることはないのだろうか．否，そうではない．本書で明らかになった1つのことは，経済状況を中心とする社会のマクロな状況と人びとの意識は常に整合的な関係にあるわけでない，ということである．

図1は，内閣府が1955年以来実施している「国民生活に関する世論調査」の生活の程度について質問した結果である．生活の程度とは，上，中の上，中の中，中の下，下，の5段階に分けられている．1970年代初めの第1次オイルショックまで「中の中」と回答した者の割合が大きく上昇し，1955

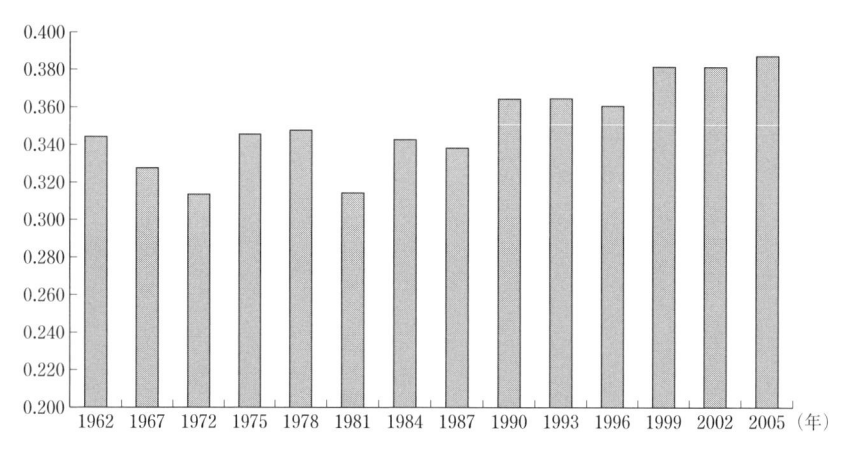

**図2 所得格差(ジニ係数)の推移**

注:ここでのジニ係数は,再分配所得をもとに算出されている.再分配所得とは,当初所得(雇用者所得,自営所得,農耕・畜産所得,財産所得,家内労働所得,雑収入,仕送り等の私的給付)から税金,社会保険料を控除し,社会保障給付(現金,現物)を加えたもの.
出所:「再分配調査結果概要」(厚生労働省,各年).

年には26%であったものが1973年には61%となった.一方,「下」と回答した者が1955年には37.7%いたが,その値は急激に減少し1973年には5.5%になった.ここでの変化は高度経済成長の真っ最中の人びとの生活意識の上昇と捉えることができ,これがいわゆる総中流社会論の背景となった.一方,1990年代後半から格差論が活発化するが,人びとの生活意識の分布に大きな変化は認められない.1980年代以来,人びとの生活意識は過半数が「中の中」と回答し,「中の下」と回答した者が4分の1程度いる状況が継続している.言い換えれば,日本の総中流社会論が根拠としたのは人びとの意識であったが,格差論が展開されるにいたって根拠となったのは意識というよりもジニ係数という格差指標であった.しかし,ジニ係数からみた所得格差の変化も,世の中が格差論で沸いた時期と整合的でない.

図2は1962年以降,厚生労働省が実施している「所得再分配調査」によるジニ係数の変化である.1960年代はじめから1970年代はじめにかけて,ジニ係数は線形的に低下しており,高度経済成長が社会全体の底上げを実現し人びとは豊かな生活を手に入れることを通して,生活意識も中程度とする

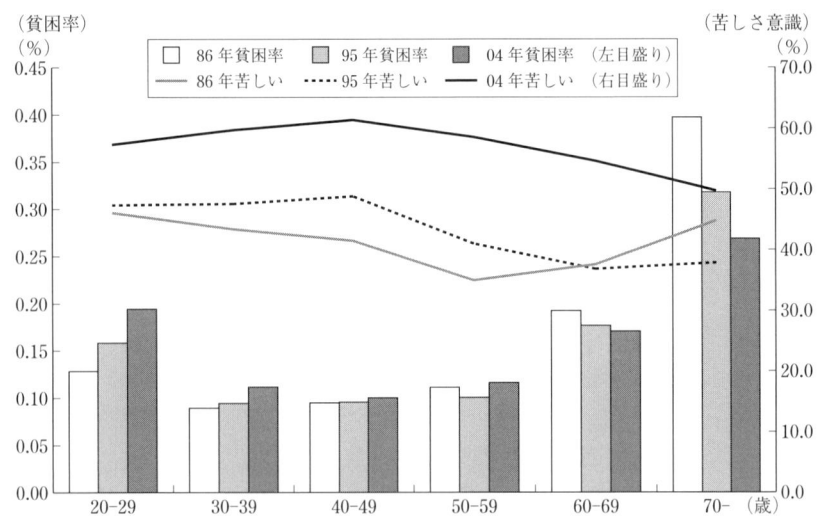

図3 年齢階層別 貧困率と生活の苦しさ意識
出所：白波瀬・竹内（2009，図3，p. 270）．

にいたったことが容易に想像することができる．その後，所得格差は一様な変化は呈していない．第1次オイルショック以降の低成長期に所得格差は上昇し，バブル経済直前には一旦格差が縮小してその後上昇する．1990年代に入って経済格差はしばらく大きな変化がなく，1990年代後半に上昇したあとまた安定期に入っている．格差言説を後押しするかのような所得格差の変化は，図2を見る限り認めることができない．所得格差はこれまでにも存在し，その程度も決して低くない．1990年代後半以降，経済格差の程度は6年程度のスパンで上昇傾向にある．一方，人びとは1990年代後半，格差に対して敏感になった．そこには一体どのようなメカニズムがあるのか．

図3は，世帯主年齢階層ごとに貧困率と暮らし向き意識について，1980年代半ばから2000年代半ばまでの3時点の時系列変化を「国民生活基礎調査」データを用いてみたものである．貧困率における興味深い時系列変化は，20代の若年層で上昇し70代以降で低下している点である．一方，暮らし向き意識として「生活が苦しい」と回答した割合をみてみると，20代は貧困率の上昇を反映するかのように，特に2000年代半ばに多くなっている．高

齢者については，1980年代半ばから1990年代半ばにかけて生活が苦しいと回答した割合は44%から37%に低下し，2000年代半ばに入って49%へと大きく上昇した．人びとの意識の変化は，貧困率の変化とは異なる．また，1980年代半ばは貧困率の違いを反映するかのように，暮らし向き意識も若年と高齢者の間で苦しいと回答するものが多いU字型であった．しかしながら，2000年代に入っては，年齢階層別貧困率の関係と逆相関するかのように，貧困率が比較的低い40代で最も高く，30代，50代でも高い台形型となっている．人びとが格差に対して敏感になった背景には，多数派が生活の苦しさを実感するようになったことが考えられる．しかし，そこでの暮らし向き意識の悪化は，マクロな実態との乖離を広めるかたちで進行していったと想像される．

このような社会意識と現実の乖離は，結局，人びとのニーズの構造を見えにくくすることに通じる．国民の声の中身が多様であり，審判としての声の意味合いも注意深く読みとっていかねばならない．図4は2005年[1]と2010年[2]の調査における動機づけとしての格差に関する回答について，年齢階層別の結果である．ここでの質問は，「所得や社会的地位の格差がなくなってしまったら，人々は一生懸命働かなくなる」という意見に対し，「そう思う」「どちらかといえばそう思う」「どちらかといえばそう思わない」「そう思わない」「わからない」が選択肢である．年齢階層は，20代・30代を若年，40代・50代を中年，60代以上を高齢として，回答分布の違いを2時点で比較してみた[3]．

まず，2005年時点では，若年層と高齢層において，動機づけとしての格差の必要性に対して肯定的であった者が7割以上と多く，その値（74.1%）は若年層が最も高い．一方，中年層は対応する値が65.6%と，確かに3分の2近くは格差の必要性を認めているもののその値は低い．2010年になると，動機づけとしての格差を肯定する者の値が全体的に減少し，年齢層間の違いがあまりなくなった．肯定的意見は若年と高齢層で67%，中年層で65%であった．

2時点間の変化を年齢階層ごとにみてみると，肯定的意見の変化が最も大きいのが高齢層である（図5）．一方，若年層にいたっては，強い肯定的意

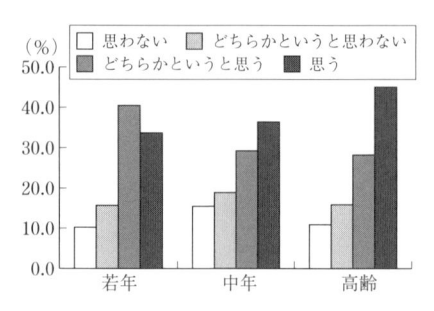

図4a 動機づけとしての格差に関する意見（2005年）
出所：福祉と公平感に関するアンケート調査（2005年）．

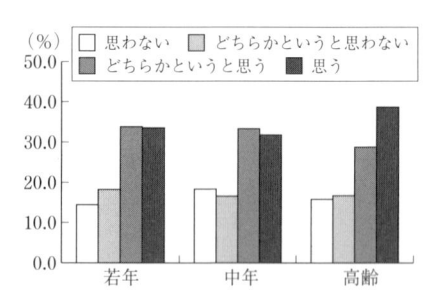

図4b 動機づけとしての格差に関する意見（2010年）
出所：社会保障に関する意識調査（2010年）．

見について，2005年と2010年の2時点でほとんど違いが見当たらない．高齢層にいたっては，強い肯定的意見が低下し，その分，強い否定的意見が上昇した．変化という点では，高齢層において意見の二極化が認められる．意見の分布については，2010年において，高齢層における強い肯定的意見が目立つ．どの年齢層においても動機づけとしての格差を肯定する意見が過半数であるが，そうではないと強く否定する意見がどの年齢層でも上昇している．

　多数派は動機づけとしての格差を肯定する一方で，近年はそうとはいえないと否定する者も増えてきた．変化という点からみると高齢層にその傾向が顕著で，高度経済成長を支え今の日本を構築してきた者たちにとって近年の経済停滞は格差の不条理をより切実に感じることに通じ，動機づけとしての

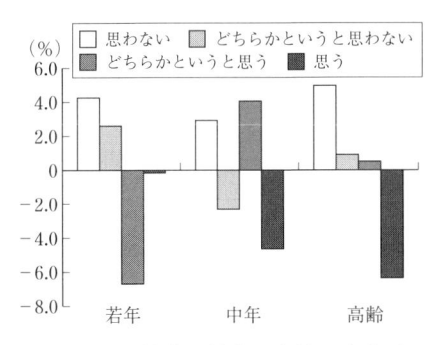

図5 動機づけとしての格差に対する意見の変化（2010-2005年）
出所：図4a，図4b より算出．

格差への肯定的な位置づけを押し下げたのかもしれない．しかし，若者たちも同様に動機づけとしての格差を強く否定はしていない．格差社会にあってその谷間に落ちるリスクの高い若年層であっても，動機づけとしての格差を否定しない．しかし，だからといって彼／彼女らは格差社会を問題なく受け入れているともいえない．特に若年層の問題を社会保障という世代間問題と絡めて議論するうえでは，意識よりも実態をもとに政策を展開すべきであろう．

　格差社会において早急に解決すべき点は，格差の程度を縮小することと，格差を固定的なものとしないことである．たまたまのことで生じた様々な違い，そして格差をどうにもならないこととせずに，再チャレンジの機会がだれにとっても保障されていることが大切である．福祉は，個人や家族の諸問題を社会という大きな受け皿のなかで処理，対応する手段であり，問題解決のための場ともなりうる．その福祉をだれが提供し，どう運用していくかが少子高齢社会の持続可能性を規定する鍵となる．福祉の諸側面に対する人びとの意識をそれ自身として明らかにするのみならず，そのなかにある意識の構造，さらには意識形成のプロセスを明らかにしていくことが，諸政策を設定するうえに重要である．

　最後に本書をしめくくるにあたって，中間層について言及したい．社会保障制度に対する人びとの意識をみてみると，現役層の40代・50代の間の否定的見解が目立った．生活が苦しい，世の中は不公平だと訴えるのは，いま

の社会保障制度を再構築するにあたって注目されている若年層というより，失業率や貧困率が相対的に低い40代・50代であった．つまり，実態として恵まれない状況にある若年層への支援が緊急であることはいうまでもないが，中間層としての壮年層の声をいかに受け止めてその中身を解釈し，政策改善にあたって配慮していくのかが，重要なポイントとなる．多数派を占める中間層の声は社会意識の枠組みでは目立つ存在である．その意味でも中間層の声に目配りしながら，若年雇用問題や貧困問題といった各論としての社会問題への対応が望まれる．高齢化は高齢層が多数派となり，彼／彼女らの見解が社会意識としておのずと大きな声となる．その一方で，声としては聞こえにくい相対的に少数派の若者や幼い子どもの問題も同時に解決していかなくてはならないのだ．多数派と少数派の狭間でのかじ取りが，これからの少子高齢社会において一層求められている．

1) 「福祉と公平感に関するアンケート調査」(2005年)．
2) 「社会保障に関する意識調査」(2010年)．
3) 「わからない」と回答したものは少数派であり，年齢階層別にもまた時系列的にも大きな違いが見られないので「わからない」と回答したものを削除した．

## 文献

阿部彩，2008，『子どもの貧困』岩波書店．
石田浩・有田伸・田辺俊介・村上あかね，2009，『生活・交際・労働者の権利「働き方とライフタイルの変化に関する全国調査（JLPS）2009」の結果から』東京大学社会科学研究所 パネル調査プロジェクト ディスカッションペーパーシリーズ No. 30．
駒村康平，2001，『福祉の総合政策』創成社．
大沢真理，2007，『現代日本の生活保障システム――座標とゆくえ』岩波書店．
白波瀬佐和子，2004，「社会階層と世帯・個人――『個人化』論の検証」『社会学評論』第54巻第4号：370-385．
白波瀬佐和子・竹内俊子，2009，「人口高齢化と経済格差・再考」『社会学評論』第60巻第2号：259-278．
橘木俊詔，1998，『日本の経済格差』岩波書店．
太郎丸博，2011，「若年非正規雇用と結婚」佐藤嘉倫・尾嶋史章編『現代の階

層社会1　格差と多様性』東京大学出版会：132-142.
都村敦子，2002,「家族政策の国際比較」国立社会保障・人口問題研究所編『少子社会の子育て支援』東京大学出版会：19-46.

## あとがき

　本書では，格差社会，日本に生活する人びとの意識の傾向やその背景にある構造を明らかにすることを試みた．「意識」と銘打った著書の編集は，これがはじめてである．階級・階層とはマクロな現象であるが，個人にとっての階級・階層を意識から論じた初期の研究として，イギリスの社会学者，デヴィッド・ロックウッドによって著された『*Blackcoated Workers*』(1958) がある．そこでは，事務職の階級意識がいかに形成されているかについて，興味深く議論されている．社会学では，意識と社会構造との関係について長きにわたって議論されてきた歴史がある．にもかかわらず，私は意識という研究テーマについて，あえて距離を置いてきた．意識の問題は複雑であり，一筋縄ではいかない研究対象であるがゆえに，臆病にも避けてきたといった方が正確かもしれない．

　マクロな社会現象も，個人の意識として表現されることによって現実的な意味をもち，他者と共有されうる対象となる．そこでは，世の中を実感する個人と，個人を取り巻く複層的な社会があり，両者は互いに影響し合う．社会学の古典ともいえるマクロとミクロを接合する試みにおいて，意識の問題は避けて通れない分野の1つであることは疑いない．

　ただ，何をどう感じ，思うかは，周りの環境や制度，生活の場によって左右され，また，社会的諸制度やそれらを支える諸規範によって規定される個人の意識が逆に諸制度を評価し，その存在意義に影響を与える．例えば，幸福に関する研究が国際レベルでも活発に展開され，また，日本の政治の場においても1つのキーワードとなっている．しかし，人が「幸せ」と感じることが一面的でなく，さまざまな生活空間，さらにはその生活圏に関与する他者，そして個々人のこれまでの経験（ライフコース）の中で，「幸せ」という感情は形成されている．ゆえに，幸せだと感じることを帰結とすべく制度を設立するには，複雑な「幸せ」に対する評価基準を設定しなくてはならなくなる．さらには，幸せという意識を形成する時間軸は，これまでのライフ

コースの帰結としての様相と，その時点でのさまざまな他者との比較といった様相を持ちうるので，将来への制度改正にあたっての根拠として位置づけるにも慎重でなくてはならない．もし，人びとが幸せだと感じることを最終的な政治目的にするのであれば，結局のところ「人びとは多様で，それぞれの幸せがあって，それでよいのだ」などと，現状肯定的な議論にもなりかねない．「ひとそれぞれである」という現実を受け入れる（承認する）ことの重要性は認めるが，現時点での人びとの意識を政策改革の落としどころとすることの不安定さはぬぐいきれない．

　例えば，2005年に内閣府が実施した「少子化社会の国際比較調査」において，「あなたの国は子育てしやすい国か」という質問を，米国，フランス，スウェーデン，韓国，そして日本の20-45歳の男女を対象に行った（内閣府政策統括官（共生社会政策担当），2006）．その結果，スウェーデンでは98％もの圧倒的多数が「子育てしやすい」と回答し，福祉国家のチャンピオンとしての存在を再確認させることになった．一方，韓国と日本の場合，子育てしやすいと回答したのは，それぞれ18.7％と47.7％である．普遍的な家族制度を持たず，子どもの貧困の高さが指摘されるアメリカについては，78.2％もの者が「子育てしやすい国」だとした．家族給付の充実が強調され，それに対応する比較的高い合計特殊出生率ゆえに参照されることが多いフランスの値は，アメリカよりも低い68％であった．ここでの回答は，「子育てしやすい」と思うことが社会的な子育て環境の整備の程度と直接的に連動しないことを示唆している．子育てしやすい国か否かの意見表明が現実の政策評価とみるのか，単なる個人の気持ちとみるのかは難しい．

　また，若年層や女性の雇用機会，さらには昇進機会の改善を訴えることと，彼／彼女らが同様に「不幸せ」と感じるかは必ずしも同じではない．量的な多数派の傾向をもって社会意識とし，多くの者が共有する考え方としてよいものか．社会意識の中身をどう捉えるかも，古くて新しい研究課題である．個人レベルの意識と社会意識について，概念的にもまた実証的にも，さらに検討すべき課題は少なくない．

　いま，日本政府は，社会保障制度と税の一体改革を推し進めようとしており，そこでは政党内，政党間の意見の違いへの対応，そして，何よりも国民

からの理解，支持を獲得すべく対策を練っている．確かに，人びとの意識は評価という側面もあるので，人びとの意見を無視するわけにはいかない．しかし，個人を対象とした意識調査の集計結果を「国民の声」とする場合には，特に，慎重な分析，考察をもとに解釈すべきであろう．個人の意識の背景にある諸制度や構造，そして時代背景を考慮しつつ社会調査結果の分析を進めていくと，量的多数派が単純に「国民の声」となり，社会への審判を下している，というわけでもない．事実，この点については，本書のいくつかの章の中で言及されている．

　本書は完成までに随分時間がかかってしまった．編者の1人として反省することも多く，最後までお付き合い願った執筆者のみなさまにお礼を申し上げたい．その一方で，一研究者として，福祉に関する「意識」について正面から検討することを通して「個人と社会」を考察する機会を得たことは幸いであった．

　最後になったが，本書の刊行にあたっては東京大学出版会の宗司光治さんに大変お世話になった．心よりお礼を申し上げたい．

　2012年1月

白　波　瀬　佐　和　子

# 索　引

## ア

アイドラー，E. L.　119
赤川　学　75
新しい公共　18, 189
アッカー，J.　145
アベグレン，J. C.　124
いざなみ景気　1
意識と実態のギャップ　195
泉　眞樹子　169
医療　25
岩間暁子　146
因子分析　62
ウィーバー，S. L.　151
ウィリアムソン，J.　15
ウィルキンソン，R.　118
ヴォーゲル，E. F.　123
江原由美子　149, 156
大沢真理　134
大竹文雄　140, 169
小塩隆士　68

## カ

介護サービス利用の判断者　89
介護の社会化　78
介護費用　78
介護保険　190
　　――制度　77
階層帰属意識　147
階層の測定単位　144
格差
　　――意識　35
　　――観　35, 41
　　――の拡大　34
　　――容認　51
　　動機づけとしての――　199, 201
家族介護の衰退感　87, 93
家族による経済的援助　177
金子英博　6
カワチ，I.　118
環境保護　26
企業観　133
　　修正・日本型――　133, 137, 192
　　日本型――　133, 137
　　米国型――　133, 137
　　変形・米国型――　133
吉川　徹　152
キャンベル，A.　151
金銭的支援　70
勤労生活に関する調査　127
暮らし向き　41, 147
　　現在の――　49
グリン，P.　151
クルーグマン，P.　13
結婚支援　70, 72, 190
ケネディ，B. P.　118
健康状態　100
　　――と社会意識　98, 191
　　――と社会保障政策に関する意識　108
　　就労保障と――　106, 111
健康日本21　97
健康ブーム　97
玄田有史　134, 172
小泉内閣　12
公共部門中心　17
合計特殊出生率　58

高校卒業後の進路による世代間意識　180
公的年金　179
幸福感　47, 50, 190
高福祉高負担　16, 22, 189
公平感　37, 43
高齢化率　58
高齢者介護　77, 190
高齢者介護サービス利用
　　――依存的判断志向　90, 93
　　――自立的判断志向　90, 93
　　――専門的判断志向　90
高齢者関係給付費　79
高齢者の生活保障　25
　　――と健康状態　107, 115
国内総生産　59
国民生活に関する世論調査　196
国民年金
　　――制度　181
　　――納付率　170
　　――の空洞化　169
　　――への未加入問題　170
個人単位　146
個人年金　179
個人の意識と制度　3
子育ての経済負担　6
子どものケア　26
「子の有無」による差　64
コーポレートガバナンス　123, 192
　　――改革　127, 129-130
　　株主重視の――　128
　　従業員重視の――　128
雇用収入　179
雇用の保障　25
近藤克則　119

**サ**

再分配の回路と健康状態　105, 110
再分配の原理　19

佐藤俊樹　143
産育理解促進　72
ジェンダー不平等　149
資源配分の歪み　61
自己責任論　183
失業者の生活保障　25
篠崎武久　99
社会意識　3, 189
　　――の変化　27
社会疫学的研究　98
社会階層と社会移動に関する全国調査　171
社会規範　126
社会政策の方向性　14
社会的性格　4
社会的入院　77
社会保障
　　――政策に関する意識　101
　　――制度離れ　186
　　――と世代間の不公平　175
　　――に関する政府の責任　102
　　――への期待　186, 194
　　――見直し　70, 72
　　――や福祉サービスに対する信頼感　78, 80, 84
社会保障国民会議　13
社会保障に関する意識調査　2, 14, 196
若年層の意識　195
ジャコービィ, S. M.　123, 126
自由　143
　　――の個人主義的な特性　160
　　個人の――　162, 193
　　選択の――　144, 149-151
従業員重視の経営　124
就労保障と健康状態　106, 111
主観的自由　152, 162, 193
　　――の男女差　158
主成分分析　43

少子化　57
　　——の長所短所の世代間比較　64
　　——のメリット・デメリット　62
少子化対策　58, 66, 190
　　望ましい——　70
消費の単位　147
所得格差
　　——の是正　25
　　——の変化　197
白波瀬佐和子　145-146, 172
自律性　152
人口減少　57
　　——「問題」　61, 68
人口置換水準　57
親族支援　179
信頼感
　　——社会階層的要因　84, 93
　　——人口学的要因　84, 93
　　——地域的要因　84, 93
「成果主義」賃金の導入　125
生活
　　——意識　33, 189, 197
　　——者の企業観に関するアンケート　127
　　——の質　35, 46
　　——満足感　33, 37
　　——満足度　147
　　——をめぐる意識連関　43
政府に対する不信感　170
世代間
　　——アンバランス　169
　　——の公平　21, 29
　　——の連帯　21, 29
世帯単位　145
セン，A.　143, 150

タ

高田保馬　3

高野和良　85, 89
高山憲之　169
多次元尺度構成法　43
多数派の意見　4, 6
脱年功序列　125
　　——的な賃金制度　128
田村　誠　99
ダーレンドルフ，R.　145
小さな政府　11, 15
チャドウィック，E.　118
中間層　202
貯蓄　179
賃金制度　125
　　——改革　127, 129-130
賃金労働時間制度等総合調査　125
低負担低福祉　16, 22
デューイ，J.　5
デュルケーム，E.　3
ドーア，R. P.　123, 126
統制力　152
「特殊な」ライフスタイル　73

ナ

内閣支持率　12
内藤　準　143, 151
中澤　渉　182
「日本型」経営
　　——のアウトサイダー　134
　　——のインサイダー　134
日本の将来　42
日本の将来推計人口　57
ネオリベラリズム　11, 29
年金制度への不信感　169, 183
年功序列的な賃金　125
　　——制度　128
能力主義　41

## ハ

配分の原則 61
橋本健二 146
橋本摂子 143
母親育児専念 70, 72
林の数量化Ⅰ類 46
バラ，A. S. 156
バーリン，I. 150
ヒーター，D. 150
必要原則と貢献原則 19, 29
1人あたりのGDP 60
貧困率と暮らし向き意識 198
不安感 34, 47, 51, 190
　　将来へ対する―― 42
不均等縮小 68
「福祉国家」への志向 29
福祉サービス
　　――の受益層 82
　　――への未充足感 28
　　――利用にあたっての抵抗感 89
福祉と公平感に関するアンケート調査 7, 14
福祉と生活に関する意識調査 14
不公平感 171, 194
　　――の中身 172
　　年齢階層別―― 173
普遍主義と選抜主義 20, 29
ブライス，J. 3
ベンヤミニ，Y. 119

## マ

マクロ
　　――長所因子 63
　　――短所因子 62
満足感 43
ミクロ
　　――短所因子 63

　　――長所因子 62
見田宗介 4
宮島 喬 4
民営化 15-16
民間部門中心 17
村尾祐美子 152
モテ格差 74
　　――社会 72, 190

## ヤ

豊かさの実感 1
世論 3
　　――による統治 3

## ラ

ラズ，J. 143
ラスト，J. M. 98
ラックマン，M. E. 151
ラペール，F. 156
利害対立
　　子どもの有無の―― 68
　　性別間の―― 68
　　世代間の―― 68
リップマン，W. 4
リーマン・ショック 13
両立支援 70
ルカーチ，G. 4
老後の所得保障 176, 178
労働人口 59
労働生産性 59
労働力人口の将来見通し 59
ロールズ，J. 143

## ワ

若者政策 186
　　――雇用支援 186
　　――住宅政策 186
ワーク・ライフ・バランス 13

執筆者一覧 (執筆順. ＊印編者)

＊武 川 正 吾 (たけがわ・しょうご)
東京大学大学院人文社会系研究科教授

＊白波瀬佐和子 (しらはせ・さわこ)
東京大学大学院人文社会系研究科教授

三 重 野 卓 (みえの・たかし)
帝京大学文学部教授
[主要著作]『「生活の質」と共生』[増補改訂版]（白桃書房，2004年），『福祉政策の社会学』(ミネルヴァ書房，2010年)

赤 川 学 (あかがわ・まなぶ)
東京大学大学院人文社会系研究科准教授
[主要著作]『セクシュアリティの歴史社会学』（勁草書房，1999年），『子どもが減って何が悪いか！』（筑摩書房，2004年）

高 野 和 良 (たかの・かずよし)
九州大学大学院人間環境学研究院准教授
[主要著作]『地方からの社会学』（共著，学文社，2008年），「過疎高齢社会における地域集団の現状と課題」（『福祉社会学研究』8号所収，2011年）

佐 藤 雅 浩 (さとう・まさひろ)
東京大学大学院人文社会系研究科研究員
[主要著作]「『健康の不平等』の現在」（SSJ Data Archive Research Paper Series, 33号所収，2006年），「戦前期日本における外傷性神経症概念の成立と衰退」（『科学・技術・社会』第18巻所収，2009年）

高 橋 康 二 (たかはし・こうじ)
労働政策研究・研修機構研究員
[主要著作]『労働者派遣事業の動向』（労働新聞社，2006年），『契約社員の人事管理と就業実態に関する研究』（労働政策研究・研修機構，2011年）

内 藤 準 (ないとう・じゅん)
首都大学東京大学院人文科学研究科助教
[主要著作]「自由と責任の制度」（『理論と方法』20巻2号所収，2005年），"Perceived Freedom and Its Sociological Effects" (*International Journal of Japanese Sociology*, 16巻所収，2007年）

編者紹介

武川　正吾（たけがわ・しょうご）
1955年生まれ．東京大学大学院人文社会系研究科教授．
【主要著作】
『社会政策のなかの現代』（東京大学出版会，1999年）
『福祉社会』（有斐閣，2001年，新版2011年）
『連帯と承認』（東京大学出版会，2007年）
『社会政策の社会学』（ミネルヴァ書房，2009年）

白波瀬　佐和子（しらはせ・さわこ）
1958年生まれ．東京大学大学院人文社会系研究科教授．
【主要著作】
『少子高齢社会のみえない格差』（東京大学出版会，2005年）
『変化する社会の不平等』（編，東京大学出版会，2006年）
『日本の不平等を考える』（東京大学出版会，2009年）
『生き方の不平等』（岩波書店，2010年）


格差社会の福祉と意識

2012年4月23日　初　版

［検印廃止］

編　者　武川正吾・白波瀬佐和子

発行所　財団法人　東京大学出版会

代表者　渡辺　浩

113-8654　東京都文京区本郷 7-3-1
http://www.utp.or.jp/
電話 03-3811-8814　Fax 03-3812-6958
振替 00160-6-59964

印刷所　株式会社三秀舎
製本所　牧製本印刷株式会社

© 2012 Shogo Takegawa and Sawako Shirahase et al.
ISBN 978-4-13-051136-0　Printed in Japan

Ⓡ〈日本複写権センター委託出版物〉
本書の全部または一部を無断で複写複製（コピー）することは，著作権法上での例外を除き，禁じられています．本書からの複写を希望される場合は，日本複写権センター（03-3401-2382）にご連絡ください．

|  |  |  |
|---|---|---|
| 武川正吾編 | 福祉社会の価値意識 | A5・5000円 |
| 白波瀬佐和子 | 日本の不平等を考える | 46・2800円 |
| 白波瀬佐和子 | 少子高齢社会のみえない格差 | A5・3800円 |
| 白波瀬佐和子編 | 変化する社会の不平等 | 46・2500円 |
| 武川正吾 | 連帯と承認 | A5・3800円 |
| 武川正吾 | 社会政策のなかの現代 | A5・4800円 |
| 原純輔 盛山和夫 | 社会階層 | 46・2800円 |
| 吉川徹 | 学歴と格差・不平等 | 46・2600円 |
| 平岡公一編 | 高齢期と社会的不平等 | A5・5200円 |
| 佐藤嘉倫 尾嶋史章編 | 現代の階層社会1 格差と多様性 | A5・4800円 |
| 石田浩 近藤博之編 中尾啓子 | 現代の階層社会2 階層と移動の構造 | A5・4800円 |
| 斎藤友里子 三隅一人編 | 現代の階層社会3 流動化のなかの社会意識 | A5・4800円 |

ここに表記された価格はすべて本体価格です．御購入の際には消費税が加算されますので御了承下さい．